国家出版基金项目
NATIONAL PUBLICATION FOUNDATION

国学经典真精神 · 五经系列丛书 ◇ 丛书主编 廖名春

《尚书》真精神

黄甜甜◎著

广东高等教育出版社
Guangdong Higher Education Press

·广州·

图书在版编目（CIP）数据

《尚书》真精神/黄甜甜著. —广州：广东高等教育出版社，2019.12
（国学经典真精神/廖名春主编. 五经系列丛书）
ISBN 978－7－5361－6686－8

Ⅰ．①尚…　Ⅱ．①黄…　Ⅲ．①《尚书》–研究　Ⅳ．①K221.04

中国版本图书馆 CIP 数据核字（2019）第 294455 号

《尚书》真精神

SHANGSHU ZHENJINGSHEN

出版发行	广东高等教育出版社
	社址：广州市天河区林和西横路
	邮编：510500　营销电话：（020）87553335
	http://www.gdgjs.com.cn
印　　刷	佛山市浩文彩色印刷有限公司
开　　本	787 毫米×1 092 毫米　1/16
印　　张	17.25
字　　数	230 千
版　　次	2019 年 12 月第 1 版
印　　次	2019 年 12 月第 1 次印刷
定　　价	52.00 元

总　序

廖名春

中华民族的伟大复兴，文化复兴不可或缺。而文化复兴的核心内容，就是要传承和发展中华优秀传统文化。这样，重新释读、重新认识、重新评估以"五经""四书"为代表的经学基本典籍，以及作为其重要辅翼与补充的诸子著作，也就是我们所谓的"国学经典"，恰逢其时，十分必要。

比如《周易》究竟是卜筮之书还是义理之书？《尚书》的性质是什么？《诗经》究竟是民间歌谣还是别有内涵？《春秋》是否断烂朝报？《周礼》是否后世伪作？《论语》有无宣扬愚民之说？"仁"字究竟何意？凡此种种，皆关乎经典价值甚重，而迄今迷雾重重。这不能不影响到对于传统文化内涵的准确把握，不能不影响到对于优秀文化的传承与发扬。

本丛书以"国学经典真精神"为主题，系统阐释"五经""四书"

及诸子著作的精神与内涵。针对当前多数国学类普及读物中常识性错误过多，而专业论著或者一味琐碎考据，或者流于空谈的情况，通过实证研究，破除旧有误说，以期还原经典本来面貌，揭举经典真正内涵，发挥其在当下文化建设中的应有作用。这对于传承中华民族的优秀传统文化，保持中华民族的精神内聚力，有着重要的价值和意义。

当然，把握并讲清楚国学经典的真精神并不容易，有很多问题尚需继续讨论。本丛书作者所言也仅仅是百家争鸣中的一家之言。但真理越辩越明，希望通过我们的工作，激发大家对探讨国学经典真精神的兴趣，使我们对中华传统文化，对我们的国学经典的认识更加科学，更加理性。这样，我们中华民族的优秀传统文化在新时代里，不但能立足中国，也必能放之四海。

前　言

　　20 世纪 20 年代左右，"古史辨"运动兴盛起来，夏商以前的历史和记载这段历史的经典文献成为被怀疑的对象。几乎与此同时，王国维先生提倡以"二重证据法"开展"古史新证"，主张拿地下出土材料去补正古书的记载，同时证明古书记载的真实性。随后不久，于省吾和闻一多等人承续王国维的"新证"理念，进一步以甲骨文和金文等地下出土文献来校勘和解读经典文献，时人称之为"古文献新证"①。古史辨派为了推翻古书记载的古史，也把《尧典》《禹贡》等文献的成文时代大大推移到战国以后。早期的"古文献新证"派学者侧重于经典文本的文字训诂新证，较少在古书的辨伪和年代问题上对古史辨派予以有效回应。学术界重新思考《尚书》中《尧典》《禹贡》等重要篇章的真伪和年代问题，则得益于 20 世纪 90 年代以来的出土文献新发现。

　　20 世纪 90 年代以来，郭店楚墓竹简（以下简称"郭店简"）、上海博物馆藏战国竹简（以下简称"上博简"）、清华大学藏战国竹简（以下简称"清华简"）等出土文献，相继整理刊布。这些材料的整理研究，带动了古

---

　　① 对学术史上"古史新证"和"古文献新证"的详细介绍，参见冯胜君：《二十世纪古文献新证研究》，齐鲁书社，2006，第 1–9 页。

文字学、古文献学乃至上古史、文学史、哲学史的研究，其学术价值难以估量。这些材料中与《尚书》相关的文献内容不在少数。一类是文献中的引"书"和论"书"，一类则是重要的"书"类文献。前一类，如郭店简和上博简中都有的《缁衣》篇所引的《吕刑》《康诰》和《君奭》，见于今文《尚书》；所引《祭公之顾命》，见于《逸周书》；所引《君牙》《君陈》和《咸有一德》，则见于百篇《尚书》。① 郭店简多篇体现的是孔孟之间儒家的思想学说，多次征引《尚书》用来诠释自己的学说，侧面也反映出儒家对《尚书》经典化所做的努力。后一类，以清华简中的发现最为丰富。其中，有的可以与今文《尚书》中的某些篇直接对读，如简背自名为《周武王有疾周公所自以代王之志》的一篇，可与今文《尚书》的《金縢》篇对读；有的可与传世《逸周书》的某些篇对读，如《祭公之顾命》和《命训》；有的属于真正的古文《尚书》，如《说命》三篇；剩余的一些也都足可推定为"书"类文献，如《尹至》《尹诰》《程寤》《保训》《皇门》《厚父》《封许之命》和《摄命》等。

正如裘锡圭先生在《出土文献与古典学重建》中所说，出土文献对古典学重建的重要性至少体现在三个方面："古书的真伪、年代""古书的体例、源流"和"古书的校勘、解读"。② 呈现在读者面前的本书，就尝试在不同专题下，结合语言文字、文献和古史等多重方法，分别介绍出土文献所引发学界对多篇《尚书》的真伪、成文时代、文献源流和文本性质的研究，以求重新认识《尚书》背后的历史制度和思想文化。

本书由三编构成。第一编介绍 20 世纪以来，特别是近一二十年来学界对《尚书》诸篇在古书辨伪学和年代学上的新认识。尤其是西周金文和

---

① 郭店楚简引"书"论"书"的详细梳理与分析，参见廖名春：《郭店楚简引〈书〉论〈书〉考》，载《新出楚简试论》，台湾古籍出版有限公司，2001，第 58 - 79 页。

② 裘锡圭：《出土文献与古典学重建》，载李学勤主编《出土文献》（第四辑），中西书局，2013，第 8 - 17 页。

"书"类文献的发现与研究，大大改变了我们对《尚书》文本的类别、文本性质和成文时代的认识。第二编讨论的是与考古发现和出土文献关系最为密切的几篇《尚书》文本：《禹贡》、《说命》三篇、《洪范》和《金縢》。不同于古史辨时代对《禹贡》成书时代过晚的认识，20世纪以来的考古发现和研究已经揭橥，《禹贡》所述九州的空间区划和物产信息，与新石器时代晚期龙山时代的诸多特征高度相似。虽然《禹贡》有多个地方经历了后人改动，但其文本有着较早的历史背景和来源，是可以确定的。通过与清华简本《说命》三篇的对比研究，有助我们解决一些传统学术史上的疑难问题，如古文《尚书》的真实面貌。第三编选取与西周金文关系密切的《酒诰》和《文侯之命》等几篇为研究对象，介绍了各篇的文本内容、文献源流和文本性质，同时，这几篇的研究也有利于揭示西周的政治制度和政治哲学。

　　第二编和第三编各章后面附录了或详或略的文本注释，注释注意吸收了20世纪以来"古文献新证"在《尚书》研究方面的成就，特别吸收了近十年来的学界最新研究成果，以求为读者提供更为精准的《尚书》读本。同时，为了尽可能地向读者展示先秦时代"书"类文献的原始面貌，也选取了几篇出土文献进行注释，方便读者对比阅读。

　　传世《说命》三篇一般被认为是魏晋时期所造作的伪书，幸赖清华简《说命》三篇的问世，我们得以一睹古文尚书《说命》的真面目。因此，第五章后面附录了清华简《说命》三篇的简释。《洪范》篇不少内容与近年发现的豳公盨铭文十分相近，铭文中的不少内容可能需要以《洪范》为基础才能解读清楚。① 所以，第六章后面除了附有《洪范》全文的注释外，也附有豳公盨铭文的注释。第七章正文详细介绍了简本《金縢》的发现为解决今本《金縢》的诸多问题带来的新思路和新说法，文后附录了简本的注释，因每

---

① 裘锡圭：《豳公盨铭文考释》，《中国历史文物》2002 年第 6 期。

段文句后面的注释，一般会从与今本对比的角度去疏解异同，所以不再附录今本的注释。第八章重点放在从语文学方法解读周人建国初期天命观的转变。而最能体现周人建国初期天命观的史料，要数《大诰》和《君奭》篇的部分文段，因此第八章正文后分别附录了《大诰》和《君奭》的选段注释。酒在周人礼乐文化中占据重要位置，然而周初为了吸取殷商灭亡的教训，存在某种程度的禁酒，这背后折射出周人的政治哲学观。除了《酒诰》篇中的诰辞，出土的大盂鼎中也出现过周王的禁酒训诰，所以第九章正文后分别附录了《酒诰》和大盂鼎铭文的注释。第十章讨论周人的封建制度，周人建国后，采取了封邦建侯的制度来维系统治，"册命"则是封邦建侯最重要的仪式，宜侯夨簋铭文反映的是早期的册命制度。西周中后期，周王朝实际掌握土地的减少，已经很少再有实质性的封邦建侯，但是册命这种礼仪仍然保留，只是册命文书的内容和语言风格有所变化，这种遗风一直延续到春秋早中期。《文侯之命》篇反映的是春秋初期周平王对晋文侯的册命。因此，正文后附录了《文侯之命》和西周早期宜侯夨簋铭文的注释。

　　笔者学力有限，同时考虑到丛书的定位，全书的内容介于学术与通俗之间，以介绍近一二十年《尚书》研究的新进展为主，尽量不做个人深入的讨论与发挥。

目　录

第一编 《尚书》的成书与流传

一、上古之书，还是上等之书？——论《尚书》的性质与构成

《尚书》，中国最早的一部历史文献合集，西方有学者直接将其译为 *The Book of History* 或者 *The Book of Document*。[①] 一般认为，最晚到了春秋时期，《尚书》已经成为时人传习的经典。《左传·僖公二十七年》记载赵衰在谈论郤縠之才时说：

> 说礼、乐而敦诗、书。诗、书，义之府也。礼、乐，德之则也。德义，利之本也。

在当时贵族的眼中，《诗经》与《尚书》是德义之所在，堪称社会道德伦理的源泉。贵族子弟所受教育中，《尚书》自然是必读的经典。《礼记·文王世子》中分时段说明贵族子弟学习重点的不同：

> 凡学世子及学士，必时。春夏学干戈，秋冬学羽籥，皆于东序。小乐正学干，大胥赞之；籥师学戈，籥师丞赞之。胥鼓南。春诵，夏弦，大师诏之；瞽宗秋学礼，执礼者诏之；冬读书，典书者诏之。礼在瞽

[①] 西方学界的《尚书》研究简况，参见鲁惟一主编《中国古代典籍导读》，李学勤等译，辽宁教育出版社，1997，第 401–411 页。

宗，书在上庠。

在儒家那里，《尚书》逐渐被经典化，同时产生了《书》教。《礼记·经解》记述了孔子对《书》教意义的阐释：

> 孔子曰："入其国，其教可知也。其为人也，温柔敦厚，《诗》教也；疏通知远，《书》教也；广博易良，《乐》教也；洁静精微，《易》教也；恭俭庄敬，《礼》教也；属辞比事，《春秋》教也。故《诗》之失愚，《书》之失诬，《乐》之失奢，《易》之失贼，《礼》之失烦，《春秋》之失乱。

在孔子看来，六经的教育意义各有侧重，学习《尚书》可以鉴往知来。① 孔子之后，孟子和荀子等后学无不推崇《尚书》。到了汉代，《尚书》愈加受到推崇。《汉书·兒宽传》曾记载过这样一个故事：

> （兒宽）见上，语经，上说之，从问《尚书》一篇，擢为中大夫。

从这则故事来看，在时人的心目中，《尚书》已不是一般的经典，它的作用大到能够成为帝王考察和提拔官员的标准。研读《尚书》与否，甚至关系到了官员的利禄和前途。

什么是《尚书》？谈到《尚书》，一般的认识恐怕是：《尚书》是儒家五经之一，或者是儒家十三经之一。这种历史教科书式的介绍只是对《尚书》经学地位的简单定位。《尚书》究竟讲了什么？《尚书》为何能够成为五经之一？要想真正回答这些问题，我们必须从《尚书》的书名、内容和性质讲起。

---

① 孔子《书》教的详细考证，参见高明：《孔子的书教》，载《高明文辑》，黎明文化事业公司，1978，第 635-644 页。

（一）《尚书》的命名

现今一些《历史》教科书或学术通俗读物在介绍《尚书》的时候，一般会说《尚书》是我国最古的一部史书，或者说是虞夏商周时期一些历史文献的汇编。这些说法只是简单界定了《尚书》的文献性质和时代，并没有交代"尚书"这个书名本来的意思。实际上，在先秦时代，文献中一般称《尚书》为《书》，如《论语·宪问》篇记载：

> 子张曰："《书》云：'高宗谅阴，三年不言。'何谓也？"子曰："何必高宗，古之人皆然。君薨，百官总己以听于冢宰，三年。"

这里的"高宗谅阴，三年不言"出自《尚书·无逸》篇，子张所谓的《书》就是《尚书》在当时最通常的称法。

那么，《尚书》本来的书名"书"究竟是什么？从字源上讲，"书"在古文字中写作"𦘔"。《说文解字》的解释是："书（書），箸也。从聿，者声。""書"是形声字，"者"旁表声，"聿"旁表义。"聿"是"笔"的初文，"书"的本义当是"书写"。早期汉字主要的用途，大体不外乎占卜、祭祀和国家管理等领域，[1] 尤其是在国家管理方面，记录书写君王的言行是汉字的重要职能。随着古人文体意识的萌发，"书"这种行为名称，逐渐成为早期的一种文类名称，主要用来概指当时的文书档案。[2] 王国维先生曾对"书"有过笼统的解释：

---

[1] 汉字早期的功能主要有用于宗教礼仪和国家管理两说，相关回顾参见李零：《谁是仓颉：关于汉字起源问题的讨论（上）》，《东方早报·上海书评》2018年1月17日。

[2] 早期文类名称的生成机制，参见吴承学、李冠兰：《命篇与命体：兼论中国古代文体观念的发生》，《中国社会科学》2015年第1期。

古代一切文书，皆可统称为书。《召诰》云："周公乃朝用书。"盖皆泛称一切书也。《尚书》古时亦简称"书"，故传记中，但引作"书曰"，此正如《逸周书》一类耳。①

王国维先生所论立足的是传世文献。出土文献中，更有关于"书"的明确记载，如西周晚期的青铜器颂鼎上所见的册命铭文：

唯三年五月既死霸甲戌，王在周康邵宫。旦，王格大室，即位。宰引佑颂入门立中廷。尹氏授王命书，王呼史虢生册命颂。王曰："颂，命汝官司成周贮廿家，监司新造贮用宫御。赐汝玄衣黹纯、赤芾、朱黄、銮旂、攸勒。用事。"颂拜，稽首。受命册，佩以出，反入覲璋。颂敢对扬天子丕显鲁休，用作朕皇考龏叔、皇母龏姒宝尊鼎。用追孝，祈介康纯佑通禄永命。颂其万年眉寿，畯臣天子，令终，子子孙孙宝用。（《殷周金文集成》02827 - 02829）

铭文中的"尹氏授王命书"的"书"就是周王册封颂的文书。这种文书在册封仪式举行之前，已经书写于简牍之上，颂鼎的铭文则是对文书内容的转录，同时也增加了时间和地点等信息。最早的《尚书》大概就是各类命书的结集，正如陈梦家先生所说：

"书"是古代命书结集的简称，犹西周金文之称"书""命书""命册"。"命书"是最早的典册之一，所以后来传录周初诰命的，称诰命的结集与各篇为"书"。②

至于"尚书"之"尚"，汉代以前至少有三种不同的解释。第一种主张

---

① 吴其昌：《王观堂先生尚书讲授记》，载谢维扬、房鑫亮主编《王国维全集》（第20卷），浙江教育出版社，2009，第26页。

② 陈梦家：《尚书通论》，中华书局，1985，第169页。

"尚"通假为"上",表示"上古"之"上",代表性说法有:

> 《尚书》者,以为上古帝王之书。(王充《论衡·正说》)
>
> "尚",上也,以尧为上始而书其时事也。(刘熙《释名》)
>
> 上古有虞氏之书,故曰《尚书》。(《尚书序正义》引马融《尚书注》)
>
> "尚"者,上也。言此上代以来之书,故曰《尚书》。(《尚书序正义》)

在"上古"说的基础上,后人又衍生出"慕尚"说:

> 以"尚"解"上",则"尚"训为"上"。上者,下所慕尚,故义得为通也。(《尚书正义》)

第二种则主张"君上"之"上":

> 或说《尚书》曰:尚者,上也;上所为,下所书也。下者谁也?曰臣子也。(王充《论衡·须颂》)

第三种主张"上天"之"上",以东汉郑玄的主张为代表:

> 尚者上也,尊而重之,若天书然,故曰《尚书》。(《尚书序正义》引郑玄说)

比较而言,第三种说法较为牵强,《尚书正义》对此评价郑玄"溺于《书纬》之说,何有人言而须系之于天乎"。《尚书》确实记载了上古时期君王的重要言行,"上古"和"君上"两说有其道理,比较可信。但"尚书"之"尚"究竟取哪种意思,似乎难以定论。

实际上,早期古书的书名或篇名存在"一字多义(一字表多词)"的现象。以另一本重要的上古典籍《周易》为例,一般认为《周易》书名中的"易"表示"变易""变化"的意思,但易学史上却有过"易有三义"的说法,认为"易"有"简易""变易""不易"三种不同的意思。钱锺书先生曾以此来反驳黑格尔对汉语"不宜思辨"的鄙薄。①《周易正义》卷一总论部分云：

> 《易纬乾凿度》云："易一名而含三义，所谓易也，变易也，不易也。"易者，易也，音为难易之音，义为简易之义，得《纬》文之本实也。

"易一名而含三义"，详细而论，当是"简易也，变易也，不易也"。"简易"和"变易"完全是两种词义。《周易正义》解释说："天尊地卑，乾坤定矣。卑高以陈，贵贱位矣。动静有常，刚柔断矣。"说明"不易"实指"不变易"，相对于"变易"说，这是一种"反训"。语言学界一般主张古汉语"反训"并不存在，② 因此"易一名而含三义"所包含的"不易"说不是古人的训诂，而是一种对《周易》所蕴含义理的诠释。因此，最初命名"周易"这一书名的人，可能同时取了"易"所具有的"变易"和"简易"两种词义，外加"不易"这种《周易》思想的诠释。

具体到《周易》的卦名，同样存在卦名"一字多义（一字表多词）"的现象。③ 例如"履"卦之"履"本义是鞋履，引申为步履，因此有卦爻辞中"履虎尾""履道"的说法。但"履"与"礼"古音近同，可以通假。卦名"履"应该同时暗含"礼"的意思，初九爻辞"素履"属于《周礼》所载履人的执掌内容之一，即是明证。④

---

① 钱锺书：《管锥编》（第一册），中华书局，1979，第1–8页。

② 郭锡良：《反训问题答客难》，载郭锡良《汉语史论集》（增订本），商务印书馆，2005。

③ 已有学者在讨论《周易》卦名与卦爻辞关系时，区分出一类卦名有数义的现象。其中一个举例是需卦，"需"或借为"懦"、为"濡"、为"嚅"等［参见李镜池：《周易筮辞考》，原载《古史辨》（第3册上编），收入《周易探源》，中华书局，2007，第53页］。当代学者李零先生进一步主张《周易》卦名往往有多重含义，利用文字的歧读，造成意义的变换和丰富联想（李零：《死生有命 富贵在天：〈周易〉的自然哲学》，上海三联书店，2013，第80–81页）。郑吉雄先生近来明确提出《周易》卦名的多义性，主张六十四卦不少卦名的异文不是纯粹的假借，而是存在"超过一个意义的牵连"（郑吉雄：《〈易学〉与校雠学》，载刘玉才、水上雅晴主编《经典与校勘论丛》，北京大学出版社，2015）。

④ 郑吉雄：《〈易学〉与校雠学》，载刘玉才、水上雅晴主编《经典与校勘论丛》。

可见，早期古书的书名或篇名中都可能存在"一字表多词"的现象，是一种古书的"通例"。据此，最初提出"尚书"这一书名的人，完全有可能同时取"尚（上）"的"上古"和"君上"两种词义。今人看待这一问题，不必偏执一端。

至于是谁最早将"尚"加在"书"之前，构成今天习用的"尚书"这一书名，学术史上有孔子、伏生和欧阳氏三种说法。郑玄《书赞》云：

> ……孔子乃尊而命之曰《尚书》。

但是唐代主撰《尚书正义》的孔颖达明确反对郑玄的说法，认为郑玄受到了《书纬》的误导。孔颖达主张：

> 以"书"是本名，"尚"是伏生所加，故诸引《书》直云"《书》曰"；若有配代而言，则曰《夏书》，无言《尚书》者。

经历了"焚书"之祸，汉初已经难寻《尚书》的踪影。《史记·儒林传》云：

> 汉定，伏生求其书，亡数十篇，独得二十九篇，即以教于齐、鲁之间，学者由是颇能言《尚书》。诸山东大师无不涉《尚书》以教矣。

伏生在秦汉之际的《尚书》传承过程中起到了举足轻重的作用。孔颖达主张伏生最早将"尚"加在"书"之前，构成完整的"尚书"书名，这种说法似乎是可信的。

然而，西汉晚期的刘歆在《七略》中却说：

> 《尚书》，直言也，欧阳氏先名之。①

---

① 引自［宋］李昉等编《太平御览》（卷689），中华书局，2000。

根据《后汉书·儒林列传》所载：

> 济南伏生传《尚书》，授济南张生及千乘欧阳生，欧阳生授同郡倪宽，宽授欧阳生之子，世世相传。至曾孙欧阳高，为《尚书》欧阳氏学。

这里的欧阳氏应该指欧阳高。刘向、刘歆父子主持整理古书的工作，所能见到的材料众多，刘歆的这种说法也许有其根据。

以上三种说法，较为可信的后两种之中，最早的命名者也是秦汉之际的伏生。但是，1973 年发掘出土的长沙马王堆汉墓简帛书《要》篇在称呼《尚书》时，既出现了"《书》"也出现了"《尚书》"，下面是出现"《尚书》"的部分：

> 夫子老而好《易》，居则在席，行则在橐。子贛曰："夫子它日教此弟子曰：'德行亡者，神灵之趋；知谋远者，卜筮之繁。'赐以此为然矣。……夫子何以老而好之乎？"夫子曰："……《尚书》多於矣，《周易》未失也，且又古之遗言焉。予非安其用也。"①

从《要》篇此段的内容可知，孔子晚年喜好《周易》，弟子子贛（贡）提出质疑。孔子答疑时，对比《尚书》和《周易》两书，认为《尚书》记事多有疏漏（"於"可读为"疏"②），而《周易》未有疏失。从马王堆汉墓的随葬木牍可知，该墓葬于汉文帝前元十二年，即公元前 168 年，帛书《要》篇的抄写时间自然在下葬之前。根据廖名春先生的研究，《要》篇系抄本，应有更早的完整本存在，从完整本到被摘抄，应有一段流传的时间。

---

① 湖南省博物馆，复旦大学出土文献与古文字研究中心编纂，裘锡圭主编《长沙马王堆汉墓简帛集成》（叁），中华书局，2014，第 116 页。

② 廖名春：《〈尚书〉始称新证》，《文献》1996 年第 4 期。

秦《挟书令》直到汉惠帝四年（前191）才得以废除。考古发掘表明，迄今在《挟书令》施行期以内的墓葬所出书籍均未超出该令的范围。所以，帛书《要》篇的记载不可能出自汉初，也不可能出自短短十五年的秦代，应该会早至战国。①

无论这段话是出自孔子本人还是后人假托孔子之口，"尚书"这一书名最迟在伏生之前的战国末期，已经出现。

（二）《尚书》的性质

关于《尚书》的性质，古人很早就认为《尚书》是史官制度下的史官所记录的君王言行。成书于战国时期的《礼记·玉藻》篇在讲史官分工记载君王言行的时候，说天子"动则左史书之，言则右史书之"。实际上，先秦典籍中，除了《尚书》，也存在《春秋》和《国语》等其他记载君王言行的书。《汉书·艺文志》"春秋"类的论述部分在区分《尚书》和《春秋》的差别时，解释说：

> 古之王者世有史官，君举必书，所以慎言行，昭法式也。左史记言，右史记事，事为《春秋》，言为《尚书》，帝王靡不同之。

细读《尚书》全书，不难发现，《尚书》不单单是记言之书，里面也有大量的记事，尤其是商末周初的多个重大历史事件。正因如此，唐代孔颖达等人在《礼记正义》中提出折中的说法，主张《春秋》"因动而言"，记事为主，记言为辅；《尚书》"因言而称动"，记言为主，记事为辅：

> 经云"动则左史书之"，《春秋》是动作之事，故以《春秋》当左

---

① 廖名春：《〈尚书〉始称新证》，《文献》1996年第4期。

史所书。左阳，阳主动，故记动。经云"言则右史书之"，《尚书》记言诰之事，故以《尚书》当右史所书。右是阴，阴主静故也。《春秋》虽有言，因动而言，其言少也。《尚书》虽有动，因言而称动，亦动为少也。

时至现代，国学大师章太炎先生也持调和之论：

> 刘知几《史通》言："《尚书》记言，《春秋》记事。"此亦不然，《尚书》亦有记事之文，《禹贡》即记地理，《顾命》即记丧事。盖《尚书》为史法未具之书，集合档案而成之，非专以记言也。①

上述观点无论如何调和，讨论的角度都是在共时的视角下史官制度内部分工造成的史书特征差异。钱穆先生则从早期史学发展的角度指出"记言发展在前，记事发展较后"，因此《尚书》"大体皆史官记言之作，偶亦有记事记言错杂相承者，要以记言为主"。② 当代学者辛德勇先生也从历时的视角分析了早期史学"记言"与"记事"的差异：

> 中国古代史官虽有所谓"左史记言，右史记事"的制度，从表面上看起来，似乎是"记言"与"记事"并重，但若不是以特定的人物活动为中心，早期"记事"的内容必然既简且断；相对而言，"记言"更受到人们的重视，记录的话语会较为繁多，也会因详明的"记言"而牵连述及与之相关的人事。③

由此看来，《尚书》全书明显以"记言"为主，正符合早期史学以话语

---

① 章太炎：《论经史儒之分合》，载《章太炎全集：演讲集》（下），上海人民出版社，2015，第593-594页。
② 钱穆：《西周书文体辨》，载《中国学术思想史论丛》（一），东大图书公司，1966，第153页。
③ 辛德勇：《生死秦始皇》，中华书局，2019，第78页。

为中心、同时牵涉相关事件的这种特征。

综合上文所言，我们似乎可以认定《尚书》是以记言为主、记事为辅的上古文书档案文献的集合，但事实恐怕也不尽然。在著述《礼记》和《汉书》的时代，已经见不到原始的文书档案，对《尚书》的种种定性，终归是站在后世的视角，不免有些偏差。

汉代以后，一直有西周青铜器出土的各种记录。尤其是 20 世纪以来，地不爱宝，大量青铜器出土，其中不少青铜器都带有铭文。这些铭文，前人有许多称法，比如钟鼎文。现今学界一般称之为金文，陈梦家先生曾划分西周金文为四类，分别是：

(1) 作器以祭祀或纪念其祖先的

(2) 记录战役和重大事件的

(3) 记录王的任命、训诫和赏赐的

(4) 记录田地的纠纷与疆界的

泛观目前出土的所有铜器铭文，就比例而言，这四类金文要数第一和第三类较多。[1] 晚近出版的《中国青铜器》一书进一步划分晚商至战国时代的青铜器铭文为十二种，包含徽记、祭辞、册命、训诰、记事、追孝、约剂、律令、符节诏令、媵辞、乐律、物勒工名等。[2] 其中"册命""训诰"两类即是陈梦家所划分第三类的进一步细分。"册命"类铭文是西周册命制度的产物，一般册命铭文的格式包括时间、地点、册命者、册命辞、称扬辞和作器用途说明等几部分。前文所引颂鼎铭文就是"册命"类铭文的代表。"训诰"类铭文也是西周铜器铭文最常见的一种，格式上包括时间、地点、受诰者、诰辞、赏赐和作器用途说明等多个部分。著名的毛公鼎就是"训诰"类

---

① 陈梦家：《尚书通论》，第 149 页。

② 马承源主编《中国青铜器》（修订本），上海古籍出版社，2005，第 351 – 362 页。

铭文的代表，鉴于毛公鼎字数较多，这里以西周早期的何尊铭文为例展示"训诰"类铭文的基本面貌。

> 唯王初迁宅于成周，复称武王礼，祼自天。在四月丙戌，王诰宗小子于京室，曰："昔在尔考公氏，克逑文王，肆文王受兹大命。唯武王既克大邑商，则廷告于天，曰：'余其宅兹中国，自之辥民。'呜呼！尔有唯小子无职，视于公氏有功于天，彻命敬享哉！助王恭德，欲天临我不敏。"王咸诰，何锡贝卅朋，用作囻公宝尊彝，唯王五祀。① （《殷周金文集成》06014）

1963 年出土于陕西宝鸡的何尊是西周早期重要的"训诰"类铭文，也是目前文献所见"中国"一词的最早出处。何尊铭文显示的年代是西周早期的康王五年。② 显而易见，铭文中除了时间、地点和赏赐及作器用途说明等基本的背景信息之外，主要的篇幅用来记录周成王对何尊的训诰。具体而言，训诰包括三方面的内容：一是成王回顾宗小子们的父辈辅佐文王获得了天命；二是武王建国后希望在"中国"③ 建都，从而统治万民；三是希望宗小子向父辈学习，继续辅佐周王秉持明德、延续天命。这种殷切的训诰之辞，也多见于《尚书》周初的几篇之中。

西周金文虽然类型多样，但其中大部分可看作真正的西周政府档案，尤其是"册命"和"训诰"类金文。根据大量铜器铭文可以推测，在正式的册命仪式之前，册命文书已经由作册尹等官员书写于简牍之上。册命仪式

---

① 铭文的最新考释与研究，参见董珊：《宅兹中国：何尊新说》，《故宫文物月刊》2013 年第 9 期。

② 何尊的年代有成王和康王两说，本文依据《宅兹中国：何尊新说》的说法，参见董珊：《宅兹中国：何尊新说》，第 72 页。

③ 这里的"中国"并非今天意义上的"中国"，当指"中土""中域"，参见董珊：《宅兹中国：何尊新说》，第 69 页。

中，王的随从官员或周王自己口头宣读完之后，将书写于简牍之上的命书交予受命者。册命仪式之后，有相当一部分命书又被铸写于铜器上。① 正由于这些铜器在后世的多次出土，今人才得以见到一部分西周文书档案的原貌。

基于传世《尚书》和出土西周金文所见"书"的诸多特点，当代汉学家艾兰主张将"书"视为一种书面作品的体裁。对"书"的起源，艾兰先生曾有过详细的假设：

> "书"一开始是官员为了在正式仪式上代表君主或大臣讲话而事先准备的讲话稿。由于这是由其他人而非讲话内容的归属者自己所作的讲话，所以就有必要在讲话之前就将稿子先写下来。……很可能在皇家档案馆还有份副本，记下了讲话的时间、地点以及环境，金文的记载表明讲话的简册最后给了讲话的对象。
>
> 西周青铜器的浇筑普遍有用来记录官员的任命或其他仪式的特殊目的，因而它们记录了任命时刻君主所作的讲话。但是，君主也可能作了其他一些没有刻在青铜器上的讲话。可以推断，这些讲话也事先被刻录在竹简上，在正式仪式上由一个官员宣读出来，并在归档时记录了演讲的时间、地点和环境。另一个副本可能也给了讲话的对象。在正式讲话前就在竹简上写好稿子从而使得政府任命显得庄严，这种行为揭示出《尚书》中的文献的来源背景，并且有利于我们理解《书》是如何区别于其他文献的。②

《尚书》与西周金文的语言存在很高的一致性，如果我们仔细将《尚

---

① 册命仪式及其文书制度的详细研究，参见李峰：《西周的读写文化及其社会背景》，载《青铜器和金文书体研究》，上海古籍出版社，2018。

② 艾兰：《论〈书〉与〈尚书〉的起源——基于新近出土文献的视角》，袁青译，载复旦大学出土文献与古文字研究中心编《出土文献与古文字研究》（第六辑），上海古籍出版社，2015，第650—651页。

书》的多篇与"册命"和"训诰"类金文相对比，可以发现二者确实在语言风格上高度趋同。这种一致性体现在高频的词汇、短语和句式等多个方面。

高频词汇，我们以"严"为例。"严"在《尚书》中常表示恭敬义，如《皋陶谟》篇"严祗敬六德"、《无逸》篇"严恭寅畏"和《吕刑》"具严天威"。"严"在金文中的出现频率更高，一般也表示恭敬义，最为典型的是西周晚期金文中多次出现的套语"严在上，翼在下"，常用来描绘祖先在帝廷恭敬的动作行止。① 类似的《尚书》和金文共用词汇还有许多。

短语和句式方面，商西周时期文献常见一种定中结构的名词性短语"蠢某"，可做例证。"蠢某"的"蠢"一般表示蠢动、动乱的意思，"某"一般是方国部族的名称。如《大诰》篇"有大艰于西土，西土人亦不静，越兹蠢殷小腆，诞敢纪其叙"，"蠢殷"即是蠢动的殷商旧族。同样结构的短语也见于西周金文，如应侯视公簋盖铭文中有"蠢淮南夷"，四十二年逨鼎铭文也有"蠢猃狁"，都是用"蠢"来形容某一敌对的方国或部族，整体上的短语类型也完全相同。②

因此，无论在词汇、短语还是句式方面，《尚书》和金文都呈现出许多共同特点和相似的语言风格。还有学者从"语体"的角度揭示这种趋同的内在原因：

> 两种文献皆偏向使用较为正式、典雅的用语，在语体上具有许多共同特征，从而说明两者语言的高度一致性应该与其语体类型存在密切的联系。金文是一种高度礼仪性质的语言，包含大量正式、典雅的语词。

---

① 对该套语的详细考释参见王人聪：《说"严在上，翼在下"》，《中国历史博物馆馆刊》总第18–19期；陈剑：《金文"象"字考释》，载陈剑《甲骨金文考释论集》，线装书局，2007。

② 这里两处金文所见"蠢"是通假字，相关字形、训诂和短语结构的分析参见蒋玉斌：《释甲骨文的"蠢"兼论相关问题》，《复旦学报（社会科学版）》2018年第5期。

今文《尚书》成篇年代虽然应在春秋战国或以后，但当中不少词汇现象却明显与西周金文近似，由此或许可以证明《尚书》作者曾经刻意运用仿古词汇融入文献之中，使其语言表达具有更正式、典雅的特点。①

纵然《尚书》与西周金文的语言存在高度的一致性，但是仔细阅读《尚书》各篇的内容，不免发现《尚书》各篇的内容与金文所见的西周文书档案也有很大不同。正如李零先生早先所说：

即使早期古书是直接脱胎于文书档案，它也不是文书档案中必然包含的种类。它之成为后世意义上的"书"，恐怕是后人删选、改编的结果（不管是不是由孔子删削），有些可能是原始记录，有些可能是后人拟作，还有些则明显是收集故老传闻改编的故事。选取标准也多是谈话、议论较多，有一定思想性和可读性的篇章，并不是找些流水账式的东西，硬着头皮让你读。比如，今《尚书》各篇，它们和上述铜器铭文的五大类②就并不完全吻合，大部分还是借历史事件，讲道德教训。它关心的不是历史事件本身，而是由这些事件引发的历史教训，所以对话和议论很多，和纯粹记事的档案有一定区别，不但阅读方式不同（不是查书，而是读书），留什么不留什么，也都是选择的结果……③

若要论第一类"原始记录"，今本《尚书》较为可信的几篇周初文献不一定是完全的原始记录。但是近年整理发布的清华简中，有一篇"书"类文

---

① 邓佩玲：《从两周金文重探〈尚书〉的语言性质》，载《经学史重探：中世纪以前文献的再检讨第一次学术研讨会会议论文》，"中研院"中国文哲研究所，2018。

② 指祭祀类、媵嫁类、册赏类、战功类和诉讼类。

③ 李零：《简帛古书与学术源流》（修订本），生活·读书·新知三联书店，2008，第54页。张怀通先生对后人的改编有详细论述，参见张怀通：《〈逸周书〉新研》，中华书局，2013，第35－36页。

献①《封许之命》极像原始记录，兹移录简文如下：

……越在天下，故天劝之乍亡斁，尚振厥德，膺受大命，畯尹四方。则惟汝吕丁，肇佑文王，㤅光厥剌烈，□司明型，㸔厥猷，祗事上帝。桓桓丕敬，严将天命。亦惟汝吕丁，扞辅武王，干敦殷受，咸成商邑，……，命汝侯于许。汝惟臧者尔猷，虔恤王家，简乂四方不宾，以勤余一人。

锡汝苍珪、秬鬯一卣，路车，蕙衡，玉瑶，鸾铃，素旐，朱斿，元马四匹，攸勒，毳罭，罗缨，钩膺，篡弁，梐。赠尔荐彝，戬□遂兆，龙鬲、琏、罐、钲、乇勺、翌、鉴、鎣、盘、雕匚、鼎、簋、觥、卣、箸。

王曰："呜呼，丁，戒哉。余既监于殷之不若，囷童才兹忧，靡念非常，汝亦惟淑章尔虑，祗敬尔猷，以永厚周邦，勿废朕命，经嗣世享。"②

篇头和首段之中虽有残损，但大体完整，首尾皆是诰命性质的话语，中间则是对吕丁具体的分封赏赐记录。整理者在整理报告中已推测该篇是周初封建许国的文件。吴振武先生在整理报告发布会上进一步指出《封许之命》与西周金文的用字、涉及的名物都高度吻合。③

此外的两类，"后人拟作"的一类以《金縢》最为典型，《金縢》长期被怀疑为春秋以后所拟作；"后人改编"的一类以《尧典》较具代表性，《尧典》可能有古老故事作为依据，但主要还是后人改编的结果。

---

① "书"类文献特征的具体讨论，参见本编第二章。
② 释文采用宽式释文，参考了多家考释意见。基本释文参见李学勤主编《清华大学藏战国竹简（伍）》，中西书局，2015。
③ 马楠：《清华简新整理公布六种战国竹书》，清华新闻网，2015 年 4 月 9 日。

综合来看，早期的"书"一开始可能指君主或大臣在一些重要政治事件和政治仪式上的讲话稿，但呈现在铜器上的铭文不一定是这些讲话稿的完全照录。最终流传下来并且收录于《尚书》的诸篇，可能只有少数是这些讲话稿的原貌，更多的是后人删选、改编甚至拟作的产物。

想要进一步探究《尚书》的性质，除了从源头上单独讨论"书"的性质外，还需要深入《尚书》诸篇，仔细去区分《尚书》不同的类别，分析诸篇的性质与时代。

（三）《尚书》的类型

说到《尚书》的类别，最为典型的传统说法莫过于《尚书》"十体"：典、谟、训、诰、誓、命、征、贡、歌、范。① "典"如《尧典》《舜典》，"谟"如《大禹谟》《皋陶谟》，"训"如《伊训》《高宗之训》，"诰"如《汤诰》《大诰》，"誓"如《甘誓》《汤誓》，"命"如《毕命》《顾命》，"征"如《胤征》《汤征》，"贡"如《禹贡》，"歌"如《五子之歌》，"范"如《洪范》。这种文体划分带有较强的理想性，只是从众多单篇《尚书》篇名中归纳的十个通用名称，《金縢》等篇的篇名不带通用名称，难以归入"十体"中的哪一体。即便是同一通用名称下的不同篇，内容和体裁也不一定完类同。正因为此，孔颖达在编撰《尚书正义》时不得不说："《书》篇之名，因事而立，既无体制，随便为文。"②

现代学者一直致力于从不同维度重新划分《尚书》的类别，以期深入探究每一类的性质。正如李学勤先生所指出，《左传》《战国策》曾引《逸周

---

① "十体"由"六体"（典、谟、训、诰、誓、命）发展而来，后人有不同的发挥阐释。参见〔汉〕孔安国传、〔唐〕孔颖达正义：《尚书正义》，上海古籍出版社，2007，第11－12页；程元敏：《尚书学史》，华东师范大学出版社，2013，第64－74页。

② 〔汉〕孔安国传、〔唐〕孔颖达正义：《尚书正义》，第27页。

书》若干篇，引的时候常称《周书》，而在《左传》《战国策》引今本《尚书》某些内容时，有时也称《周书》，或《商书》等，可见当时人的思想里面，单篇流传的《尚书》和《逸周书》没有差别，可齐同看待。① 我们可以统称为"书"类文献。现有的讨论中有些倾向根据思想和体裁等内在特征确立出"书"类文献的整体标准。陈梦家先生在《论尚书的体例》一文中将今文《尚书》分为"诰命""誓祷"和"叙事"三类：

一、诰命

成王时：《多士》《多方》《大诰》《康诰》《酒诰》《梓材》《君奭》《无逸》《立政》《洛诰》《召诰》

康王时：《康王之诰》

其他：《盘庚》《文侯之命》

二、誓祷

师旅之誓：《甘誓》《汤誓》《泰誓》《牧誓》《费誓》《秦誓》

禳疾代祷：《金滕》

三、叙事

有关夏的：《尧典》《皋陶谟》《禹贡》

有关殷的：《高宗肜日》《西伯戡黎》《微子》《洪范》

有关周的：《吕刑》②

陈文主要根据今文《尚书》的内容和体例，粗浅分为三类。③ 其实，每类内部文本的文本形态还存在差异，尤其是"叙事"一类文本的文本形态差别明显。而且不同篇"诰命"的成文时代也不能简单分为成王、康王和其

---

① 李学勤：《清华简与〈尚书〉〈逸周书〉的研究》，《史学史研究》2011 年第 2 期。

② 陈梦家：《尚书通论》，第 309－310 页。

③ 程浩在陈梦家基础上将今文《尚书》分为"训诰""册命"和"誓祷"三类，这种划分标准仍然粗略，参见程浩：《从出土文献看〈尚书〉的体裁与分类》，《文艺评论》2017 年第 3 期。

他，其他两类内部文本的成文时代也是千差万别。

甚至有学者不论其时代先后，更不考虑文本形态，着重从各篇思想的相似性进行分类，如有日本学者曾将今文《尚书》的全体内容大致区分为以下七个系统：

（一）康诰系统：《康诰》《酒诰》《梓材》《多士》《无逸》《君奭》《多方》《吕刑》

（二）洛诰系统：《洛诰》《召诰》

（三）大誓系统：《大誓》

（四）洪范系统：《洪范》《立政》

（五）尧典系统：《尧典》《舜典》《皋陶谟》《益稷》

（六）独立群：《禹贡》《盘庚》《大诰》《金縢》《顾命》《康王之诰》《费誓》《文侯之命》《秦誓》

（七）杂篇群：《汤誓》《西伯戡黎》《微子》《高宗肜日》①

作者认为每个系统有一个共通的思想倾向，通过对某一典型篇章的理解，进而可以理解包含了此一类思想的各个篇章。

还有一类学者倾向于从体裁和形式上给《尚书》进行分类，进而归纳出"书"类文献在文本形态上的基本特征。如有西方的汉学学者就尝试从形式特征上对除了《禹贡》之外的《尚书》和大部分《逸周书》进行分类，划分出六个类型。②

第一种类型是情节化的讲话稿式文本（Dramatic Speeches）。这种体式是

① 中江丑吉：《书廿九篇に关する私见に就いて（一）（康诰系统书篇を论ず）》，载中江丑吉：《中国古代政治思想》，岩波书店，1950。

② Yegor Grebnev, "The Yi Zhoushu and the Shangshu: The Case of Texts with Speeches," in *Origins of Chinese Political Philosophy——Studies in the Composition and Thought of the Shangshu（Classic of Documents）*, ed. Martin Kern, Dirk Meyer,（Brill Academic Publisher, 2017）, p. 249–280.

今文《尚书》的主体形式，包括《甘誓》《汤誓》《盘庚》《西伯戡黎》《微子之命》《牧誓》《大诰》《康诰》《酒诰》《召诰》《洛诰》《多士》《无逸》《君奭》《多方》《立政》《文侯之命》《费誓》《秦誓》十九篇，还有少部分《逸周书》中的文本《商誓》《度邑》和《祭公》。

第二种类型是非情节化的讲话稿式文本（Nondramatic Speeches）。非情节化讲话稿式文本包含三个部分：介绍性序文、由核心辩论组成的文本主体和结束语。今文《尚书》中仅有《洪范》符合这一类型，而《逸周书》中的《酆保》《大开》《小开》《文传》《柔武》《大开武》《小开武》《宝典》《酆谋》《大匡》《文政》《大聚》《五权》《成开》《大戒》《本典》等十六篇都属于这个类型。

第三种类型是述梦式文本（Brief Speech Related to Dream Revelations）。仅有《逸周书》的《文儆》《寤儆》和《武儆》三篇符合这一类型。

第四种类型是书面文告式文本（Texts with Writing-informed Contextualization）。这种类型包括今文《尚书》中的《吕刑》一篇，《逸周书》中的《大匡》《程典》《芮良夫》三篇。此类文本开场白都没有详述事件背景，而是描述作文的原因。

第五种类型是基于对话的情节故事（Plot-based Stories with Dialogues）。这种类型以今文《尚书》的《金縢》、《逸周书》的《太子晋》《殷祝》两篇为代表，将讲话和叙述结合起来，并且包含基于情节的故事性对话。

第六种类型则是那些难以分类的讲话稿式文本，包括今文《尚书》中的《尧典》《皋陶谟》《高宗肜日》《梓材》《顾命》等五篇，《逸周书》的《和寤》《皇门》《尝麦》《官人》《王会》《周祝》等六篇。这类文本似乎是情节化和非情节化讲话稿式文本的结合体。

上述分类面向的是存世的今文《尚书》或《逸周书》，无论侧重思想取向还是体裁特征，其目的都是通过分类进一步明晰传世"书"类文献内部的类型差别，探求其文本性质的差异。随着几年来出土"书"类文献的增多，如何判定"书"类文献，倒是成了《尚书》类型研究的新问题。

除《尚书》和《逸周书》以外，"书"类文献再次的大发现要数清华简。清华简目前还在整理过程中，已经公布的"书"类文献包括《尹至》《尹诰》《程寤》《祭公》《保训》《金縢》《皇门》《说命上》《说命中》《说命下》《厚父》《命训》《封许之命》和《摄命》，还有少量"书"类文献没有公布。自第一册刊布以来，学术界围绕"书"类文献的定义，以及清华简中某些篇是否属于"书"类文献等问题，展开了持久的讨论。

参与清华简整理工作的李守奎先生曾指出，目前学界对"书"类文献的判定有两个标准：一是从现存之《书》中归纳其特点；二是参考传统目录的分类。但两个标准都很模糊。根据出土文献，先秦的"书"类文献比古书中留给我们的信息还要丰富而复杂。他主张把"书"类文献看作开放的概念，判定"书"类文献至少应当包括如下三个方面的标准：

（1）所记内容是三代文献，下迄于春秋初年。

（2）语言风格或如《周书》佶屈聱牙，或有明显的古老痕迹，不论是传承还是仿拟。

（3）文体主要以训诰等记言为主。不同的文体各有不同的特点。①

三则标准综合起来，无外乎点明了"书"类文献的"史源""篇旨"和"体式"。史源上，要求所记内容是春秋以前三代之中，可以是传承也可以是

_____

① 李守奎：《汉代伊尹文献的分类与清华简中伊尹诸篇的性质》，《深圳大学学报（人文社会科学版）》2015年第3期。作者在另一篇文章中明确点出了自己认定的清华简"书"类文献，包括《尹至》《尹诰》《说命上》《说命中》《说命下》《保训》《金縢》《皇门》《程寤》《祭公》《厚父》《封许之命》《命训》。另外还有三篇"命"，其中一篇《吕仲论刑》，与《吕刑》密切相关。参见李守奎：《楚文献中的教育与清华简〈系年〉性质初探》，载复旦大学出土文献与古文字研究中心编《出土文献与古文字研究》（第六辑），上海古籍出版社，2015，第295页。

后人仿拟；篇旨上，要求以训诰等思想为主题；体式上，要求语言风格或古奥或保留古风，不同体裁有不同文本特征。

不同于后世一般文献可以有公认的体式，先秦的"书"类文献往往是社会场域中因文本功能的相似而逐渐类聚的。有学者曾讨论先秦的"文类"，强调先秦"文类"往往是随"用"而成"类"：

> 先秦时代绝大多数的文章，几乎是随"用"而成"类"，因此它们并非由某一选文家或文论家收集书面写定的文本，先在逻辑上提出"类"概念、建立分类标准，然后加以"聚同"与"别异"并编纂而成。也就是诸多魏晋之后所被文学社群共同认定的某些"文类"，它的形成显然不是逻辑上预先设准立名的分类操作，而是在社会实践的场域中，随"用"而为众所同趋共识，逐渐形塑完成。而其类"名"所指涉的也往往是其言说行为的目的与方式。因此，其"类聚"的因素或条件，不是纯为语文形构的相似性。我们应该注意到，在语文形构之外，"社会情境"上某些"隐性形构"更是其"类聚"的发生性因素或条件。这些"社会情境"上的"隐性形构"，当包括说话者、受话者、时空背景以及媒介物等要素所形成的"动态性关系"。因此，对于"文类"的"相似性"，不能只简化为"语文形构"的外在特征。①

有鉴于此，我们主张"书"类文献的判定，首先在史源上要求所述内容以春秋之前三代史料为依本，文本形态上要类似或接近现已明确的《尚书》《逸周书》类文献的体式特征，思想取向上又要考虑"书"类文献思想上的共同宗旨，如荀子所总结的"《书》者，政事之纪也"。特别要注意考察这些文献在东周时代社会场域中的实际功能是否相同或类似。有学者就曾认为

---

① 颜崑阳：《论"文体"与"文类"的涵义及其关系》，《清华中文学报》2007 年第 1 期。

流传至东周社会的"书"类文献功能在于作为教育王室及贵族子弟、规范言行的教材。① 与"诗""礼""春秋""易"等文献相比，作为教材的"书"类文献特别的功用应当是政治启蒙与教化。

概括来讲，判定"书"类文献，应当兼顾文本的"史源""体式""篇旨"和"功用"。②

（四）《尚书》的时代

《汉书·艺文志》在叙述《尚书》的早期流传情形时说：

> 《易》曰："河出图，洛出书，圣人则之。"故《书》之所起远矣，至孔子纂焉，上断于尧，下讫于秦，凡百篇，而为之序，言其作意。

大意是说《尚书》起源很早，而且有许多篇，一直到了孔子的时代，孔子"上断于尧，下讫于秦"，从中选取一百篇，并且为这一百篇分别作序，简单说明了每篇的写作背景和写作目的，这就是流传下来的《尚书序》。

然而，孔子选定的百篇在后世的流传可谓"命途多舛"。经历秦始皇焚书，汉代先后盛行今文《尚书》和古文《尚书》，西晋永嘉之乱时古文《尚书》亡佚，东晋后流传梅赜献上的古文《尚书》，唐代孔颖达等人以梅本为

---

① 朱凤瀚：《读清华简〈金縢〉兼论相关问题》，载陈致主编《简帛·经典·古史》，上海古籍出版社，2013，第 55 页。

② 照此标准，《保训》《周公之琴舞》和《芮良夫毖》三篇也应当归为"书"类文献。赵平安先生曾指出《保训》的体式与古文《尚书·伊训》相似，先时间，次缘由，然后是训教之言。今本《伊训》虽属伪古文，但它与《保训》体式如此相像，不会完全没有依据。《芮良夫毖》先交代背景，然后是芮良夫劝诫之言，结构与《周书》多篇相似，只不过劝诫之言是以诗歌形式呈现。参见赵平安：《〈保训〉的性质和结构》，《光明日报》2009 年 4 月 13 日；《芮良夫毖初读》，《文物》2012 年第 8 期。而且《周公之琴舞》和《芮良夫毖》主体内容以诚毖为思想取向，文本体式与《逸周书》的《大匡》《程典》和《芮良夫》等篇相同，也以楚地贵族子弟教育为基本用途，因而具备"书"类文献的特征。

底本撰写《尚书正义》。经过宋元以来不少学者的考证，梅赜所献的古文《尚书》为后人所伪造。最为可靠的《尚书》就是与伪古文《尚书》同时保存在《尚书正义》中的今文《尚书》二十九篇：

> 《虞夏书》：《尧典》《皋陶谟》《禹贡》《甘誓》
>
> 《商书》：《汤誓》《盘庚》《高宗肜日》《西伯戡黎》《微子》
>
> 《周书》：《牧誓》《洪范》《金縢》《大诰》《康诰》《酒诰》《梓材》《召诰》《洛诰》《多士》《无逸》《君奭》《多方》《立政》《顾命》《康王之诰》《费誓》《吕刑》《文侯之命》《秦誓》

根据《尚书序》所言，这二十九篇分别是虞夏商周时期君王或大臣所作。但是，后世不断有人怀疑，不少篇章的真实成文时代不是前人所坚信的虞夏商周时期。以《金縢》篇为例，《尚书序》以来的学术史上，都认为《金縢》篇是西周初作品。宋代的程颐、王廉等人却根据内容怀疑《金縢》不是圣人之书，清人袁枚甚至认为这篇是汉代人伪造的。[①]

传统学术史上对《尚书》诸篇成文时代的质疑和考证，多是依赖传世文献的内部证据。晚清民国以来，既得益于新的理论与方法，也有了大量出土文献作为"同时资料"[②] 可作对比，学界对《尚书》诸篇内容与成文时代的研究才有了长足的进步。以下简单回顾 20 世纪以来学界对今文《尚书》成文时代的诸多研究。

---

① 相关综述参见蒋善国：《尚书综述》第五编"尚书的真伪"第十四章"金縢的作者和错简问题"，上海古籍出版社，1988，第 233 – 237 页。

② 所谓"同时资料"，"指的是某种资料的内容和它的外形（即文字）是同一时期产生的"，如甲骨和西周金文；所谓"后时资料"，"指外形比内容产生得晚的那些资料，即经过转写转刊的资料"，如写于西汉初年的马王堆帛书《老子》。两者的区分参见太田辰夫：《中国语历史文法》，蒋绍愚、徐昌华译，北京大学出版社，1987，第 374 – 375 页。

19 世纪末 20 世纪初，以康有为、廖平为代表的今文经学家更是开启了近代"疑古"思想的绪端。① 20 世纪 20 年代，古史辨运动兴起，运动的核心人物顾颉刚先生反思并考订《尚书》诸篇的成文时代。他在 1924 年春写给胡适的信中，将今文《尚书》分为了三组，第一组十二篇分别是：

《盘庚》《大诰》《康诰》《酒诰》《梓材》《召诰》《洛诰》《多士》《吕刑》《文侯之命》《费誓》《泰誓》

顾先生认为这一组"在思想上文字上都可信为真"。第二组十一篇分别是：

《甘誓》《汤誓》《高宗肜日》《西伯勘黎》《微子》《牧誓》《金滕》《无逸》《君奭》《立政》《顾命》

顾先生推定这一组是东周间的作品，原因是这一组的文体平顺不像古文。而且有些篇反映的人治观念很重，不像西周思想。这一组或者是后世的伪作，或者是史官的追记，或者是经过后人翻译过的古文。第三组只有三篇：

《尧典》《皋陶谟》《禹贡》

战国时代诸子纷纷立说，顾颉刚据此推论这三篇很可能是战国至秦汉间与诸子学说有关的作品。②

后来，在此三分的基础上，他还专门写出了《〈尧典〉著作时代考》《〈禹贡〉作于战国考》和《〈尧典〉〈皋陶谟〉辨伪》等考证文章，根据地

---

① 晚清今文经学家对古史辨运动的影响，参见王汎森：《古史辨运动的兴起：一个思想史的分析》，台北允晨文化实业股份有限公司，1987。

② 顾颉刚：《论今文〈尚书〉著作时代书》，载顾颉刚主编《古史辨》（第 1 册），上海古籍出版社，1982，第 200 - 206 页。

理、思想、文辞、制度和疆域等要素在其他传世文献中出现的时代，判定《尧典》是汉人所作，《禹贡》则是战国之世走向统一前夕地理学家所作的总结性地理记载。随后几年，顾颉刚的学生何定生沿着他的辨伪思路，进一步从语法角度尝试考定《尚书》的成文时代。所著《〈尚书〉的文法及其年代》从人称代词、虚字、连词和成语等维度，分析指出《周书》各篇处在西周、东周语法演进之间，西周的作品只有《大诰》，东周的作品有《尧典》《皋陶谟》和《金縢》等。至于《商书》，语法风格自成一系，时代还难以判断。①

王国维生前是清华学校研究院（俗称"清华国学院"）四大导师之一，倡导并践行"二重证据法"，主张"取地下之实物与纸上之遗文互相释证"。1925 年秋，王国维先生在清华国学院讲授"古史新证"课程，后人将其讲义与同时期著作汇集为《古史新证》。《古史新证》是王国维将"二重证据法"运用到先秦史的经典之作，开篇就从时代的先后讨论了《尚书》《诗经》《周易》和《竹书纪年》等"纸上之史料"，对今文《尚书》有如下的简单说明：

> 《虞夏书》中如《尧典》《皋陶谟》《禹贡》《甘誓》，《商书》中如《汤誓》，文字平易简洁，或系后世重编，然至少亦必为周初人所作。至《商书》中之《盘庚》《高宗肜日》《西伯戡黎》《微子》，《周书》之《牧誓》《洪范》《金縢》《大诰》《康诰》《酒诰》《梓材》《召诰》《洛诰》《多士》《无逸》《君奭》《多方》《立政》《顾命》《康王之诰》《吕刑》《文侯之命》《费誓》《秦誓》诸篇皆当时所作也。②

---

① 何定生：《〈尚书〉的文法及其年代》，载国立中山大学语言历史学研究所《国立中山大学语言历史学研究所周刊》（第 5 集），国家图书出版社，2011，第 49—51 期合刊。
② 王国维：《古史新证：王国维最后的讲义》，清华大学出版社，1994，第 3 页。

相对古史辨派的做法，王国维的分析较为谨慎，也反映出他对古史辨派"疑古"思想的一些反思和批评。根据语言风格平易与古奥的差别，他将今文《尚书》中的《虞夏书》四篇和《商书》中的《汤誓》判定为周初人所作。而剩下的《商书》四篇和全部的《周书》的成文时代则默认为篇中所交代的时间。

郭沫若是时人所称颂的"甲骨四堂"之一[1]，长于甲骨和金文研究。得益于出土文献和传世文献的对比，也受同时代古史辨思潮的影响，他在1935年写定的《先秦天道观之进展》一文中，开篇不久即表达了和古史辨派相似的观点：

> 在现今传存的《尚书》中，所谓《虞书》和《夏书》都是战国时的儒者假造的，已经成为了定论。就是《商书》，除掉殷末的几篇而外，也都大有问题。[2]

郭沫若通过与甲骨和金文等出土文献的对比，印证了古史辨派对《高宗肜日》等多篇《商书》成文年代的怀疑。他仔细比对了《尚书》和春秋战国一些思想学说，认为《周书》的《洪范》篇根本思想是以中为极，与《中庸》一篇相为表里，也是子思所作。而对其他几篇《周书》，郭先生则基本予以采信，甚至作为分析天道观演变的史料依据。

就在《先秦天道观之进展》成文不久，学者张西堂初步完成了《尚书引论》一书。在顾颉刚的基础上，张书进一步划分今文《尚书》为四组：

---

① 钱玄同在20世纪30年代初最早将罗振玉（号雪堂）、王国维（号观堂）、郭沫若（字鼎堂）、董作宾（字彦堂）四人并称为"甲骨四堂"。唐兰随后在1939年出版的《天壤阁甲骨文存并考释》自序中评价"四堂"时说："卜辞研究自雪堂导夫先路，观堂继以考史，彦堂区其年代，鼎堂发其辞例。"

② 郭沫若：《先秦天道观之进展》，载《郭沫若全集：历史编》（第1卷），人民出版社，1982，第317页。

第一组有《尧典》《皋陶谟》《禹贡》，作于战国秦汉年间；第二组有《甘誓》《汤誓》《牧誓》《洪范》《金縢》，作于战国初中叶；第三组有《高宗肜日》《西伯勘黎》《微子》《无逸》《君奭》《顾命》《费誓》《吕刑》《文侯之命》《秦誓》十篇，疑作于西周春秋间；第四组有《盘庚》《大诰》《康诰》《酒诰》《梓材》《召诰》《洛诰》《多士》《多方》《立政》十篇，作于西周。① 书中的考证方法沿袭顾颉刚和郭沫若等人的思路，只是在具体篇章的研究上更为细腻。

无论是古史辨派还是郭沫若和张西堂等人的研究，习惯采用的一种考证方法都是，某篇古书出现了当时文献中没有的语言现象或历史制度，那么这篇古书很可能年代较晚或者是后人伪造。这种古书年代考证和辨伪的思路自然存在逻辑上的漏洞，由此得出的许多结论不会有很高的可信度。② 20世纪后半叶以来更多的出土文献也证实了这一点。

陈梦家先生早年曾是新月派的诗人，20世纪30年代逐渐转入学术研究领域。他最早研究古代宗教，后来全面转入青铜器断代、古史年代和《尚书》等方面研究。甲骨方面写出了《殷墟卜辞综述》，金文方面也有《西周铜器断代》等著作。抗战时期，他曾在西南联大讲授《尚书》。以当时讲稿为基础，他于1957年正式出版了《尚书通论》。相比较于王国维和郭沫若等前辈学者，陈梦家的《尚书》研究，以他对西周铜器断代和铭文体例的深入研究为基础。《尚书通论》大大推进了《尚书》诸篇的史料学，尤其是年代学的研究。陈梦家以金文为参照对象，通过对比语言风格和内容体例，划分今文《尚书》为多个时代不同性质的古书：

---

① 张西堂：《尚书引论》，陕西人民出版社，1958，第173-203页。按：据该书自序交代，全书完稿于1938年，正式出版于1958年。

② 对这种方法的评析参见冯胜君：《二十世纪古文献新证研究》第七章"根据出土文献判断古书真伪及年代"第一节"利用甲骨文、金文判断古书真伪及年代"，齐鲁书社，2006。

一、西周初期的命书

周书：《康诰》《酒诰》《洛诰》《君奭》《立政》《梓材》《无逸》《多士》《多方》《康王之诰》《召诰》《大诰》。

二、西周中期以后的命、誓

周书：《吕刑》《文侯之命》《秦誓》。

三、约为西周时代的记录

周书：《金縢》《顾命》《费誓》。

四、战国时代拟作的誓

夏书：《甘誓》；商书：《汤誓》《盘庚》；周书：《牧誓》。

五、战国时代的著作

虞书：《尧典》《舜典》《皋陶谟》《益稷》；夏书：《禹贡》；商书：《高宗肜日》《西伯戡黎》《微子》；周书：《洪范》①。

同时也区分了今文《尚书》二十九篇结集人的不同，认为：

> 《周书》的十二篇命可能为鲁大史所传录的西周命书；誓多后世拟作；记事之文如《禹贡》《洪范》等都不早于战国。《夏书》可能为晋人所追拟，《商书》可能为宋人所追拟，《夏》《商》两书犹《鲁》《商》两颂，皆成于东周时期。②

徐复观是 20 世纪新儒家的代表人物，也是思想史研究的大家。20 世纪 60 年代初，徐复观在研究上古思想史时，由思想演进的脉络考定了《尚书》诸篇的成文时代。他对这种考证思路曾有过简单介绍：

> 一种新思想、观念之出现，在历史中是一件大事。由思想观念出现

---

① 陈梦家：《尚书通论》，第 112 页。
② 陈梦家：《尚书通论》，第 169 – 170 页。

之前后，以推论相关典籍出现之先后，这系过去考据家所忽略的一个重要方法。《虞书》中之思想、观念，较《周书》为丰富，故其成立当远在《周书》之后。《商书》中之思想观念，较《周书》为贫弱，故其成立，自在《周书》之前。①

例如《尧典》篇，徐复观先生认为：

> 《尧典》里面的道德观念，较周初文献中的道德观念更为丰富；但孟子已把仁义观念加到尧舜身上；《大戴记·五帝德》竟称尧为"其仁如天"；然而《尧典》上"敬敷五教"之语，可以说包括了"义"的观念；但没有出现仁的观念和礼的观念；这或许可以推断在《尧典》写定时，礼与仁的观念尚未十分流行。因此，它可能写定于西周之末，东周之初。②

在此方法和思路的指引下，徐复观先生将今文《尚书》分为三类，同时考证了各篇的成文时代：

> 第一类是开始并无原始文献，而只有许多口头传说；这些传说，到了文化发展到更高的阶段时，即由史官加以整理、编纂，把口传的材料，写成文字的材料。……《尚书》中的《尧典》《皋陶谟》《禹贡》，当属于这一类。……
>
> 《尚书》中第二类的材料，为将原典重加整理过的材料。此种材料，原有真实文献存在；但经过若干年后，尤其是经过了改朝换代以后，有人重新加以整理，以便于流传阅读。在整理时，不免把原文加以今译，因而杂有整理时的名词、口吻、气氛；但对于原有的底子，并未加以改

---

① 徐复观：《中国人性论史·先秦篇》，上海三联书店，2001，第17页。
② 同上书，第467页。

变。今日《尚书》中的《甘誓》《汤誓》《高宗肜日》《西伯戡黎》《微子》《洪范》等皆是。……

　　第三类是传承下来的原始资料；《商书》中的《盘庚》及《周书》，大体是属于这一类。……①

　　徐复观先生上述不少观点实际上针对的是文史大家屈万里先生当时所发表的《尚书中不可尽信的材料》一文。屈万里先生在文中认为《尧典》《禹贡》《甘誓》《汤誓》《高宗肜日》《西伯戡黎》《微子》《牧誓》《洪范》和《金縢》诸篇文辞不像周诰几篇那样佶屈聱牙，也没有《文侯之命》《秦誓》那样古奥，倒是和《论语》《孟子》一样平易。这些篇大概都是成篇于春秋晚年至战国中期的述古之辞。② 不难发现，徐、屈二人的争议主要在徐复观先生所划分的第二类与第三类的性质以及背后的成篇时代。屈万里先生后来专门写文答复，主张先秦时期可能不存在徐复观先生所说的"将原典重加整理"。③

　　屈万里先生早年深受古史辨派的影响，但在考证方法上更为审慎，形成了自己的古书年代学理念。有学者将其考定《尚书》诸篇年代的依据总结为六种，分别是"文辞之风格与字义之演变""古礼制度""地理与疆域之观念""思想发展""地理物产"和"由袭用《尚书》篇章推出晚出"。④ 究其核心思想，即主张《尧典》《禹贡》《甘誓》《汤誓》《高宗肜日》《西伯戡

---

① 徐复观：《中国人性论史：先秦篇》，第 465－468 页。

② 屈万里：《尚书中不可尽信的材料》，载《屈万里先生文存》（第一册），联经出版事业公司，1983，第 125 页。

③ 屈万里：《对于"与五行有关的文献"之解释问题敬答徐复观先生》，载《屈万里先生文存》（第一册），第 159－170 页。

④ 屈万里先生的《尚书》研究蔚为大观，先后有《今本〈尚书〉的真伪》《尚书〈皋陶谟〉著成的时代》《尚书〈文侯之命〉著成的时代》《尚书中不可尽信的材料》《尚书〈甘誓〉篇著成的时代》《论〈禹贡〉著成的时代》等单篇论文，也有《尚书释义》和《尚书集释》等专著。屈万里《尚书》成文年代研究方法的综合分析参见陈志峰：《屈万里先生对今文〈尚书〉著成年代之考定——兼论对疑古思潮之集成与修正》，载《台大中文学报》2016 年第 2 期。

黎》《微子》《牧誓》《洪范》和《金縢》十篇是东周时期的"述古之作"。

20 世纪后半叶以来，出土甲骨、金文和简帛文献越来越丰富，学界对上古时代各时期汉语语言特征与风格的认识有了较大提升。相较于古史辨时代的学者，以李学勤、裘锡圭为代表的新一代学者，立足众多新见出土文献，开启了"反思古书"的新时代。学者们对《尚书》内容上的分类和成文时代的分析也愈加深入。如裘锡圭先生在 1981 年发表的《谈谈地下材料在先秦秦汉古籍整理工作中的作用》一文中从方法论的高度指出：

> 地下发现的甲骨卜辞和铜器铭文等资料，是丝毫未经后人窜改的商周时代文献。有些传世古文献，可以通过在用词、行文和思想、内容上，跟这些地下古文献作对比，而大致确定其真实时代。

甲骨、金文是未经后人改动的原始商周文献，可以拿来对比判断古书的年代。这一思想与日本学者太田辰夫主张用"同时资料"研究汉语史的做法不谋而合。在同一篇文章中，裘锡圭先生举的例子就是《尚书》，他认为：

> 通过跟西周春秋铜器铭文作对比，我们可以相信《尚书》中《周书》的大部分（自《大诰》以下各篇），虽然其文字在不断传抄刊刻的过程中已经出现了不少讹误，但是大体上还保持着"原件"的面貌。《商书》用词行文的习惯往往与甲骨卜辞不合。如《盘庚》喜欢用"民"字，在卜辞里却还没有发现过同样用法的"民"字。但是《商书》各篇所反映的思想以至某些制度却跟卜辞相合。看来，它们（《汤誓》也许要除外）大概确有商代的底本为根据，然而已经经过了周代人比较大的修改。至于《虞夏书》各篇，就显然是后人的拟作了。郭沫若曾指出，在西周春秋铜器铭文里总是以"妣"与"祖"配，"考"与"母"配（《诗经》亦同），"可知考妣连文……当系战国时人语"。而《尧典》却有"百姓如丧考妣三载"之语，其成书时代便可想而知了。

除了出土的文字材料，非文字的考古资料也可以帮助我们对古书进行断代。裘文继续说：

> 非文字的考古资料，对于判断古籍成书时代同样很重要。《尚书·禹贡》所记梁州贡品中有铁。从考古发掘看，铁要到春秋后期才开始比较普遍地使用。《禹贡》成书时代的上限当不能早于春秋（参看郭沫若《中国古代社会研究》）。①

正是基于上述观点，张玉金先生在研究西周汉语语法时，首先确定的可信的西周时代语料，包括《大诰》《康诰》《酒诰》《梓材》《召诰》《洛诰》《多士》《无逸》《君奭》《多才》《立政》《顾命》（含《康王之诰》）《费誓》和《吕刑》。②

裘锡圭先生的研究所据材料更为丰富，方法更为精当，但对《尚书》研究只是整体性的分析，例证也仅是一些代表时代语言风格的用词、行文习惯和思想。美国汉学家夏含夷先生则首次利用金文作为参考的语料，从语法角度，全面分析今文《尚书》各篇的成文时代。他首先评议了 20 世纪以来的《尚书》成文时代研究，认为屈万里判定《洪范》《金縢》和《吕刑》作于春秋战国之间，根据的也只是思想史证据，属于"软"的证据。而历史语言学才能提供"硬"的证据。夏含夷不仅意识到金文未经后人篡改，而且指出铜器的器型和纹饰可以帮助我们为铭文的语言进行断代。正如他所说：

> 现在要探讨西周时代和东周时代相对的语言用法，没有比金文更适合的材料了。这是因为以下两个原因。第一是金文铸在铜器上之后，不可能受到后人之篡改。第二是铜器本身就是非常好的判定时代之标准；

---

① 裘锡圭：《谈谈地下材料在先秦秦汉古籍整理工作中的作用》，载裘锡圭《古代文史研究新探》，江苏古籍出版社，1992，第 46–47 页。

② 张玉金：《西周汉语语法研究》，商务印书馆，2004，第 19 页。

从器型、纹饰绝对可以分别西周和东周的铜器。那么，假如能够找到一些只用于西周金文而不用于东周金文，或者不见于西周金文而始见于东周金文的语言用法，就应该可以利用这些来和《尚书》各篇的用法进行比勘。①

在具体研究思路上，夏含夷先生先从两周金文中总结出五条能反映西周与东周语言差异的规律，如"西周金文在'以'之后基本上都接名词，东周金文在'以'之后却多接动词"②。根据这五条语言规律，分别测查"以"等词在《周书》十八篇中的具体用法，判断其归属的时代。最终的结论是《大诰》《召诰》《多士》和《君奭》基本上未出现东周的语言用法，似乎是可靠的西周文献。而《洪范》《金縢》《吕刑》和《泰誓》较多出现东周时代的语言现象。其他几篇或者因为篇幅短小，或者因为作为调查对象的词在篇中出现次数较少，还难以判定整篇的成文时代。

西方古典学研究中，常有语文学素养深厚的古典学家利用历史语言学揭示不同时代的不同语言规律，给古书断代。夏含夷先生的研究正是借鉴了这一做法。随后这些年，零星有学者根据新近揭示的语言规律尝试给《尚书》诸篇进一步断代。③

美籍华裔语言学家余霭芹先生，根据甲骨文、金文揭示的上古汉语定中结构三种类型存在的不同时间，尝试对今文《尚书》进行断代。根据甲骨文、金文，她发现定中结构有三种类型，最早的是"中心语＋定语"式，残

---

① 夏含夷：《略论今文〈尚书〉周书各篇的著作年代》，载夏含夷：《古史异观》，上海古籍出版社，2005，第320-326页。

② 同上书，第322页。

③ 笔者目力所及，除了下文引述的余霭芹《〈尚书〉的定中结构》，还有吴安其《〈尚书〉文本的历史特点》（载潘悟云主编《高山流水：郑张尚芳教授八十寿诞庆祝文集》，上海教育出版社，2014），以及李山《〈尧典〉的写制年代》（《文学遗产》2014年第4期）。两文中主要据某篇中典型词语在文献中出现的时代和典型语言现象的时代来判断文本时代，所对比的文献和依据的语言规律十分有限，结论有多处可商榷。

留于商代的甲骨文和商、西周金文中；其次是无标志的"定语 + 中心语"式，盛行于商、西周时代；最后是以"之"字为标志的"定语 + 之 + 中心语"式，分布于春秋战国时代。据此来衡量今文《尚书》，余文初步结论如下：

> 含有定中结构最早类型的残余的三章——《尧典》《梓材》《君奭》——可能成书最早，约成书于殷、西周时代；含有定中结构次旧类型的五章——《微子》《大诰》《康诰》《洛诰》《立政》——次之，约成书于春秋时代前；定中结构次旧类型和最新类型兼用的三章——《盘庚》《无逸》《顾命》——反映了春秋战国的过渡时期。①

上述不少结论明显与20世纪以来的多数观点相抵牾。对此，余霭芹先生的解释是，只用一种语法结构去衡量作品的成书时代，是极其片面的观察，而且各篇内部也包含不同时代的语法成分。余文最后强调，《尚书》各篇的内部可以根据不同的标准，包括不同的语法类型、不同的学术领域标准（考古、文字、天文和历史等），厘清不同时代的成分。②

正如余霭芹先生所说，存在不同时代层次的表现，正是《尚书》的本质。③当代语言学家梅广先生指导完成的论文《表现在〈今文尚书〉的几个句法特色》即尝试从语法层次上揭示《尚书》文本的这种本质。文中首次提出了古书的"语法层次"概念。"语法层次"的提法借鉴自现代汉语方言研究中盛行的"方言层次"概念，认为古籍和方言的语音一样是各朝代各地域语言现象层积而成的，④《尚书》就是早期古书中最明显的一个典型。

---

① 余霭芹：《〈尚书〉的定中结构》，《中国语文研究》2003年第1期，第6页。
② 余霭芹：《〈尚书〉的定中结构》，《中国语文研究》2003年第1期，第7页。
③ 同上。
④ 杨素梅：《表现在〈今文尚书〉的几个句法特色》，台湾大学中国文学研究所硕士学位论文，2006，第111－112页。

　　具体做法是从那些成文时代较为明确的出土材料中总结早期语法现象的一些特点，据此建构基本的语法层次框架和所属的时代，然后将文献典籍放入此框架中检视，剖析其语法层次。《表现在〈今文尚书〉的几个句法特色》根据出土文献所揭示虚词"此""矣""焉""与"的用法及其时代，以及"惟＋宾语＋是/之＋动词述语"和"以＋直接宾语＋动词＋间接宾语"两句型的时代，考察今文《尚书》各篇，得出的结论是：

　　　　……《牧誓》《金縢》《无逸》《立政》四篇具有相对较多项目。说明它们都是在流传过程中受了东周影响，使用春秋战国时期习用的虚字、语法结构等，呈现晚期语法现象。……写定为今流传本的时间应当不会早于两周之交。……《尚书》各篇章含有多个不同时间层次的本质，例如《无逸》的"此""惟＋O＋是/之＋V"等语法成分已证明为东周语言现象，尤以《无逸》采"惟＋O＋之＋V"，更是春秋中叶以后新形式。……关系词"攸""所"二字，《无逸》的"非民攸训""非天攸若"为西周中期以后"攸"字关系代词用法；"君子所，其无逸"则属西周初"所"字复指命题事件论元的用法。《无逸》的"攸""所"用法反映西周时期语言事实。换言之，《无逸》一篇具有西周中期与春秋中叶两个语法层次。说明难以根据单一鉴别标准就截然划分为某一时代的作品。①

　　正由于上述虚词和句型较多存在于《牧誓》《金縢》《无逸》和《立政》四篇，因此实际测查不能涵盖整个今文《尚书》。相较于前人的研究，能够从语法上细分出文本的不同语法层次，不仅对文本的成文时代有了更精确的定位，也有助了解文本的成书过程。遗憾的是，文中语法层次框架只有四则

---

　　① 杨素梅：《表现在〈今文尚书〉的几个句法特色》，第 107–108 页。

虚词用法和两种句型，倘若充分增加框架内测查的项目，可考察的篇目会更多，可揭示的语法层次会愈加清晰。

此外，生前主持清华简整理工作的李学勤先生曾特别指出，清华简《尹至》《尹诰》的体裁和语言风格与今文《尚书》中的《商书》非常相似。

> 《尹至》《尹诰》讲商汤灭夏，按照《尚书》的体例，可以称作《商书》，称作《夏书》也不是不可以。起初读起来会感觉有些句子很浅显，可是仔细读就会发现并不是这样，有一些句子很特别。它的特点是很多的用词和语法与今文《尚书》中的《夏书》和《商书》是一样的。且不管《夏书》和《商书》到底是什么时候作的，清华简这两篇和它们的体裁是一样的。比如《尹至》开头，汤见到伊尹，"汤曰：格"，现在今文《尚书·汤誓》有："王曰：格"，王就是汤，就等于说"汤曰：格"。《商书·盘庚》有"王若曰：格"。这种句子，其他地方没有，所以它们应该是同出一源，同时而作。还有很多这样的例子，比如这里面有夏人说的话："余及汝皆亡"，《孟子》作"余及汝偕亡"。这句话见于《汤誓》，作"时日曷丧，余及汝皆亡"。《尹至》还有一句话作"其如台"，前人指出意思就是"奈何"，又见于《汤誓》《盘庚》《西伯戡黎》，还有很多例子。所以我们看《尹至》《尹诰》，开始看很浅显，会怀疑是不是战国人瞎编的。可是如果你一对照的话，就会发现其来源是一样的，和《夏书》《商书》一致。这一点特别值得注意，如果我们进行综合研究，可能会提供一些新的东西。这些《尚书》类文献，在用词遣句和文法上还有很多和西周金文一致……①

《商书》一般被认为是后人所作，但是《商书》文本的一些内容却有着

---

① 李学勤：《清华简与〈尚书〉〈逸周书〉的研究》，《史学史研究》2011 年第 2 期。

古老的来源。《商书》有可能是在前人口头传播和书面传播共同的基础上创作完成的，许多流传下来的真实历史故事被记录于《商书》。尤其是语法、词汇和用字习惯往往有时代性特征，反映商周时期真实语言面貌的一些语言习惯也得以留存于《商书》。

除了上文所举的语言习惯，李学勤先生也曾指出《尧典》《皋陶谟》中多次出现过的一个叹词"俞"，相同用法不见于其他先秦文献，却出现在了商代武丁卜辞之中，这说明《尧典》的一部分内容可能有"古远的渊源"。①《盘庚》篇"相时憸民，犹胥顾于箴言，其发有逸口，矧予制乃短长之命"。"逸口"一词，孔传解释为"过口之患"，蔡沈《书集传》解释为"过言"。将"口"训释为"言"，在古文献中找不到例证，但是在出土甲骨卜辞中却有明确的例证，"多舌"与"多口"甚至出现在同一条卜辞之中。这说明《盘庚》一些语言习惯确实有古老的来源。②

无独有偶，甲骨文中一些"中"字构形本义是风向器，卜辞"立中"即立风向标。裘锡圭先生认为《盘庚》"各设中于乃心"一段话中，"设中"一词与"立中"同义，"各设中于乃心"是以在心中设立能辨别风向的"中"来比喻在心中树立能分清是非的标准。"设中"与"立中"一样是真实的商代语言。③

此外，近出清华简"书"类文献《尹至》篇简1"惟尹自夏徂亳，夜至在汤"，多位学者发现简文"夜"是表示夜半的时间称法，这一用字习惯目前仅见于甲骨文和楚文字中，战国竹书《尹至》这种存古现象说明本篇撰作

① 李学勤：《〈尧典〉与甲骨卜辞的叹词"俞"》，《湖南大学学报（社会科学版）》2008 年第 3 期。

② 李学勤：《甲骨卜辞与〈尚书·盘庚〉》，《甲骨文与殷商史》（新 1 辑），后载李学勤：《通向文明之路》，商务印书馆，2010。

③ 裘锡圭：《说〈盘庚〉篇的"设中"——兼论甲骨、金文"中"的字形》，"出土文献与传世典籍的诠释"国际学术研讨会论文，复旦大学，2017。

时所依据的某些材料可能非常古老。① 因而，出土文献揭示的具有时代特色的用词和用字等语言习惯，也有助推进我们对诸篇《尚书》乃至"书"类文献成文时代的认识。

比较上述多位学者对《尚书》诸篇成文时代的研究方法，我们主张将外缘性的历史制度和思想观念等文本内容与内在性的语言形式相结合，不断推进对《尚书》诸篇成文时代的认识。正如有学者所指出的：

> 尚有另一种"二重证据法"似亦不容忽视，那便是：对"纸上材料"之断代（或辨伪），除应重视其内涵意蕴（可称为语料）外，语言形式（可称为语体）也是非常重要——有时甚至是决定性的因素。因为文本内容（包括史实、传说、风俗遗存以至天文、历象记录等等）可借用先世的材料，有时会今古难辨，但"语言形式"则较易"泄漏天机"，显出其特定的时代性。所以，最稳妥的方法就是，以文本之"语体"印证其"语料"，如两者的时代特征相合，始可作出认定，而成为强有力的"本证"；否则，对相关"纸上材料"的可靠性也尚须存疑。②

对《尚书》诸篇的成文时代，上述种种说法还没能达成多少一致的意见。究其原因，可能如古史辨派一样存在方法论的缺陷，也可能如夏含夷等人测查所据的语言规律只是极为有限的归纳。但这些研究，一致揭示出《尚书》诸篇文本成文时代的差异性，甚至同篇《尚书》的内容也存在不同时代层次的差异。借助上古史研究，包括思想史研究的推进，我们对《尚书》各篇内史实、制度和思想观念所处时代的认识会愈发精审。随着出土文献中"同时资料"的进一步增多，可以总结的语言特征规律会越来越多，我们对

---

① 郭永秉：《清华简〈尹至〉"烄至在汤"解》，载清华大学出土文献研究与保护中心编《清华简研究》（第一辑），中西书局，2012，第48–51页。

② 周锡䪆：《〈易经〉的语言形式与著作年代——兼论西周礼乐文化对中国韵文艺术发展的影响》，《中国社会科学》2003年第4期，第166页。

《尚书》诸篇成文时代和篇内不同时代层次成分的揭示也会越来越深入。

叹词"俞"所在卜辞（《甲骨文合集》10405）

（五）《尚书》的思想

《尚书》最初的一些命诰本来就包含君王对臣下的思想告诫与期许，蕴含丰富的政治思想。例如，《尚书·君奭》有言：

> 在我后嗣子孙，大弗克恭上下，遏佚前人光在家，不知天命不易，天难谌，乃其坠命，弗克经历。

篇中周公劝勉召公要保持虔敬之心，不可轻慢上天赐予的天命，否则天命还可以被收回。周人灭商立国之后，小邦战胜大邦的政治焦虑自然萌发，意识到"上天的意志和命令是会改变的，上天不会把人世间的权命无条件地永远赋予一姓王朝"①，开始将天命与人的德行联系起来，强调"修德配命"。这种"天命观"对后世的政治影响至深，历代统治者莫不遵循。

东周秦汉时期，在《尚书》经典化过程中，儒家、墨家等不同的力量对《尚书》不断进行"赋义"的工作。在随后漫长的经学时代，《尚书》始终被当作蕴含圣人大义的经典。如果说前文所引《礼记·经解》所载"疏通知远"只是孔子对《书》教的一种笼统诠释，那么保存于《孔丛子》中的一段话，则可以帮助我们了解孔子对《尚书》多篇的专门诠释。

> 子夏问《书》大义。子曰："吾于《帝典》，见尧、舜之圣焉；于《大禹》《皋陶谟》《益稷》，见禹、稷、皋陶之忠勤功勋焉；于《洛诰》，见周公之德焉。故《帝典》可以观美，《大禹谟》《禹贡》可以观事，《皋陶谟》《益稷》可以观政，《洪范》可以观度，《泰誓》可以观议，《五诰》可以观仁，《甫刑》可以观诚。通斯七者，则《书》之大义举矣。"

> 孔子曰："《书》之于事也，远而不阔，近而不迫，志尽而不怨，辞顺而不诌。吾于《高宗肜日》，见德之有报之疾也。苟由其道致其仁，则远方归志而致其敬焉。吾于《洪范》，见君子之不忍言人之恶而质人之美也。发乎中而见乎外以成文者，其唯《洪范》乎？"②

历代学者出于种种目的，对《尚书》诸篇做出了见仁见智的义理诠释，构成了丰富多彩的《尚书》诠释史。这其中，诠释得最为系统和精练的可能要数清代经学家皮锡瑞。皮锡瑞在他的《经学通论》中《尚书》部分专门

① 陈来：《古代宗教与伦理：儒家思想的根源》，生活·读书·新知三联书店，1996，第173页。

② 傅亚庶：《孔丛子校释》，中华书局，2011，第17－18页。

开辟一节，命名为"论百篇全经不可见，二十九篇，篇篇有义，学者当讲求大义，不必考求逸书"，分别讨论了今文《尚书》二十九篇每一篇的微言大义：

> 二十九篇，篇篇有义，如《尧典》见为君之义，君之义莫大于求贤审官，其余巡守朝觐、封山濬川、赏功罚罪皆大事，非大事不书，观此可以知作史本纪之法矣。《皋陶谟》见为臣之义，臣之义莫大于尽忠纳诲，上下交儆以致雍熙，故两篇皆冠以"曰若稽古"，观此可以知记言问对之体矣，《禹贡》见禹治水之功，并锡土姓，分别五服，观此可以冠地理水道之书矣。《甘誓》见天子亲征，申明约束之义，观此知仁义之师，亦必兼节制矣。《汤誓》见禅让变为征诛，吊民伐罪之义，与《牧誓》合观，可知暴非桀纣，圣不及汤武，不得以"放伐"借口矣。《盘庚》见国迁询万民，命众正法度之义，观此知拓跋宏①之谲众胁迁者非矣。《高宗肜日》见遇灾而惧，因事进规之义，观此知汉以灾异求直言，得敬天之意矣。《西伯戡黎》见拒谏速亡，取以垂戒之义，观此知天命不足恃，而人事不可不勉矣。《微子》见殷之亡，由法度先亡，取以垂戒之义，观此知为国当正纪纲，不可使民玩其上矣。《牧誓》见吊民伐罪，兼明约束之义，观此知步伐整齐乃古兵法，而非迂论矣。《洪范》见天人不甚相远，祸福足以儆君之义，观此知人君一言一动，皆关天象而不可不慎矣。《大诰》见开国时基业未固，防小腆靖大艰之义，观此知大臣当国，宜挺身犯难，而不宜退避矣。《金滕》言人臣忠孝，足以感天，人君报功当逾常格之义，观此知周公所以为圣而成王命鲁郊非僭矣。《康诰》见用亲贤以治乱国，宜慎用刑之义，观此知父子兄弟罪不相及，用法似重而实轻矣。《酒诰》见禁酒以绝乱源，宜从重

---

① 按，拓跋宏指北魏孝文帝，曾以胁迫欺骗等手段来推动迁都洛阳。

典之义，观此知作新民必先除旧习矣。《梓材》见宥罪加惠以永保民之义，观此知王者治天下，一夫一妇必无不得所矣。《召诰》见宅中图大，祈天永命之义，观此知王者宜监前朝而疾敬德矣。《洛诰》见营洛复政，留公命后之义，观此知君臣当各尽其道而不忘交儆矣。《多士》见开诚布公以靖反侧之义，观此知遗民不忘故君，非新主所能遽夺矣。《无逸》见人君当知艰难，毋以太平渐耽乐逸之义，观此知忧盛危明，当念魏徵所云十渐不克终矣。《君奭》见大臣当和衷共济，闵天越民之义，观此知富弼以撤帘与韩琦生意见者，其量褊矣。①《多方》见绥靖四方，重言申明之义，观此知开国之初，人多觊觎，当以德服其心，不当用威服矣。《立政》见为官择人，尤当慎选左右之义，观此知命官当得其人，不当干预其事矣。《顾命》见王者所以正终，当命大臣立嗣子之义，观此知宦官宫妾擅废立之祸，由未发大命矣。《康王之诰》见王者所以正始，当命大臣保王室，观此知成康继治，几致刑措，有由来矣。《甫刑》见哀敬折狱，轻重得中之义，观此知罚即赎刑，不可轻用其慈祥俳恻。汉人缓刑书，不足道矣。《文侯之命》见命方伯安远迩之义，观此知襄王时王灵犹赫，惜不能振作矣。《费誓》见诸侯专征，严明纪律之义，观此知用兵不可扰民矣。《秦誓》见穆公悔过，卒伯西戎之义，观此知人君不可饰非，当改变以救败矣。②

晚清和民国的一些学者，身处传统向现代社会的转型期，试图沟通传统与现代的思想，为西方思想寻找可对接的中国传统思想资源。著名学者和教育家唐文治所著《尚书大义》就是这方面的代表，单论一些篇题就足以揭示出唐先生沟通东西方思想的努力。如对《汤誓》篇的解读，《尚书大义》的

① 按，北宋时，大臣韩琦敦促太后归政英宗，遭到大臣富弼的抱怨。
② 皮锡瑞：《经学通论》，中华书局，1954，第74－76页。

篇名为"《汤誓》篇政鉴：论圣人革命顺天应人"，《立政》篇解读的篇名为"《立政》篇政治学（论政治学本于九德贵能灼见其心）"。①

时至现当代社会，学者立足现代视角，或者从客观立场解读《尚书》的思想史意义，或者力图去阐释《尚书》之中的哲学意涵，尤其是政治哲学的价值。②

① 唐文治：《尚书大义》，华东师范大学出版社，2016。
② 前一类的研究多见于一些中国思想史或哲学史通史著作中；后一类多见于一些专著，如余治平：《周公〈酒诰〉训：酒与周初政法德教祭祀的经学诠释》，上海古籍出版社，2018。

二、从"书"类文献到《尚书》——论《尚书》的流传与结集

（一）《尚书》在先秦的流传

东汉经学大师郑玄在他的《书论》中曾引当时流行的《尚书纬》：

> 孔子求《书》，得黄帝玄孙帝魁之书，迄于秦穆公，凡三千二百四十篇。断远取近，定可以为世法者百二十篇，以百二篇为《尚书》，十八篇为《中侯》。①

后人一直斥责《尚书纬》等书充满荒诞的言论，说孔子得《书》三千二百四十篇，很可能是夸张的说法。但上述说法多少说明孔子时代所见单篇流传的《书》为数不少。

《汉书·艺文志》在叙述《尚书》的成书史时说"至孔子纂焉，上断于尧，下讫于秦，凡百篇"②。这是后世"孔子删书"说法的源头，认为孔子

---

① 转引自［汉］孔安国传、［唐］孔颖达正义：《尚书正义》，第 12 页。
② 孔子是否删订《尚书》，学术史上多有争议，详细讨论参见顾颉刚：《论孔子删述〈六经〉说及战国著作伪书书》，载顾颉刚主编《古史辨》（第 1 册），第 41—43 页；钱玄同：《答顾颉刚先生书》，载顾颉刚主编《古史辨》（第 1 册）。

从为数众多的单篇《尚书》中选定百篇，作为孔门《书》教的教本。根据唐人所作《尚书正义》中保存的伪孔传所载《书序》，这百篇《尚书》的篇目可以胪列如下：

（1）尧典，（2）舜典，（3）汩作，（4—12）九共（9篇），（13）稾饫，（14）大禹谟，（15）皋陶谟，（16）益稷，（17）禹贡，（18）甘誓，（19）五子之歌，（20）胤征，（21）帝诰，（22）釐沃，（23）汤征，（24）汝鸠，（25）汝方，（26）汤誓，（27）夏社，（28）疑至，（29）臣扈，（30）典宝，（31）仲虺之诰，（32）汤诰，（33）明居，（34）伊训，（35）肆命，（36）徂后，（37—39）太甲上、中、下，（40）咸有一德，（41）沃丁，（42—45）咸乂（4篇），（46）伊陟，（47）原命，（48）仲丁，（49）河亶甲，（50）祖乙，（51－53）盘庚上、中、下，（54—56）说命上、中、下，（57）高宗肜日，（58）高宗之训，（59）西伯戡黎，（60）微子，（61—63）泰誓，（64）牧誓，（65）武成，（66）洪范，（67）分器，（68）旅獒，（69）旅巢命，（70）金縢，（71）大诰，（72）微子之命，（73）归禾，（74）嘉禾，（75）康诰，（76）酒诰，（77）梓材，（78）召诰，（79）洛诰，（80）多士，（81）无逸，（82）君奭，（83）蔡仲之命，（84）成王政，（85）将蒲姑，（86）多方，（87）立政，（88）周官，（89）贿肃慎之命，（90）亳姑，（91）君陈，（92）顾命，（93）康王之诰，（94）毕命，（95）君牙，（96）冏命，（97）吕刑，（98）文侯之命，（99）费誓，（100）秦誓。①

除此之外，从传世先秦文献中对《尚书》的征引来看，当时流行的

---

① 伪孔传本和郑玄本的百篇次序有所不同，参见［汉］孔安国传、［唐］孔颖达正义：《尚书正义》，第28页；详细讨论参见程元敏：《尚书学史》，第121－129页。

《尚书》篇目确实有很多。《尚书》学史上，一直有学者致力于搜集整理先秦文献所存《尚书》篇目。现代学者顾颉刚和刘起釪梳理得较为详细，我们参考刘起釪《尚书学史》中的整理，简单梳理先秦时期逸《书》的情况：一类是有篇名的，一类是没有篇名的。

第一类是有篇名的逸《书》，分为两种：一种是几种典籍中共见同一篇名，如《左传·昭公六年》："周有乱政，而作《九刑》。"《逸周书·尝麦》篇："王命大正正《刑书》，……大史策《刑书》九篇，以升，授大正。"两篇文中同时提及《刑书》。另一种是仅在单独典籍中出现某一篇名，如《国语·楚语上》："昔卫武公作《懿戒》以自儆也。"韦昭注："《懿戒》，《书》也。"这两种情形下出现的逸《书》篇目至少有如下：

《禽艾》《九刑》《祭公之顾命》《夏令》《周制》《训语》《懿戒》《誓命》《夏训》《虞人之箴》《禹刑》《汤刑》《伯禽》《唐诰》《距年》《竖年》《相年》《术令》《禹誓》《驯天明不解》《汤之宫刑》《武观》《三代不国》《执令》《禹之总德》《子亦》《夏谚》和《夏箴》等。

第二类是没有篇名的逸《书》。一般称引"《书》曰"或"《某书》曰"或直接引用逸《书》文句，如《国语·周语上》："《夏书》有之曰：'众非元后何戴，后非众无与守邦。'"又如《论语·为政》篇有言："或谓孔子曰：'子奚不为政？'子曰：'《书》云："孝乎惟孝，友于兄弟，施于有政。"是亦为政，奚其为为政？'""孝乎惟孝，友于兄弟，施于有政"出自哪篇逸《书》已经难以确证。类似的没有篇名的逸《书》还为数不少。[1]

以上仅是传世先秦典籍中所见的逸《书》情形，2008 年入藏清华大学

---

[1] 刘起釪：《尚书学史》，中华书局，1989，第 32–61 页。

的战国竹简中又出现了多篇"书"类文献。① 按照主持清华简整理工作的李学勤先生的分类,清华简"书"类文献包括三类:第一类是真正的《尚书》,见于今日传世的《尚书》,或者由标题或内容可以推定是属于《尚书》;第二类不见于《尚书》,但见于传世《逸周书》;第三类从体裁判断应当属于《尚书》《逸周书》之类,总共二十多篇。② 目前已经公布内容的篇目如下:

《尹至》《尹诰》《程寤》《祭公》《保训》《金滕》《皇门》《说命上》《说命中》《说命下》《厚父》《命训》《封许之命》《摄命》

其中,《金滕》在简背书写有篇名《周武王有疾周公所自以代王之志》,内容与今文《尚书》的《金滕》篇大体一致。《尹诰(咸有一德)》《说命上》《说命中》《说命下》是真的古文《尚书》。《摄命》疑似为百篇《尚书》中的《冏命》。《祭公》《皇门》《程寤》《命训》也见于《逸周书》。《尹至》《保训》和《厚父》在传世文献中没有明确记载,根据内容与体裁,应当属于"书"类文献。

无论是传世文献还是出土文献,所见"书"类文献皆众多,说明在西周以降,尤其是东周社会中,《尚书》不仅在政治实践中,而且在社会教育中起到了举足轻重的作用。《礼记·王制》有言:

乐正崇四术,立四教,顺先王"诗""书""礼""乐"以造士:春秋教以"礼""乐",冬夏教以"诗""书"。

《礼记·文王世子》又言:

---

① 除清华简以外,还有一些出土的单篇"书"类文献,如慈利楚简《大武》篇和荆州夏家台战国楚墓出土的《吕刑》篇。

② 李学勤:《清华简与〈尚书〉〈逸周书〉的研究》,《史学史研究》2011 年第 2 期。

> 凡学世子及学士，必时。春夏学干戈，秋冬学羽籥，皆于东序。小乐正学干，大胥赞之；籥师学戈，籥师丞赞之。胥鼓南。春诵，夏弦，大师诏之；瞽宗秋学礼，执礼者诏之；冬读书，典书者诏之。礼在瞽宗，书在上庠。

这些记载指向的是周王室的贵族子弟教育，叙说了当时教育中教授"诗""书"文献的时间、地点和功用。一般认为，《礼记》是战国以后儒家学者所作，书中的论述既有历史根据，也存在一些理想成分。但上述两则材料仍然足以说明当时周王室层面基本的经典教育概况。

不仅如此，"书"类文献因各种原因逐渐流入各诸侯国，并成为各国贵族子弟及后起的诸子教育弟子的教材。当时诸侯国贵族子弟教育中"书"类文献的重要性，在古书中也能发现一些零星的记载。楚国在当时的中原列国看来属于南蛮之地，对中原文化特别是西周以来的古典文化传承较少，但实际情况并非如此。楚人同样重视"诗""书"文献在贵族教育中的作用。《国语·楚语上》记载庄王使大夫士亹为太子之师，士亹为此求教于申叔时，申叔时对太子的教育有过如下论述：

> 教之"春秋"，而为之耸善而抑恶焉，以戒劝其心；教之"世"，而为之昭明德而废幽昏焉，以休惧其动；教之"诗"，而为之导广显德，以耀明其志；教之"礼"，使知上下之则；教之"乐"，以疏其秽而镇其浮；教之"令"，使访物官；教之"语"，使明其德，而知先王之务用明德于民也；教之"故志"，使知废兴者而戒惧焉；教之"训典"，使知族类，行比义焉。

申叔时建议为太子开设九门课，分别是"春秋""世""诗""礼""乐""令""语""故志"和"训典"，每门自有其独特的价值。"春秋""诗""礼""乐"已经合乎"六艺"中的四艺，而"训典"和"故志"其实正是当时流传的"书"类文献。① 以"训""典"和"志"命名的"书"类文献明显见于百篇《尚书》之中。而且,《左传》称《仲虺之诰》为《仲虺之志》,《墨子》称之为《仲虺之告》,视之为"先王之书"。简本《金縢》简的背面有另外一个篇名《周武王有疾周公所自以代王之志》,即以"志"命名。

不少学者提倡春秋以前"学在王官",而春秋以后私学兴起。在上述王室和贵族教育以外,诸子百家的引《书》论《书》,再次说明《尚书》或"书"类文献在春秋以后思想文化活动中的重要性。我们以《孟子》为例,简述当时引《书》论《书》的概况。孟子引《书》,主要目的在于引经据典,充当论据。《孟子》书中,有的只言"《书》曰",如《孟子·滕文公上》:

> 滕文公为世子,将之楚,过宋而见孟子。孟子道性善,言必称尧舜。
>
> 世子自楚反,复见孟子。孟子曰:"世子疑吾言乎?夫道一而已矣。成覸谓齐景公曰:'彼,丈夫也;我,丈夫也;吾何畏彼哉?'颜渊曰:'舜,何人也?予,何人也?有为者亦若是。'公明仪曰:'文王,我师也;周公岂欺我哉?'今滕,绝长补短,将五十里也,犹可以为善国。《书》曰:'若药不瞑眩,厥疾不瘳。'"

"若药不瞑眩,厥疾不瘳"出自《说命》篇,孟子这里是说"如果药不能使人头昏眼花,那病是不会痊愈的",意在借用《说命》中的一个比喻,向滕文公说明治国的道理。

有的明确引篇名,如《孟子·万章上》:

---

① 李零直接认为"训典"和"故志"相当于六艺中的"书",参见李零:《简帛古书与学术源流》(修订本),第 247 页。

咸丘蒙问曰："语云:'盛德之士,君不得而臣,父不得而子。'舜南面而立,尧帅诸侯北面而朝之,瞽瞍亦北面而朝之。舜见瞽瞍,其容有蹙。孔子曰:'于斯时也,天下殆哉,岌岌乎!'不识此语诚然乎哉?"

孟子曰:"否。此非君子之言,齐东野人之语也。尧老而舜摄也。《尧典》曰:'二十有八载,放勋乃徂落,百姓如丧考妣,三年,四海遏密八音。'孔子曰:'天无二日,民无二王。'舜既为天子矣,又帅天下诸侯以为尧三年丧,是二天子矣。"

这里大段引《尧典》,意在作为论据,批驳咸丘蒙所问的"齐东野语"。

20 世纪 90 年代以来,一些出土文献中再次出现了《尚书》的踪影。除了上文言及的诸多单篇"书"类文献,郭店简和上博简中也出现了类似上文《孟子》引《书》和论《书》的多个用例。郭店简和上博简《缁衣》所引《吕刑》《康诰》《君奭》,见于今文《尚书》;所引《祭公之顾命》,见于《逸周书》;所引《君牙》《君陈》和《咸有一德》见于百篇《尚书》,是真正的古文《尚书》。① 另外,郭店简《成之闻之》引有《大禹》,一般认为当是《大禹谟》。② 《成之闻之》还引有《韶命》,李学勤先生认为是《说命》;③ 郭店简《唐虞之道》引有《虞志》,廖名春先生认为可能属于逸《书》。④ 上博简《竞建内之》与《鲍叔牙与隰朋之谏》本为一篇,其中含有

---

① 基本分析参见廖名春:《郭店楚简引〈书〉论〈书〉考》,湖北人民出版社,2000;林素清:《利用出土战国楚竹书文献检讨〈尚书〉异文及其相关问题》,《龙宇纯先生七秩晋五寿庆论文集》,台湾学生书局,2002。
② 李学勤:《郭店楚简与儒家经籍》,载《郭店楚简研究》,辽宁教育出版社,1999;廖名春:《郭店楚简〈成之闻之〉〈唐虞之道〉篇与〈尚书〉》,《中国史研究》1999 年第 3 期。
③ 李学勤:《试说楚简中的〈说命〉佚文》,载李学勤:《文物中的古文明》,商务印书馆,2008。
④ 廖名春:《郭店楚简〈成之闻之〉〈唐虞之道〉篇与〈尚书〉》,《中国史研究》1999 年第 3 期。

与《高宗肜日》有关的章节。① 郭店简多篇体现的是孔孟之间战国儒家的思想学说，多次征引《尚书》，既以之作为论据，又为之诠释义理，极大地推进了《尚书》经典化的历程。

《尚书》或"书"类文献在东周社会流传与使用的过程，也是《尚书》逐渐成书的过程。早期典籍的成书过程异常复杂，陈梦家先生在《尚书通论》中曾考察先秦书中引述《尚书》的情况，以此分析当时《书》篇的文本形态以及《尚书》的成书历程。其基本结论可择要摘录如下：

> 《论语》：……当春秋晚叶时，称《尚书》为"书"。……孔子当时，《书》似为雅言之一，其地位尚不如《诗》与《礼》《乐》重要。《论语》中孔子屡次论《诗》（……共十一条），论《礼》《乐》（共八条），论《乐》（……共十六条），而罕论《书》。孔子要弟子学《诗》（《阳货》《季氏》）、学《礼》（《季氏》）而无教弟子学《书》的明文。
>
> 《孟子》：引《书》或如《论语》，但言"书曰"，也有引篇名者。……孟子时对于《书》有下述的改进：（一）述《书》本事如"葛伯仇饷""涉水警余""丕显哉文王谟"，实为《书序》的滥觞。（二）诠释《书》义，……实为最早的传注。（三）批评《书》的信否……《尚书》至此时已有篇名，……似孟子时《尚书》或者已编成课本。……孟子用《书》授徒。
>
> 《左传》：《左传》引《书》除引"书曰"、引篇名外，更引"夏书曰""商书曰""周书曰"。……所引《夏书》除一条见于今《皋陶谟》外，其它十三条都是逸文。……《商书》无逸文。……《周书》中……二条为逸文。……引《尚书》而同于今文者，只是大略同，不尽完

---

① 李锐：《由楚简〈鲍叔牙与隰朋之谏〉看〈尚书·高宗肜日〉》，载香港浸会大学《人文中国学报》编辑委员会编《人文中国学报》（第二十期），上海古籍出版社，2014。

全皆同，此可证汉伏生本已非战国本。……分夏、商、周书，故较晚于《孟子》。篇名与分书都是对于《尚书》编纂的进步……也有与《孟子》相类的书序……君子曰所引亦多逸书。凡此逸书可以名之"战国本尚书"。据《左传》定公四年，……鲁国于周初分封时得典策彝器，其中或有商与周初的典策。……至春秋时鲁太史氏尚藏有古代典策，当时或称之为"书"。……《国语》引《书》与《左传》相同，亦分三类：引"书曰"类、引篇名类、引"夏书""周书"类。

《墨子》：（一）篇名有在百篇序外者。（二）多引《夏书》《商书》，少引《周书》，不引《虞书》。……（四）提出《尚书》的名目，指《夏书》。……所谓"先王之书"有传文在内。

《礼记》：（一）除《坊记》所引一条称"书云"外，其它各条均举篇名……较《孟子》《左传》等书为多。所举篇名多在百篇数中，与《墨子》引书篇名多有在百篇之外者不同。（二）不引《商书》《夏书》，与《孟子》《左传》《墨子》等书不同。

《荀子》：……（二）不引夏、商、周书，是与先秦诸书不同处，而同于《礼记》。……引书称"传曰"有一例，《君子篇》"传曰：一人有庆，兆民赖之"，见于今本《吕刑》，《左传》引称"书曰"，《礼记》引举篇名……定《书》之界说，《劝学篇》曰"故《书》者，政事之纪也"，《儒效篇》曰"《诗》言是其志也，《书》言是其事也……"《诗》《书》《礼》《乐》并举。

《吕氏春秋》：……引《书》多逸文，不见于伏生本。而引文有与《墨子》互见者。……据《史记·秦始皇本纪》十二年葬吕不韦者其舍人多秦、晋籍，八览引《书》多不见于伏生本或系晋、鲁所传本本有所不同。

根据上述各书引《书》的情形，陈梦家先生最后的结论是：

由上所述，则知《尚书》的名称，代有变异，其初泛称《书》，其次有篇名，其次分夏、商、周书，其次称《夏书》为"尚书"，其次总称夏、商、周书为《尚书》。①

其中可注意两点：第一，先秦"书"类文献多是单篇独立流传；第二，先有泛称意义的"书"，而后才有"《夏书》""《商书》"和"《周书》"的提法。

余嘉锡《古书通例》卷三"论编次"部分有"古书单篇别行之例"条。其中说：

> 古之诸子，即后世之文集……既是因事为文，则其书不作于一时，其先后亦都无次第。随时所作，即以行世……秦、汉诸子，惟《吕氏春秋》《淮南子》之类为有统系条理，乃一时所成，且并自定篇目，其他则多是散篇杂著，其初原无一定之本也。
>
> 夫既本是单篇，故分合原无一定。有抄集数篇，即为一种者，有以一二篇单行者。②

余嘉锡的说法虽然主要针对诸子之书而论，但同样适用于《尚书》。《尚书》在先秦的流传也是以单篇流传为基本的状态，随着20世纪以来出土文献的不断涌现，这一点得到确然证实。③

（二）《尚书》的结集

《尚书》在先秦的流传固然以单篇流传为基本状态，但从单篇走向多篇

---

① 陈梦家：《尚书通论》，第11-33页。
② 余嘉锡：《古书通例》，中华书局，2007，第93-94页。
③ 顾史考：《以战国竹书重读〈古书通例〉》，载武汉大学简帛研究中心主办《简帛》（第四辑），上海古籍出版社，2009。

的结集也是一大趋势。有学者曾指出《尚书》在秦以前不一定完全成书，"秦以前抑亦未尝成书，特以之泛称先秦所遗留文献之简册"①。事实或许如此，先秦不一定存在各国和诸子百家共同认可的《尚书》定本。我们今日耳熟能详的所谓"定本"观念，源于商鞅变法要求设定律令定本的影响。② 虽然秦以后才有"定本"观念，但在此之前，西周的史官、东周儒家墨家等不同力量出于教育等目的，选编一定篇目《尚书》成为教本的可能应当是存在的。

对《尚书》首次的大规模整理，可能发生于西周中晚期。伴随着西周中晚期的"礼制改革"③，周人开始有意识地整理流传下来的一些重大政治事件和重要政治仪式上的讲话文稿档案。有学者认为《尚书》中的大部分《商书》和《周书》在西周中期经历了"从档案文件变为经典篇章"的转变：

> 《尚书》中的"商书"和"周书"部分有一个共同的特点：大多为君王和大臣的针对某些重大问题和事项的谈话记录。口头谈话，一般都很难做到"出口成章"，有整理经验的人知道，最初始的谈话记录，前后颠倒、重复罗嗦以及随意的内容插入、跑题之类是很常见的。要将这样的谈话记录变成文从字顺、主题集中又条理清楚的文字，删除、调整、补充等等是一定的。

---

① 金兆梓：《今文尚书论》，《学林》1940 年第 1 期，第 80 页。

② 李若晖：《燔诗书明法令——略论秦制的经学影响》，第八届中国经学国际学术研讨会会议论文集，台湾大学中国文学系，2013。

③ 关于西周中晚期"礼制改革"的研究，可参看罗泰《有关西周晚期礼制改革及庄白微氏青铜器年代的新假设：从世系铭文说起》，载"中研院"历史语言研究所编《中国考古学与历史学之整合研究》，1997；曹玮：《从青铜器的演化试论西周前后期之交的礼制变化》，载《周秦文化研究》，陕西人民出版社，1998；杰西卡·罗森：《青铜铸造技术革命及其对各地铸造业的影响》，载《祖先与永恒：杰西卡·罗森中国考古艺术文集》，生活·读书·新知三联书店，2011。

根据出土青铜器铭文所见铭文的信息来看，这些篇带有不少西周中期的语言特点，因而，最初的整理时间是西周中期。① 葛志毅先生则认为，周人带着以史为鉴的历史意识，将《尚书》篇章与原始的诏令文件区别开来，其编纂的时间可能发生在多难的周厉王和周宣王时代。

> 《周官》所载约剂制度在名称上虽采取了契约的形式，但实质上它乃是西周的制度体制，是有关政治、经济、民事、宗教、礼俗等的各种制度规定。策命命书则主要是受封贵族所得地位与权力的法律证明文件。但约剂与命书二者同出于史官之手，同铸于礼器之上，又同是用于统治管理的诏令文件。所有这些，是二者同于《尚书》篇章的原始体例之处。但每一件命书的制定，在当时都与一个具体的法权关系相联系。当把这些命书文件同原来的法权关系脱离开来，它们已被抽象为一篇篇的历史记载资料。当把它们再编纂为《尚书》的时候，则以汇编的整体共同表现为一种以史为鉴的历史意识。因而可以认为，《尚书》实以萌芽状态的历史编纂学成果，使其篇章与原始状态的诏令文件形式区别开来。既然《尚书》篇章与约剂命书之间原本存在着如此密切的联系，那么，根据青铜器铭文这种约剂文书大盛于西周中晚期来推测，《尚书》的编纂很可能始于厉、宣之世的前后。②

近年来，随着清华简等出土文献中涌现出多篇"书"类文献，有学者通过对比楚地出土战国书籍抄本与传世文献中的几篇"书"类文献，推测战国晚期的儒家后学，也曾经对先秦以来的《书》篇陆陆续续做过整理，增删改

---

① 李山：《〈尚书〉"商周书"的编纂年代》，《西北师大学报（社会科学版）》2011 年第 6 期。
② 葛志毅：《试据〈尚书〉体例论其编纂成书问题》，《学习与探索》1998 年第 2 期，后载葛志毅《谭史斋论稿续编》，黑龙江人民出版社，2004。

易其内容，并从《书》篇中选了百目，使之成为儒者传习《书》的教材。①

更有甚者，早在 20 世纪初期，日本汉学家内藤虎次郎参考多家说法，推估出儒家以《周书》五诰为基础，在不同社会思潮背景下，渐次增选，最终以《秦誓》收尾的《尚书》成书历程。

> 《尚书》形成的最初，应该是以《周书》的五诰为主，以有关周公的内容为中心的，即孔子或其门人为了复兴孔子作为理想的周公政治所考虑的结果。最初的编纂还是以五诰为主，但后来孔子一派的人就将其作为有关《春秋》的某种观点那样予以信任了，即孔子作《春秋》，其寓意在于尊鲁为王的观念在儒家内部开始形成，此时加入了《费誓》那种有关周公之子即鲁之鼻祖伯禽的内容，由此完成了《尚书》的最早一次编纂。接着，就《春秋》来说也形成了一种观点，即孔子作《春秋》，意在孔子自己为王的所谓"孔子素王"说。这时，由于孔子乃殷的末孙，于是《尚书》中又加进了以殷为主的内容。当时存在的有关殷的记录，可能就是今天所见到的从《盘庚》到《微子》《洪范》之间的内容，这几篇看来是附加在前边的。再往后，到了儒家提倡孔子祖述尧舜，宪章文武之说的时代，又加进了《尧典》。由于当时正是儒家流浪列国求仕的时代，所以至齐国的时代又增加了《吕刑》；至晋国或以晋国为正统自居的魏国时代又加进了《文侯之命》；至秦的时代又加上了最后的《秦誓》。②

上述成书历程固然有较大的推测成分，但却道出了《尚书》的成书一定有学派活动和战国政治形势等多重影响因素。陈梦家也有类似的看法：

---

① 魏慈德：《楚地出土战国书籍抄本与传世文献同源异本关系试探》，载李学勤主编《出土文献》（第九辑），中西书局，2016。

② 内藤虎次郎：《中国史学史》，马彪译，上海古籍出版社，2008，第37页。详细考证参见内藤虎次郎：《尚书编次考》，载江侠庵编《先秦经籍考》，商务印书馆，1931。

先秦在不同时代、不同国别内有种种的传本，这些传本有的进入伏生的《尚书》中，有的亡佚了；而它们在当时或作为"书"，或不作为"书"的。《书》的形成当在较后的时期，最早只能推到孔子教学的年代。先秦时代的《书》，有不同的传本，有写法上的歧异，有字句上的不同，也有解说上的差别。①

至于《尚书》定本的初步形成，马雍在他的《〈尚书〉史话》中明确主张《尚书》最初的定本可能出现于战国末期：

> 《尚书》中的《尧典》和《禹贡》等篇关于唐、虞和夏禹时期的记载与战国中期以前所有关于上古时代的传说都不大符合；其中所体现的是大一统国家的观念，而且表现得十分具体，象那样具体的大一统观念至少应当是战国晚期的人才会具有的；同时，这几篇中还涉及一些地理知识和地名，根据历史事实来考察，这些地理知识和地名也只有到战国晚期才会被人们所知道。既然《尚书》的定本中已经收进了《尧典》和《禹贡》这样晚出的文献，当然也就说明这个定本的编成年代不得早于战国晚期以前。最早编成的《尚书》定本究竟包括了多少篇，我们已经无从知道，但我们知道它仍然将各篇按朝代分编，并且保留了《夏书》《商书》《周书》等类目。②

---

① 陈梦家：《尚书通论》，第110页。
② 马雍：《〈尚书〉史话》，中华书局，1982，第8页。

三、《尚书》在汉代的流传与改动

（一）汉代 《尚书》诸版本

1. 伏生本

经历秦代"焚书之祸"，《尚书》在西汉初年重现天日。伏生是《尚书》汉代流传史上的第一个关键人物，《汉书·儒林列传》记载：

> 伏生者，济南人也。故为秦博士。孝文帝时，欲求能治尚书者，天下无有，乃闻伏生能治，欲召之。是时伏生年九十余，老不能行，于是乃诏太常使掌故晁错往受之。秦时焚书，伏生壁藏之。其后兵大起，流亡，汉定，伏生求其书，亡数十篇，独得二十九篇，即以教于齐鲁之闲。学者由是颇能言尚书，诸山东大师无不涉尚书以教矣。

相传为孔子后人孔安国所作的《尚书序》中也有相近说法：

> 及秦始皇灭先代典籍，焚书坑儒，天下学士逃难解散，我先人用藏其家书于屋壁。汉室龙兴，开设学校，旁求儒雅，以阐大猷。济南伏

生，年过九十，失其本经，口以传授，裁二十余篇，以其上古之书，谓之《尚书》。百篇之义，世莫得闻。

曾为秦博士的伏生，在秦代"焚书"时，将多篇《尚书》藏于壁中。汉初，官方寻找能通晓《尚书》的学者。伏生于壁中重获残余的二十九篇①，通过隶书重新写定《尚书》二十九篇，传授给晁错等人，《尚书》由此在汉初得以传承。隶书相对原来书写《尚书》所用的古文属于今文，所以后人也称之为今文《尚书》。今文《尚书》二十九篇的篇目如下：

《尧典》第一，《皋陶谟》第二，《禹贡》第三，《甘誓》第四，《汤誓》第五，《盘庚》第六，《高宗肜日》第七，《西伯勘黎》第八，《微子》第九，《牧誓》第十，《洪范》第十一，《大诰》第十二，《金縢》第十三，《康诰》第十四，《酒诰》第十五，《梓材》第十六，《召诰》第十七，《洛诰》第十八，《多士》第十九，《无逸》第二十，《君奭》第二一，《多方》第二二，《立政》第二三，《顾命》第二四，《康王之诰》第二五，《费誓》第二六，《吕刑》第二七，《文侯之命》第二八，《泰誓》第二九。②

除了传授今文《尚书》的文本，伏生的《尚书》学也体现在他疏解《尚书》史实和义理的《尚书大传》之中，二者共同成为西汉流行的今文《尚书》学的源头。

---

① 伏生所传二十九篇不一定只是壁中残余，可能二十九篇本身经过挑选，成为一种百篇的节录选本。参见朱廷献：《伏生今文孔壁古文为百篇之选本考》，载朱廷献《尚书研究》，台湾商务印书馆，1987，第50－52页。

② 汉代以来存在《顾命》与《康王之诰》应不应当合为一篇、《泰誓》因后得而应不应当列入和《书序》应不应当算作一篇等问题，详细引述与评析参见张西堂：《尚书引论》第五章"尚书之篇第"第一节"伏生今文尚书之篇第"，第84－114页。

2. 孔壁古文本

汉武帝时，曲阜孔府旧壁首次发现了用战国古文书写的《尚书》多篇。据《汉书·艺文志》：

> 《古文尚书》者，出孔子壁中。武帝末，鲁共王坏孔子宅，欲以广其宫。而得《古文尚书》及《礼记》《论语》《孝经》凡数十篇，皆古字也。共王往入其宅，闻鼓琴瑟钟磬之音，于是惧，乃止不坏。孔安国者，孔子后也。悉得其书，以考二十九篇，得多十六篇。安国献之，遭巫蛊事，未列于学官。

孔壁古文《尚书》，根据《尚书正义》等书保留的多重线索，共四十六卷，五十八篇，篇目如下：

《尧典》卷一，《舜典》卷二，《汩作》卷三，《九共》九篇卷四，《大禹谟》卷五，《皋陶谟》卷六，《弃稷》卷七，《禹贡》卷八，《甘誓》卷九，《五子之歌》卷十，《胤征》卷十一，《汤誓》卷十二，《汤诰》卷十三，《咸有一德》卷十四，《典宝》卷十五，《伊训》卷十六，《肆命》卷十七，《原命》卷十八，《盘庚》三篇卷十九，《高宗肜日》卷二十，《西伯戡黎》卷二十一，《微子》卷二十二，《太誓》三篇卷二十三，《牧誓》卷二十四，《武成》卷二十五，《洪范》卷二十六，《旅獒》卷二十七，《金縢》卷二十八，《大诰》卷二十九，《康诰》卷三十，《酒诰》卷三十一，《梓材》卷三十二，《召诰》卷三十三，《洛诰》卷三十四，《多士》卷三十五，《无逸》卷三十六，《君奭》卷三十七，《多方》卷三十八，《立政》卷三十九，《顾命》《康王之诰》卷四十，《冏命》卷四十一，《费誓》卷四十二，《吕刑》卷四十三，《文侯之命》

卷四十四，《秦誓》卷四十五，百篇之《序》合为一篇，卷四十六。①

其中，多得的十六篇分别是《舜典》《汩作》《九共》（九篇合一）、《大禹谟》《弃稷》《五子之歌》《胤征》《汤诰》《咸有一德》《典宝》《伊训》《肆命》《原命》《武成》《旅獒》《冏命》。这十六篇因为没有今文本可以对照，所以当时的学者难以做深入的研究。

根据《史记·孔子世家》，孔安国是孔子第十二世孙，他最初的《尚书》学远绍伏生之学。发现孔壁古文之后，孔安国使用当时通行的隶书笔法，将可与伏生本对照的各篇完全转写出来，进而予以深入的研究。正如《史记·儒林列传》所说，"孔氏有古文尚书，而安国以今文读之，因以起其家"。所谓"以今文读之"，类似于后世的学者用秦汉以来的文字习惯去整理解读出土的先秦文献。清代学者段玉裁曾解释说这种"读"至少包括四个方面，分别是"讽诵其文""定其难识之字""得其假借之字"和"抽续其义而推演之"。② 近代学者王国维也解释说：

> 盖《古文尚书》初出，其本与伏生所传颇有异同，而尚无章句训诂，安国以今文定其章句，通其假借，读而传之，是谓"以今文读之"。③

战国时代不存在完全的定本《尚书》，转写后的伏生本今文《尚书》与孔壁古文《尚书》必然存在文字的歧异，加之对文字的通假判定又存在差异，以及分章和断句等不同。汉武帝和汉宣帝时代，伏生后学开创的欧阳氏学和大小夏侯学三家今文《尚书》学先后被立为官学。今文学家在为学的同

---

① 具体篇目存在争议，本书采信清代学者王鸣盛在阎若璩等人基础上所作推定，参见王鸣盛：《尚书后案》，北京大学出版社，2012，第693页。
② 参见段玉裁：《古文尚书撰异》（卷1上），经韵楼丛书本。
③ 王国维：《观堂集林》，中华书局，1961，第310页。

时，享受着功名利禄。反观古文《尚书》学，虽有孔安国和刘歆等人的努力提倡，但在西汉时期始终未被立于官学。今文《尚书》之学与古文《尚书》之学渐行渐远，最终形成在汉以后学术史上影响深远的"今古文之争"。

3．河间献王本

古书上有关河间献王得先秦古文旧书的记载仅有《汉书·景十三王传》一处：

> 河间献王德以孝景前二年立，修学好古，实事求是。从民得善书，必为好写与之，留其真，加金帛赐以招之。繇是四方道术之人不远千里，或有先祖旧书，多奉以奏献王者，故得书多，与汉朝等。是时，淮南王安亦好书，所招致率多浮辩。献王所得书皆古文先秦旧书，《周官》《尚书》《礼》《礼记》《孟子》《老子》之属，皆经传说记，七十子之徒所论。其学举六艺，立《毛氏诗》《左氏春秋》博士。

河间献王所得古文先秦旧书《尚书》的具体篇目和卷数，古书没有更多线索。王国维先生曾考证认为河间献王本《尚书》可能是孔壁古文的转写本，可备一说。①

4．中祕本

《汉书·艺文志》在论说刘向校《尚书》时说：

> 刘向以中古文校欧阳、大小夏侯三家经文，《酒诰》脱简一，《召诰》脱简二。率简二十五字者，脱亦二十五字；简二十二字者，脱亦二十二字，文字异者七百有余，脱字数十。

在记述刘向校《周易》经文时再次出现"中古文"的说法，都没有交

---

① 王国维：《观堂集林》，第327－328页。

代"中古文"的来历，或以为就是孔壁古文，或以为有民间所献的可能。①
更有学者主张，"中古文"本是秦代宫廷图籍的遗存。②

5. 杜林本

《后汉书·杜林传》还记载过杜林得漆书古文《尚书》一卷。

> 林前于西州得漆书古文《尚书》一卷，常宝爱之，虽遭难困，握持
> 不离身。出以示宏等曰："林流离兵乱，常恐斯经将绝。何意东海卫子、
> 济南徐生复能传之，是道竟不坠于地也。古文虽不合时务，然愿诸生无
> 悔所学。"宏、巡益重之，于是古文遂行。

但《后汉书·杜林传》也记载说"扶风杜林传古文《尚书》，林同郡贾
逵为之作训，马融作传，郑玄注解，由是古文《尚书》遂显于世"。陈梦家
先生认为杜林所得仅仅有一卷漆书，不是竹简本，也不是古文数十篇，所以
他所传的仍然是东汉一般流行的古文《尚书》，接近中秘本。③

陈梦家先生在考证"孔壁古文本"时发现：刘向、刘歆、荀悦、班固、
王充和许慎等汉人记载的"孔壁"古文书籍种类逐渐增加，最开始只有
《礼古经》和《尚书》，后来又增如《论语》《孝经》和《左传》。而且，
"壁"的说法也有"孔子宅""孔子壁""鲁壁""鲁淹中"等不同说法。他
由此推论西汉开国之后，郡国民间不同地方有多次发现古文经书，后人将这
些发现附会起来，统归之于孔壁。④ 此说虽是推测，但确实能解释汉人记载
的多种矛盾。

---

① 陈梦家：《尚书通论》，第 45 页。

② 徐建委：《中古文〈尚书〉与秦府图籍、〈七略〉关系蠡测》，《鲁东大学学报（哲学社会科
学版）》2009 年第 6 期。

③ 陈梦家：《尚书通论》，第 46 页。

④ 陈梦家：《尚书通论》，第 36－41 页。

（二）"书"类文献在汉代的发现和整理

无独有偶，李学勤根据清华简所见"书"类文献，尤其是《皇门》等可与传世文献相对读的几篇，再次推论认为汉代一定有多次"书"类文献的发现：

> 传统上认为汉朝发现《尚书》古文有两次，一次是汉景帝末年的孔壁，比伏生所传多16篇，另一次是杜林于西州所得"漆书"古文一卷。现在看来不是这样，要不然《逸周书》这些材料是怎么来的呢？沈建华、刘国忠先生经过研究，指出《逸周书》中的一些字为什么是错的，或者是脱漏，或者是衍字，或者是改错的。怎么改错的，为什么改错了，这将竹简本与之一对照，就可以明白。比如《皇门》这一篇，最后的句子根本就没法懂，清朝人说可能有缺句。现在看起来大概就是丢了一枝简。还有一些字，多年以来大家就不认识，有些字虽然不认识但是意思可以明白。我和黄天树教授都曾释过𣏔字，指出它的意思是"助"，在清华简里面它对应的字就是助。至于它究竟是一个和助同义的字，还是就是助字，还可以讨论。这样我们就认识到，西汉的时候，先秦古书的发现，比我们想象的要多。这一点是我们近年竹简帛书发现的一个概括性的推论，比如我们已经多次发现《诗》的文句，如果拿齐、鲁、韩、毛四家诗来套，根本套不了。阜阳简《诗经》就已经证明了这一点，它不是四家诗中的任何一家。因为汉朝以后的家法，字只要写法不同，就是另外一家诗了。现在看来根本不是这么一回事，当时流行的还有很多异文。所以当时决不仅仅只有四家诗，《尚书》恐怕也是一样。除了伏生一系和古文《尚书》之外，《逸周书》就说明当时还有很多流传的《书》。71篇的《逸周书》，一定是汉朝人编起来的，因为71加29就是100，就是为了凑这个数。他们怎么能收集到呢？就是因为当时有古文的材料在流传，而这一点不见于任何的记载，可是我们可以从现在

的发现做这个推论。当时人读古文的水平，可能在某些方面比我们更好，可是有些地方他也不够，出现了种种错误。①

考虑到秦汉以后产生了"定本"的观念，而存有百篇书目的《尚书序》也一直流行于世，即便发现了百篇之外的《逸周书》之类文献，汉人也不一定会将其归之为《尚书》。因而，李学勤先生的上述推论是有道理的。

出土文献没能提供关于汉代《尚书》发现的直接信息，李学勤先生的推论主要有两条间接证据：一是出土西汉《诗经》简无法归入《诗经》传统学术史的认知框架。二是今本《皇门》等篇的许多文字错讹、文本脱漏和衍文，可以通过对读简本《皇门》得以疏通。尤其是文字字形的讹误和词语的用字习惯往往具有时代性特征，研究出这种时代特征，有助我们推定文献改动的时代。以下通过清华简几篇"书"类文献与传世本的对读，分析汉人对出土"书"类文献的释读，印证汉代有多次"书"类文献发现的说法。②

《逸周书》早期多被称作《周书》。《汉书·艺文志·六艺略》记载汉时存《周书》七十一篇，颜师古注引刘向说法，认为《周书》是孔子所论百篇《尚书》之余。《尚书》在历代备受尊崇，研究文献汗牛充栋。而所谓"百篇之余"的《逸周书》，仅有西晋孔晁为之作注，清代卢文弨等为之校勘注疏，③ 今本文字的错讹和脱失仍然较为严重。清华简《皇门》《祭公之祭命》《命训》等"书"类文献为《逸周书》的进一步校订和训释提供了契机。诚然，我们无法证明今本《逸周书》这几篇是从简本直线传承而来，但通过简本和今本之间仔细的对勘，后人整理《逸周书》这类"书"类文献出现的字词释读、脱字与衍文等问题便一目了然。

---

① 李学勤：《清华简与〈尚书〉〈逸周书〉的研究》，载《史学史研究》2011 年第 2 期。

② 下文部分改编自黄甜甜：《由清华简三篇论〈逸周书〉在后世的改动》，《中华文史论丛》2016 年第 2 期。

③ 《逸周书》历代校勘与注释，参见黄怀信、张懋镕、田旭东：《逸周书汇校集注》（修订本），上海古籍出版社，2007。

考虑到简本和今本可能分属不同版本系统，① 今本与简本之间同词异字和近义词的替换等原因形成的一些异文，可能在先秦不同版本间已经形成，我们只讨论语言文字和文献两个层面中较为确定的错误问题。语言文字层面的问题包括文字的误释、误读和语法的误解等；文献层面的问题包括衍文和脱文等。

1. 语言文字层面

今本《逸周书》的某些问题明显是文字的误释和误读。后人面对古文字写本，因为不明古文字构形，予以隶定转写时，出现误释；或者因为不明用字习惯，即不理解前人记录语言时惯用哪一个字来表示哪一个词，② 因此出现误读；或者上述两种原因兼而有之。以下分别举例说明：

（1）不明构形而误释

【今—命】

今本：命我辟王，小至于大，我闻在昔有国誓王之不绥于恤。③

简本：今我譬小于大，我闻在昔有国之哲王则不恐于恤。④（《皇门》简2）

简本《皇门》中"今"字形作🉂。战国文字资料中，多次出现以异体字"含"⑤ 表示"今"的用例，如中山王厝方鼎"寡人含（今）方壮"[《殷周金文集成（修订增补本）》02840]，字形作🉂，郭店简《语丛（一）》的"《诗》所以会古含（今）志也者"，字形作🉂（简38）。秦汉文字中"今"的典型写法作🉂（马王堆帛书《老子》甲69），"命"字作🉂（武威汉简《士相见》1）。由于秦汉文字大多来源于秦系文字，其中"今"字典型写法与上述战国文字"今"字写法差异明显。反倒是秦汉文字中的"命"

① 今本《逸周书》的版本源流参见黄怀信：《逸周书源流考辨》，西北大学出版社，1992，第127–139页。

② 裘锡圭：《考古发现的秦汉文字资料对于校读古籍的重要性》，原载《中国社会科学》1980年第5期，后载《裘锡圭学术文集（语言文字与古文献卷）》，复旦大学出版社，2015。

③ 本文所引今本《逸周书》据明嘉靖二十二年章檗刊本《汲冢周书》，四部丛刊缩印本。

④ 李学勤主编《清华大学藏战国竹简》（壹），中西书局，2010，第164页。

⑤ 这里的"含"只是"今"的异体字，与"包含"之"含"只是同形字的关系。

和战国文字"今"的异体字形相近，造成后人误释古文字的"今"为"命"。根据简文可知，这里的文意应当是做一番由小到大的譬喻。传世先秦文献及金文中常见"辟王"一词指代君王，如《诗经·大雅·棫朴》："济济辟王，左右趣之。"郑玄笺："辟，君也。君王谓文王也。"因误释"今"为"命"在前，故而很容易进一步误解"辟"为常见的"辟王"，"辟王"即命令的对象，前后文意误解为"命令大小年龄的王"。

【肯—屑】

今本：不屑惠听无辜之乱辞。

简本：不肯惠听无辜之辞。（《皇门》简8）

今本《皇门》此处文意难解，卢文弨曾怀疑"不屑"为"不肎"之讹。[①] 清华简字形作，严格隶定当为"肎"，即"肯"字，证实了卢文弨的推测。

《说文·肉部》："肎，骨间肉肎肎箸也。从肉从骨省。一曰骨无肉也。"以出土文字材料来看，更合理的分析是从肉从冎省。[②] 从秦至西汉，代表性的字形有（睡虎地《封诊式》92）和（居延新简EPF22：30），时间越往后，与战国文字的字形差距越大。而《说文·尸部》对"屑"（即屑）字形分析为"从尸肎声"，"屑"汉初古隶如马王堆帛书中作（《五十二病方》173），字形与战国文字非常接近，造成后人误释"肎"为"屑"。

（2）不明用字习惯而误释误读

【沈—沈】

今本：下邑小国，克有耇老据屏位，建沈人，非不用明刑。

简本：朕寡邑小邦，蔑有耆耇虑事屏朕位，肆朕人，非敢不用明刑。（《皇门》简1）

今本《皇门》"建沈人，非不用明刑"，孔晁注："建立沉伏之贤人，无

① 黄怀信等：《逸周书汇校集注》，上海古籍出版社，2007，第553页。
② 黄德宽主编《古文字谱系疏证》，商务印书馆，2007，第247页。

不用明法。"① 古书中未见"沉伏之贤人"的说法。简本作"潜人"，"沈"当为"潜"字之误读。今本《尚书·金滕》"冲人"的"冲"字，清华简《金滕》即作"潜"。"冲"古音在定纽冬部，"潜"从"沈"得声，古音在定纽侵部。侵、冬两部关系密切，两字可通假。《尚书》等文献中多见"冲人"一词，《洛诰》"今冲子嗣"，"冲人"伪孔传训为"童子"。李学勤先生指出这类"冲人"是自谦之词，不一定指年幼之人。② 后人不明白"潜"字可对应"冲人"之"冲"这种用字习惯，误将"潜"字读为谐声的"沈"。

【㕌—始】

今本：维我后嗣，旁建宗子，丕维周之始并。

简本：惟我后嗣，方建宗子，丕惟周之㕌（厚）屏。③（《祭公之顾命》简 13 – 14）

今本此句难懂，孔晁注："旁建宗子，立为诸侯，言皆始并天子之故也。"末句有增字解经的嫌疑。清代学者潘振云认为"并"即"屏"，"树也，所以为蔽也"，引《诗经》"大邦维屏"为旁证。④ 但"始"于前后文语境仍然难解。

简本"㕌"字形作⬛，从石句声，是"厚"字异体。"厚屏"即坚实的屏障，文意豁然可通。《说文·𣆓部》对"厚"构形分析为从𣆓、从厂。战国文字中，"厚"的上部构件"厂"类化为"石"，下部构件不定，简文从石句声，只是其中一种构形。战国文字中"句"旁多作⬛形，⑤ 与今文字中"台"字形十分接近。今文字阶段通行的"厚"字构形源自秦系文字，下部构件"子"由"𣆓"讹变而来。⑥ 后代整理者较熟悉从𣆓从厂的"厚"字，

---

① 黄怀信等撰：《逸周书汇校集注》，第 545 页。
② 李学勤：《清华简九篇综述》，《文物》2010 年第 5 期。
③ 李学勤主编《清华大学藏战国竹简》（壹），中西书局，2010，第 174 页。
④ 黄怀信等撰：《逸周书汇校集注》，第 935 页。
⑤ 汤余惠主编《战国文字编》，福建人民出版社，2001，第 131 页。
⑥ 季旭昇：《说文新证》，艺文印书馆，2014，第 459 页。

不明白古文"𢼅"字的构形，更不明白它用来记录什么词。因误将"𢼅"字声旁"句"释为形近的"台"，进而读为谐声的"始"。

2. 文献层面

文本在流传过程中常常出现衍文或缺文的情况，今本《逸周书》的脱字和衍文十分明显。与简本对勘，今本又发现不少衍文和缺文。以下就三篇《逸周书》所出现的问题，分别举例。

（1）不明古书体例而误增误删

今本：夫司德司义，而赐之福禄，福禄在人，能无惩乎？若惩而悔过，则度至于极。夫或司不义，而降之祸，在人，能无惩乎？若惩而悔过，则度至于极。

简本：夫司德司义，而赐之福，福禄在人，人能居，如不居而重义，则度至于极。或司不义而降之祸，祸过在人，人□毋惩乎？如惩而悔过，则度至于极。①（《命训》简 2—3）

按，清人唐大沛和孙诒让先后指出今本第二句"在人"前面当增"祸"字，② 简本证明了他们的推断。或因为"祸"字右下的重文符号"₌"在流传过程中漏抄，导致本该第二次出现的"祸"字脱失。此外，前后两句句式对比可以发现，今本"赐之福禄"的"禄"当是衍文，应该是因下句的"福禄"一词而误衍。

（2）不明古语而误删

今本：我亦维有若文祖周公暨列祖召公，兹申予小子，追学于文武之蔑。

简本：我亦惟有若祖周公暨祖召公，兹迪袭学于文武之曼德。③（《祭公之顾命》简 6）

---

① 李学勤主编《清华大学藏战国竹简（伍）》，第 125 页。
② 黄怀信等撰：《逸周书汇校集注》，第 23 页。
③ 李学勤主编《清华大学藏战国竹简（壹）》，第 174 页。

整理者注认为"曼"可训为"长"。曼，明母元部字，今本作"蔑"，明母月部，可通假。① "追学于文武之蔑"，今本孔晁注解释为"言己追学文、武之征德"。卢文弨校改"征德"为"微德"，理由是"微德释蔑字义"。② 王念孙则认为："正文但言蔑，不言蔑德，与《君奭》之'文王蔑德'不同，注不当加德字以释之。"主张参考《小尔雅》"蔑，末"，"蔑"即"末"。文中的周王是穆王，"穆王在武王之后四世，故曰追学于文武之末"。③ 今本仅有一个"蔑"字，像王念孙所理解的，"蔑"训为"末"，单字也可成义，因而认为"德"字是衍文。简本证明王念孙说法不可从，此处本该有两字"蔑德"。"蔑"可从简本整理者读为"曼"，训为"长"。后人不理解"蔑（曼）德"这一古语，一旦训"蔑"为"末"，像王氏那样理解文意为"追学于文武之末"，"德"字变得可有可无而被误删。

汇集"书"类文献的《逸周书》的整理编订信息，古书没有明确记载。陈梦家先生认为今本《逸周书》是刘向据中秘所存原始材料加以整齐而成编。④ 李学勤先生根据近年简帛竹书发现情况，推论西汉时期所见古书远比历史记载的多。清华简多篇《逸周书》的发现，再次证明先秦有多篇《书》的流传。七十一篇《逸周书》由汉人选编，七十一篇加《尚书》二十九篇凑足百篇。⑤

西汉可能有多篇古文字写本"书"类文献的发现。上述简本与今本的对勘研究揭示的错字原因，说明今本《逸周书》错字的产生多是因为某些秦汉文字与古文字字形的相似而误释。个别错字几乎可以确定是西汉时的作为，如"屑"字的西汉古隶仍然从冐，与战国文字"冐"形近。最晚至东汉，下部讹为"肖"，如史晨碑作屑，⑥ 与战国文字有绝然差别。两字形近而导

---

① 李学勤主编《清华大学藏战国竹简》（壹），第 176 页。
② 黄怀信等：《逸周书汇校集注》，第 929 页。
③ 王念孙：《读书杂志》，江苏古籍出版社，2000，第 26 页。
④ 陈梦家：《尚书通论》第 288 页。
⑤ 李学勤：《清华简与〈尚书〉〈逸周书〉的研究》，《史学史研究》2011 年第 2 期。
⑥ 演变脉络参见汉语大字典字形组编《秦汉魏晋篆隶字形表》，四川辞书出版社，1985，第 608 页。

致"冐"被误释为"屑",极可能发生在西汉。① 因此,古文字写本"书"类文献最初的整理,最有可能发生在古文字向今文字转换的西汉。在刘向编订之前,多篇古文字写本"书"类文献可能已被初步整理,由古文转写为今文。

《史记·儒林列传》言及孔安国整理古文《尚书》时说:

> 孔氏有古文《尚书》,而安国以今文读之,因以起其家。②

我们可参照今人整理出土文献的步骤方法来理解这段话。转换古文为今文,先后需要文字构形的分析、隶定和文献中字所记录词的推定。由于汉字的字词对应关系复杂,③ 因此在构形分析之后,还需放诸文献语境中,结合用字习惯,确定某字的实际用法,即某字在文献中实际记录哪一个词。西汉学者虽具备一定释读能力,但由于不熟悉战国文字的构形和用字习惯,一些古代习语也不再流传使用,因此整理先秦古文字写本的文献有一定困难。

上文所分析的语言文字层面问题都出现在构形分析和字所记录词的推定过程中。今—命、肯—屑,属于古文字字形被错误地隶定为今文字中形近的他字;潗—沈、𡥀—始,属于不清楚古文字构形和用字习惯,对汉字在文献中所记录词的推定错误。文献层面的衍文和脱文,则属于古书体例或古语不明而误增误删。④ 孔安国所见古文《尚书》有一些今文本可对读,而《逸周书》之类的"书"类文献没有今文本可对读,西汉整理者出现较多错误,恐怕在所难免。

---

① 有学者将郑玄《周礼注》大量"故书"的字形与出土汉代字形对比,得出"故书"形讹的时代,综合分析认为汉代古文经撰写为今文的时代大体是西汉初中期,这与我们的分析不谋而合。参见范常喜:《郑玄注〈周礼〉形讹"故书"新证》,载《出土文献与先秦经史国际学术研讨会论文集》,香港大学,2015年。

② 《史记》(卷一二一),中华书局,1959,第3125页。这段话古今的解释较多,关于"汉读"更全面的分析,参见虞万里:《两汉经师传授文本寻踪——由郑玄〈周礼注〉引起的思考》,《文史》2018年第4辑,第21 - 34页。

③ 汉语字词关系的基本概况参见李运富《汉字语用学论纲》,《励耘学刊(语言卷)》2005年第1辑。

④ 文献层面问题不一定全是汉人之误,也可能发生在汉以后。如西晋孔晁注"追学于文武之蔑德",说明原文"德"字当时可能还没脱失。

第二编 考古发现与《尚书》的古传教诲

四、大禹治水的真相——《禹贡》中的历史记忆和王权思想

在中国，大禹治水恐怕是小学《语文》教科书就会讲述的历史故事。在传世文献中，这个历史故事最早的出处是《尚书》的《禹贡》篇。《禹贡》开篇即言："禹敷土，随山刊木，奠高山大川。"随后详细叙述了天下九州各自的地理、物产和贡赋。《禹贡》篇堪称古代地理志的鼻祖，后世将其视为中国地理学的开篇之作。

宋代以来，不断有文人学者怀疑大禹和大禹治水的真实性。特别是民国时期"古史辨"运动中，顾颉刚等学者更是完全否定其事，甚至认为大禹不过是一条虫子。20世纪后半叶以来，随着考古学的进展和相关出土文献的涌现，今天的我们能够看到"古史辨"时代学者们所看不到的出土材料，对大禹治水传说和《禹贡》文本的看法，自然有了许多变化。大禹其人其事的真实性已经不再重要，重要的是如何去阐释清楚《禹贡》篇所展示的历史记忆和王权思想。

（一）《禹贡》的文本构成

研究者一般将《禹贡》分为三章，分别是九州章、导山导水章和五服制

度章，抑或细分为序、九州、导山、导水和告成五章。① 开篇的"禹敷土，随山刊木，奠高山大川"可看作全篇的序。其他几章，以下分别详细介绍。

"九州"一章，按照冀州、兖州、青州、徐州、扬州、荆州、豫州、梁州和雍州的顺序，各小节依次叙述各州的界域、山川泽原地理情形，以及土田的品质与等级、相应的贡赋和贡道路线等信息。以徐州为例，原文如下：

> 海、岱及淮惟徐州：淮、沂其乂，蒙、羽其艺。大野既猪，东原底平。厥土赤埴坟，草木渐包。厥田惟上中。厥赋中中。厥贡惟土五色，羽畎夏翟，峄阳孤桐，泗滨浮磬，淮夷蠙珠暨鱼；厥篚玄纤、缟。浮于淮、泗，达于河。

依照《禹贡》一般的体例，② 开头先用山川界定一州的界域。"海、岱及淮惟徐州"意思是徐州东部有大海（黄海）为东界，北部有泰山为界，南部以淮水为界。其他各州的小节开头也大体如此，如"济、河惟兖州""海、岱惟青州""淮、海惟扬州""荆及衡阳惟荆州""荆、河惟豫州""华阳、黑水惟梁州""黑水、西河惟雍州"。为什么用高山大川作为各州的界域，而不以各地行政区划为界域？前人有过很好的解释，宋代学者林之奇和郑樵曾如此说：

> 自兖州而下八州，皆以其高山大川定逐州之疆界。《序》所谓"别九州"，而篇首所谓"奠高山大川"也。郑渔仲曰："《禹贡》之书，所以为万代地理家成宪者，以其地命州不以州命地也。如兖州者，当时所命之名，后世安知其在南在北？故曰'济河惟兖州'，以济水、河水之

---

① 李零：《禹迹考：〈禹贡〉讲授提纲》，《中国文化》2014 年第 1 期。
② 本书对《禹贡》体例的介绍，综合参考了李零《禹迹考：〈禹贡〉讲授提纲》和侯金满《〈禹贡〉条例》。参见李零：《禹迹考：〈禹贡〉讲授提纲》；侯金满：《〈禹贡〉条例》，《史林》2017 年第 4 期。

间为兖州也。以荆山衡山之间为荆州，故曰'荆及衡阳惟荆州'。济、衡者，万代不泯之山川也。使荆、兖之名得附此山川，虽后世更改移易为不没矣。"观渔仲此言，所谓得《禹贡》之意，盖由万世而下求《禹贡》九州之分域，皆可得而考者，由其以山川之高大者定逐州之界故也。①

大概以自然界的高山大川为界，界域万古不变，也方便后人的判断和区分。

"海、岱及淮惟徐州"随后有"淮、沂其乂，蒙、羽其艺；大野既猪，东原底平"，意思是大禹疏通了淮水和沂水，蒙山和羽山一带可以种植农作物，巨野泽储集了四方多余的积水，东原的田地已经被平整，可以种植耕作了。其他各州小节相同位置上这句话的叙述逻辑也大体如此，即以大禹治水为线索，概述其州的山川泽原等地理情形。

而后是"厥土赤埴坟，草木渐包。厥田惟上中。厥赋中中。厥贡惟土五色，羽畎夏翟，峄阳孤桐，泗滨浮磬，淮夷蠙珠暨鱼；厥篚玄纤缟"，分述了该州的土壤质量、相应的田地等级，以及厥赋的等级和物产贡品。纵观全篇，田和赋各分九等：上上、上中和上下为一、二、三等，中上、中中和中下为四、五、六等，下上、下中和下下为七、八、九等。需要注意的是，对冀、扬、豫、梁四州每岁纳赋的规定，会在等级之后增加一个"错"字，以示在正常等级之外，可以交错以较次等级之赋。朱熹曾解释说："岁有丰凶，不能皆如其常，故有错法以通之。"② 所以才会有"错"的额外规定。

最后是该州的"贡道"信息"浮于淮、泗，达于河"。《禹贡》在叙述完一州的贡赋后，必讲一州的水路贡道。对于各州每一小节最后一句的写作

---

① 林之奇：《尚书全解》（卷七），文渊阁四库全书本。
② 转引自胡渭：《禹贡锥指》，上海古籍出版社，2013，第46页。

目的，前人的认识经历了较长的过程，郑玄认为"治水既毕，更复行之，观地肥瘠，定贡赋上下"，王肃则以为"禹功主于治水，故详记所治之州往还所乘涉之水名"，两说不得要领。唯有宋代解经者明确将各小节末句的写作目的定性为叙述贡道路径：

> 周希圣谓："九州之末皆载其达于帝都之道，盖天子之都必求其舟楫之所可至，使夫诸侯之朝贡，商贾之贸易，虽其地甚远而其输甚易。"此说得之。冀州所都，盖在东河之西，南河之北，西河之东，三面距河，是其建邦设都之意，实有取于转输之利，朝贡之便也。《禹贡》所载，上言田赋贡篚之事，而于下言其所以达于帝都之道，其始未曲折，莫不尽备而皆以达于河为至。盖达于河则达于帝都故也。……凡欲至于京师者。皆以达于河为至，是亦得乎唐虞建邦设都之意也。①

之所以将这一句定性为贡道信息，大概与《禹贡》的文本性质也有关，下文将继续讨论。此外，之所以必讲水路贡道，大概因古时陆路交通往往受到山川阻隔，陆路运输也需大批人力，水路反而较为便捷。

以上是"九州"一章各州小节共通的体例，然而也存在一些特例，尤其是冀州一节。为论述方便，先列冀州一节全文于此：

> 冀州：既载壶口，治梁及岐。既修太原，至于岳阳。覃怀底绩，至于衡漳。厥土惟白壤，厥赋惟上上错，厥田惟中中。恒卫既从，大陆既作。岛夷皮服，夹右碣石入于河。

首先，起首的冀州一节只有"冀州"二字开头，缺少以自然界高山大川划定界域的信息。郑玄对此的解释是："两河间曰冀州，不书其界者，时帝

---

① 林之奇：《尚书全解》（卷七），文渊阁四库全书本。

都之，使若广大然。"① 传说中的夏墟就在冀州这一带。《左传·定公四年》：

> 分唐叔以大路、密须之鼓、沽洗、怀姓九宗、职官五正，命以《唐诰》而封于夏虚，启以夏政，疆以戎索。

晋国的疆域大部分即在冀州范围内，所以周初分封时，才会有"封于夏虚，启以夏政"的说法。

此外，据《禹贡》"厥土""厥田""厥赋"和"厥贡"的叙述次序，叙述完厥赋的等级，会继续交代该州厥贡的物产，但是起首的冀州一节却不见"厥贡"的相应叙述。古人对此的解释，一般认为冀州是夏朝王都所在，所以只入而不贡。现代学者刘起釪则认为，这一小节的"厥田"部分错简到了"厥赋"部分之前，本在前面山川泽原部分的"恒卫既从，大陆既作"八字也错简到了"厥田"部分之后，又脱失了"厥贡"部分。但是仍然保存下来了"厥贡"部分的"岛夷皮服"四字，这从青州一节"厥贡"部分"莱夷作牧"、扬州一节"厥贡"部分"岛夷卉服"等句可以推测出来。② 此说虽能说明冀州一节原本也有"厥贡"的记载，但据先秦经书的简册制度推估，《尚书》每简一般在二十几字，③ 不太可能存在"恒卫既从，大陆既作"八字错简的情况。

"九州"一章之后是"导山"一章。此章不囿于各州的界域，自北而南，叙述二十六座重要山脉的走向。古代经学家曾总结出"三条""四列"的说法：

> 马融、王肃皆为三条，导岍北条，西倾中条，嶓冢南条。郑玄以为

---

①　转引自［汉］公羊高撰、何休解诂、［唐］徐彦疏：《春秋公羊传注疏》，北京大学出版社，2000，第 168 页。

②　顾颉刚、刘起釪：《尚书校释译论》，中华书局，2005，第 544－545 页。

③　马楠：《传世经部文献所见脱简现象再讨论》，载李学勤主编《出土文献》（第七辑），第 307 页。

四列，导岍为阴列，西倾为次阴列。嶓冢为次阳列。岷山为正阳列。郑玄创为此说，孔亦当为三条也。①

下面以表格形式展示"三条""四列"各说。

序号	马融说	郑玄说	原文
1	北条	正阴列	导岍及岐，至于荆山，逾于河。
2			壶口、雷首，至于太岳。
3			底柱、析城，至于王屋。
4			太行、恒山，至于碣石，入于海。
5	中条	次阴列	西倾、朱圉、鸟鼠，至于太华。
6			熊耳、外方、桐柏，至于陪尾。
7	南条	次阳列	导嶓冢，至于荆山。
8			内方至于大别。
9		正阳列	岷山之阳，至于衡山，过九江，至于敷浅原。

今人李零先生进一步概述了每一组山的走向和大体方位：

《导山》章把下述 26 座山分为九组，即所谓"九山"。这九组山，多横向排列，从北到南分四列，每一列都从西往东讲。第 1～4 组是北方第一列山，主要与渭水东段、黄河西河段、黄河南河段、黄河东河段和济水有关。第 5、第 6 组是北方第二列山，主要与桓水和渭水西段，伊、洛、瀍、涧，以及淮、泗二水有关。第 7、第 8 组是南方第一列山，主要与汉水有关。第 9 组是南方第二列山，主要与长江有关。②

随后的导水章，也可分为九组，以表格形式胪列于下：

---

① ［汉］孔安国传、［唐］孔颖达正义：《尚书正义》，第 226 页。
② 李零：《禹迹考：〈禹贡〉讲授提纲》，第 70 页。

序号	河水	原文
1	弱水	导弱水，至于合离，余波入于流沙。
2	黑水	导黑水，至于三危，入于南海。
3	河	导河积石，至于龙门，南至于华阴，东至于底柱，又东至于孟津，东过洛汭，至于大伾；北过降水，至于大陆，又播为九河，同为逆河，入于海。
4	漾	嶓冢导漾，东流为汉，又东为沧浪之水；过三澨，至于大别；南入于江。东汇泽为彭蠡；东为北江，入于海。
5	江	岷山导江，东别为沱；又东至于澧，过九江，至于东陵；东迤北会于汇；东为中江，入于海。
6	沇水	导沇水，东流为济，入于河，溢为荥；东出于陶丘北，又东至于菏，又东北会于汶；又北，东入于海。
7	淮	导淮自桐柏，东会于泗、沂，东入于海。
8	渭	导渭自鸟鼠同穴，东会于沣，又东会于泾；又东过漆、沮，入于河。
9	洛	导洛自熊耳，东北会于涧、瀍，又东会于伊，又东北入于河。

如果从地理区位来给这九组河水分类，那么第一组的弱水和第二组的黑水处于西北地区；第三组的黄河、第八组的渭水和第九组的洛水均属黄河水系；第四组的漾水和第五组的江水属于长江水系；第六组的沇水属于济水水系；第七组的淮河属于淮水水系。表面上看，似乎第一至第九组之间缺乏有机的叙述次序，但清人崔述却发现其中还是有规律可循的：

弱水、黑水在九州之上游，故先之。中原之水患，河为大，故次河。自河以南，水莫大于江、汉，故次江、汉。河以南，江、汉以北，惟济、淮皆独入于海，故次济、淮。雍水多归于渭，豫水半归于洛，然皆附河以入于海，故以渭、洛终之。先汉于江，先济于淮，先弱水于黑水，先北而后南也。先渭于洛，先上而后下也。[1]

而且，就重要性而言，除去弱水和黑水，剩下的江、淮、河与济，实为古代著名的"四渎"，渭水和洛水则是西周宗周与成周两都附近最为重要的两条大河。

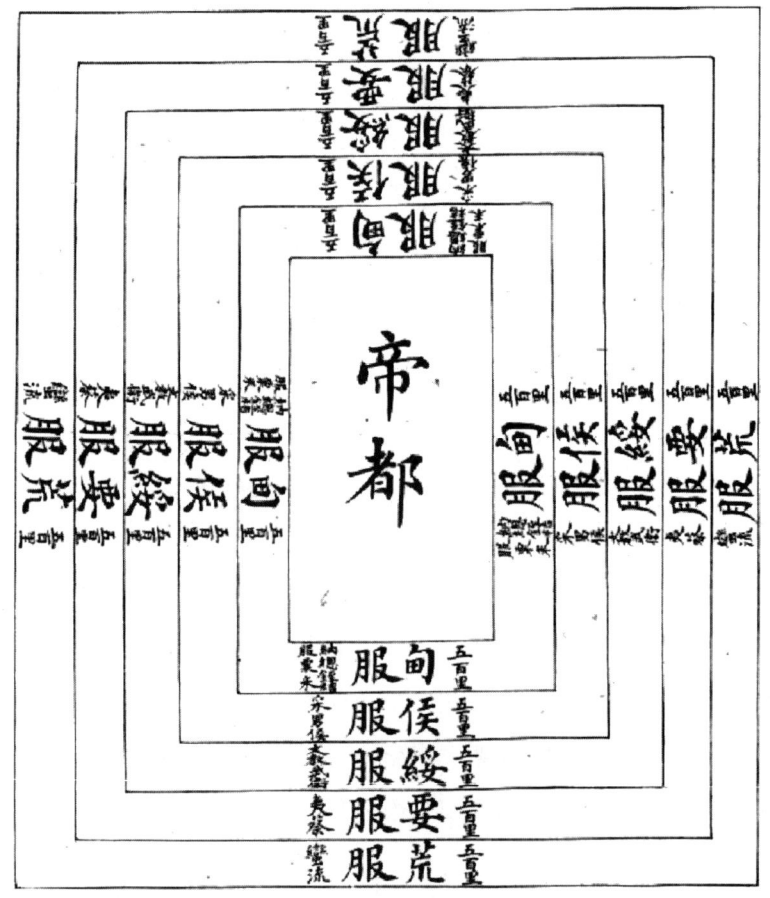

弼成五服图

---

① 崔述：《崔东壁遗书》，上海古籍出版社，1983，第114页。

最后的五服章，则叙述了一幅理想化的天下领属关系图。以帝都为中心，逐次向四方扩展，依次为甸服、侯服、绥服、要服、荒服。帝都四面各五百方里内为甸服，属王畿。甸外五百里内为侯服，侯服内按照远近又可划分三层：百里内的采、二百里内的男邦、其余三百里内的诸侯。侯外五百里内为绥服，靠内的三百里内，应当以文化之；靠外的两百里，在文教以外，尚须武力约束。绥外五百里内为要服，靠内三百里，夷人居多；靠外两百里，安置犯人之地。再外五百里内为荒服，靠内三百里，蛮族居多；靠外两百里，安置流放犯人之地。

正如地理学家所评价的，五服制的空间分割"仅是依凭距离形成的圈层，甸、侯、绥、要、荒这些以五百里为半径形成的圈层，更大程度上表现的是概念性空间。概念性空间的出现是领属关系松散的反映"①。

（二）《禹贡》的成篇时代

《书序》中说："禹别九州，随山濬川，任土作贡。"虽未直接说禹作《禹贡》，但比照其他篇的序一般呈现"某事之下，某作某篇"的结构，《书序》作者认定的《禹贡》作者自然是大禹本人。东汉经学大师郑玄进一步解释说："禹知所当治水，又知用徒之数，则书于策以告帝。"即便不是大禹所作，也可能是当时史官所记。《尚书正义》即认为："此篇史述时事，非是应对言语，当是水土既治，史即录此篇。"这是传统学术史上关于《禹贡》作者与成篇背景最为主流的说法。即便是疑经思想屡见波澜的宋代，也未见多少质疑。

近代以来，随着经学时代的结束，学者们对《禹贡》成篇时代才有了不

---

①　韩茂莉：《中国历史地理十五讲》，北京大学出版社，2015，第 109 页。

同认识，大体可分为"西周说""春秋说""战国说"和"战国以后说"四类看法。以下简述其要：

1. 西周说

王国维早在《古史新证》中就认为"《虞夏书》中如《尧典》《皋陶谟》《禹贡》《甘誓》，《商书》中如《汤誓》，文字平易简洁，或系后世重编，然至少亦必为周初人所作"①。20世纪40年代，徐旭生推测"《禹贡》之为书，除梁州贡铁稍露破绽外，如依其文字推测，则不惟春秋可有此作品，即在西周亦无不可能处"②。20世纪60年代，辛树帜立足文献证据和自身考察研究，主张《禹贡》成篇于西周的文、武、周公、成、康全盛时代，下至穆王为止，最初是太史所录。③

21世纪以来，伴随考古研究的推进和豳公盨铭文等出土文献的研究，学界的认识也得以深化。豳公盨是一件西周中期的铜器，铭文中出现了"天令禹溥土，陸山濬川，迺畴方设征"等话语。有学者根据周人尊夏的史实和《禹贡》记载梁州贡铁的情况，推断《禹贡》主体内容成文于西周，又借助与豳公盨铭文的对读，进一步推测《禹贡》成书时代应当在西周中期偏晚。但是，"厥篚织之"的"篚"字，"阳鸟攸居""九州攸同""沣水攸同"的"攸"字和"覃怀厎绩"的"厎"字的用法却与战国时代金文、石鼓文等文献中的用法相同，反而不同于甲骨文和西周金文的用法，这说明全篇的成书经历了漫长而复杂的过程。④ 也有学者通过比对《禹贡》和豳公盨铭文，认为《禹贡》中的基本素材是夏代留传下来的可信史料，它的写作年代应在西

---

① 王国维：《古史新证：王国维最后的讲义》，第3页。
② 徐旭生：《中国古史的传说时代》，科学出版社，1960，第300—301页。
③ 辛树帜：《禹贡新解》，农业出版社，1963，第10页。
④ 岳红琴：《豳公盨成书西周中期说》，《学海》2006年第2期；岳红琴：《豳公盨与〈禹贡〉成书时代》，《中原文物》2009年第3期。

周时期，很可能是西周晚期完成的。① 李零也认为九州之域大体接近西周封建的范围，这一点可作证《禹贡》的主体是西周作品。②

考古学家邵望平通过对史前考古与《禹贡》的比较研究，指出《禹贡》描绘的空间区划和贡物信息保留了大量龙山时代（约新石器时代晚期）的信息，这些观念成为三代一直保存的历史记忆，最终反映在《禹贡》文本之中。因而，她提出《禹贡》的成书存在两种可能：一种是《禹贡》九州部分的蓝本出于商朝史官之手，或是商朝史官对夏史的追记；另一种则可能是周初史官对夏商史迹的追记。③ 考古学家李旻从文本语言风格和九州叙事发展脉络的变化两重角度，推论禹迹和九州观念在公元前一千纪前半叶已经广为流传。一方面，《禹贡》中"厥……惟……"句式合乎西周金文的语法特征，在《春秋》等东周著作中已经不再使用。另一方面，《周礼》《逸周书》《墨子》、上博简《容成氏》《吕氏春秋》和《尔雅》等文献中的九州叙事呈现一个由繁入简的传承过程。各先秦版本中，禹迹空间的基本轮廓和规模的差别都不大，只是内容越来越简洁和程式化。由此推论，《禹贡》是传世和出土涉及九州的先秦文献中最早的一个版本，最迟在《墨子》和《容成氏》成书之前已经成型。④

2. 春秋说

郭沫若《金文所无考》主张"古文献中习见之事物而为金文所绝无者，此可为判别典籍之真伪及时代先后之标准"，金文无"九州"，因而《禹贡》可能是春秋时某一大师之私人之见，其弟子最终敷衍成文。⑤ 地理学家王成

---

① 詹子庆：《夏史与夏代文明》，上海科学文献技术出版社，2007，第152页。
② 李零：《禹迹考：〈禹贡〉讲授提纲》。
③ 邵望平：《〈禹贡〉九州的考古学研究——兼说中国文明的多源性》，《九州学刊》1987年第2期。
④ 李旻：《重返夏墟：社会记忆与经典的发生》，《考古学报》2017年第3期。
⑤ 郭沫若：《金文所无考》，载郭沫若《金文丛考》，文求堂，1932。

祖认为《禹贡》是孔子依据春秋时代他所了解的地理情形和生产条件所写成、编纂成篇的，成书不得早至西周、晚至战国。而且篇中的赋制实行的时代晚于西周，因而全篇成书于春秋时代。① 金景芳和吕绍刚则认为："《禹贡》固然不可能是夏代人所作，也不会是周初的作品，因为《禹贡》的文风与《周书》之《大诰》《康诰》有很大的不同，倒是与《周礼》极相似，很可能是周室东迁后不久某一位大家所作。"②

3. 战国说

顾颉刚早在写于 1924 年的《论〈今文尚书〉著作时代书》一文中即主张《禹贡》成文于战国。战国时代诸子纷纷立说，《尧典》《皋陶谟》《禹贡》三篇很可能是战国至秦汉间与诸子学说有关的作品。③ 而后他在写定于 1959 年的《中国古代地理名著选读·〈禹贡〉》中推定《禹贡》是公元前 3 世纪前期的作品，较秦始皇统一的时代约早 60 年。总的论点是春秋之前文献中关于大禹的神话只有治水而没有分九州，战国时代七国扩充疆域才有了九州说。五服制曾在西周实行，但是战国时代已经消亡；九州制在战国时代才开始酝酿，汉代才真正实现。因而《禹贡》只是将落后的制度和先进的政治理想拼凑而成。具体而言，至少有五方面的证据：其一，导山章中既有内方，又有外方。源自楚国迁都郢（今湖北省荆州市北）后，在今河南省叶县南的方城山设屏障，称方城以内的章山（在今湖北省钟祥市）为内方山；方城以外的嵩山（在今河南省登封市）为外方山。因为"内方"和"外方"是因楚国人设防而产生的名词，所以在春秋以前不可能出现。其二，导水章中的菏水，源自公元前 483 年吴王夫差北上与晋国争霸，在宋、鲁两国间所

---

① 王成祖：《从比较研究重新估定禹贡形成的年代》，《西北大学学报》1957 年第 4 期；《中国地理学史·〈尚书·禹贡〉在地理学史上的地位》，商务印书馆，1982。

② 金景芳、吕绍刚：《〈尚书·虞夏书〉新解》，辽宁古籍出版社，1996，第 290 页。

③ 顾颉刚：《论〈今文尚书〉著作时代书》，载顾颉刚主编《古史辨》（第 1 册），上海古籍出版社，1983，第 200－206 页。

开的一条连泗、济的人工运河。《禹贡》的成文当后于夫差开运河的时代。其三，"扬""越"二字双声且同义，扬州即越州。公元前512年吴国灭徐国，吴国的北境才达到淮水一带。公元前473年越国灭吴国后占有淮水以南之地，才可称越州。其四，春秋以前，蜀地与外部较为隔绝，公元前316年秦惠文王灭蜀，蜀国才和外国相交通。《禹贡》中的梁州大体在蜀地，秦国灭蜀国后，《禹贡》才会将蜀地称作梁州。其五，中国使用铁器的时代始于春秋而盛于战国，《禹贡》中梁州贡物有铁和镂（即钢），反映的是战国时的情况。①

陈梦家参照西周金文的不同类型和时代特点，划分今文《尚书》为"西周初期的命书""西周中期以后的命、誓""约为西周时代的记录""战国时代拟作的誓""战国时代的著作"等多个时代的五类古书。其中，《禹贡》《尧典》《舜典》《皋陶谟》《益稷》《高宗肜日》《西伯戡黎》《微子》《洪范》等被归为"战国时代的著作"。②

顾颉刚弟子刘起釪在《尚书校释译论》中仔细考辨了顾说五条证据，认为只有第三、四、五条成立，前两条值得商榷。原因有二：其一是春秋前期鲁僖公四年《左传》已经记载楚国、汉水之固，那么内方与外方在春秋前期已经存在。其二，结合《水经注》来看，吴王夫差只是疏浚菏水而不是开凿。刘起釪主张将古书的成书过程看作动态的过程，前后由不同的人递增而成，而且主稿先成，流传过程中又有后人的改动增补，《禹贡》就是这种情况。确定《禹贡》主稿成文时代的一个关键问题是篇中河（黄河）的河道。篇中叙述黄河经由大伾山而北折，经过大陆泽，北流至今天津一带而入海。这种河道是周定王五年之前的轨迹，而后黄河逐步改道。据此可推测，《禹贡》的地理知识是属于改道之前的。针对邵望平提出的《禹贡》九州部分

---

① 侯仁之主编《中国古代地理名著选读》（第一辑），科学出版社，1959。
② 陈梦家：《尚书通论》，第112页。

的蓝本出于商朝史官之手，或是商朝史官对夏史的追记，也可能是周初史官对夏商史迹的追记。刘起釪倾向于认为《禹贡》的蓝本出自商朝史官之手，而定本是由周初史官追记而成。①

此外，历史地理学家史念海也主张《禹贡》战国成书说。他至少提出五则证据：其一，菏水是公元前482年晋、吴黄池会盟前一年开凿的运河，这一年正是《禹贡》成书年代的最早极限；其二，九州基本上反映的是战国前期列国疆域形势；其三，《禹贡》中的河水应当是战国时期的黄河河道；其四，雍州的东界西河以及荆州的贡道所经的南河，是战国时期魏国人所习用的名称，《禹贡》当出于魏人之手；其五，古史传说禹都在安邑，战国时期魏国都城也曾在安邑（今山西省夏县北），《禹贡》作者故意借用这一巧合来绘制以魏都安邑为中心实现大一统事业的政治宏图。梁惠王曾意图称霸，《禹贡》极有可能是魏人在这期间于安邑写成的。魏国迁都大梁（今河南省开封）后，可能有所增删修订而最终写定。因此，《禹贡》的写作介于公元前370年（梁惠王元年）至公元前362年（梁惠王迁都大梁）之间。② 蒋善国也从九州观念和名称的起源、《禹贡》九州与其他古书所见九州的异同、畿服制度、《墨子》《孟子》与《禹贡》治水记载的异同、铁的使用与产量、《禹贡》体例和文辞等多个方面综合论证，得出的结论是：《禹贡》作于孟子卒年公元前289年至《吕氏春秋》成书年公元前239年之间，很可能就在公元前245年前后。

4. 战国以后说

日本学者内藤虎次郎通过对九州、四至、山脉、贡赋、土色五个方面的分析，认为《禹贡》许多信息只可能是汉代才有的，《禹贡》"是战国至汉

---

① 顾颉刚、刘起釪：《尚书校释译论》，第840—841页。
② 史念海：《〈禹贡〉的著作时代》，载史念海《山河二集》，三联书店，1981。

初关于地理学一种产物之传说"①。顾颉刚曾对此提出质疑，认为秦统一全国后设立的闽中郡、南海桂林和象三郡，以及九原郡，都没有出现在篇中，因为成篇时间不可能那么晚。②

综合以上说法，应当承认《禹贡》全篇是周人在以龙山时代的历史记忆为基础撰写成文的，但《禹贡》的内容存在不同时代层次的差异，全篇主体内容的成文时代从语言风格上立论，当不晚于西周晚期。

（三）《禹贡》的文本性质

前文曾述及考古学家邵望平通过对海岱地区史前考古与《禹贡》的比较研究，指出《禹贡》描绘的空间区划和贡物信息与龙山时代的情形高度相似，当是龙山时代历史记忆的一种传承。考古学家李旻进一步做了补充，认为对龙山时代③空间结构特征与技术知识的分析支持邵望平以龙山时代为《禹贡》地理知识形成背景的看法。

　　《禹贡》地理知识与物质文化特征与龙山时代矿冶知识的拓展有关。《禹贡》对贡物的综合描述，反映的是一个具有多金属矿冶知识但青铜冶金并没有占据主导地位的社会。物产描述所涉及的多金属矿藏知识在欧亚冶金传统中具有整体性和久远的历史，并与畜牧一起出现于龙山时代的中国社会。《禹贡》对金属矿藏描述最详细的梁州是以岷山为中心的空间定义，与后代以四川盆地为中心的视角颇有不同，但与聚落考古所见公元前三千纪岷山河谷聚落发展早于四川盆地的特征一致。……

---

① 内藤虎次郎：《禹贡制作时代考》，载江侠庵编《先秦经籍考》，商务印书馆，1931。
② 顾颉刚：《中国古代地理名著选读·〈禹贡〉》，科学出版社，1959。
③ 该文对龙山时代的具体界定是"以良渚社会的崩溃和陶寺早期为开端，以二里头崛起的时代终结"。

通过对比龙山和三代政治格局我们可以看到，龙山时代甘青、川西与晋南、陕北的往来规模与紧密程度都要超过三代社会。这里也是《禹贡》所记雍梁贡道的所在。《禹贡》以为河源在积石山（青海的阿尼玛卿山），雍州贡道从河源出发沿黄河上游北行"浮于积石，至于龙门西河，会于渭汭"，经甘肃、宁夏、内蒙，穿山陕二省间，到达龙门西河，最后抵达黄河与渭水交会之处。贡物是球琳、织皮等。梁州贡道从西倾山……出发，沿白龙江……东南下穿越岷山，在四川广元入嘉陵江之后溯江北上，走陆路进入陕西宁强的汉水（沔水）上游，沿江东行，从汉中盆地走陆路翻越秦岭进入雍州的关中盆地，沿渭水东行，在潼关东渡冀州西界龙门西河到达晋南。贡物是铁、银、镂，砮、磬，熊、罴、狐、狸织皮等。作为雍、梁二州贡道源头的积石、西倾二山相距不远，都是龙山时代齐家文化遗址分布密集的区域。对西北雍州入贡美石的描述，也与高地龙山社会大量出现绿松石与河西墨玉的考古特征一致。这些地区后来从未被纳入中原王朝的政治空间范畴。对冶铁业高度发达的战国社会来说，人们对《禹贡》中从遥远的西倾山穿越岷山、汉中、渭水、黄河向晋南输入兽皮、铁、银与制作箭头用的砮石等物品的描述非常陌生。[1]

不仅如此，李旻还指出《禹贡》以冀州为首，视冀州为天下核心区域的做法，当与龙山时代以晋南为中心格局的历史记忆有关。但《禹贡》建构的晋南中心格局与考古学揭示的商周政治空间结构又有显著的不同。龙山时代之后相继兴起的洛阳、郑州、安阳、关中等政治中心，分别位于豫州、冀州东缘和雍州等外围地带。周王朝的创建者将一种过去的政治空间蓝图写进《禹贡》，目的在于借助历史记忆和历史资源，系统表述自己理想的政治空间蓝图，阐述一种辐辏结构的王权理想和政治秩序。[2] 上述说法基本可以成立，

─────────────

① ② 李旻：《重返夏墟：社会记忆与经典的发生》，《考古学报》2017 年第 3 期。

需要再次强调的是，《禹贡》不是真实的历史性描述，而是不同历史记忆、地理知识和地理观念的拼凑。

李旻也认为《禹贡》地理观念的成因可能与公元前三千纪晚期数百年的气候异常有关，所以最终形成了大禹治水的传说。频繁的灾变导致传统宗教权威与政治秩序的崩坏，催生新的宗教势力与政权。用仪式和献祭来祈求超自然力的介入是其因应环境异常出现的新兴宗教所诉求的重要内容。文中引述法国人类学家葛兰言的观点，认为《禹贡》可能是中国古代傩祭禹步表演时念唱的颂辞。巫祝用不同空间象征九州，边走边念，行步转折，通过象征性地巡游九州空间来召唤神力，使得山川、神性与身体技艺合为一体。①

李旻所说有其合理性，"九州"章甚至"导山""导水"章可能有更为古老的来源。起初可能如葛兰言和李旻所说是颂辞和宗教篇章，但必须考虑到《禹贡》是不同历史记忆、地理知识和地理观念的拼凑，包括五服章在内作为整体的《禹贡》篇的文本性质，还是应当放置于西周以来的历史语境中考察。在《禹贡》主体部分成文的西周时代，《禹贡》可以看作周人阐述理想型天下秩序的一种政治宣言。到了战国中晚期，大一统的政治思想开始流行，不同的主体对《禹贡》文本适度修订，借用《禹贡》中的历史资源，又可以用来满足大一统思想表达的需要。

历来的《禹贡》研究者，大多喜欢将其视作一种地理学著作。但结合上文的分析来看，《禹贡》中的地理知识和地理观念，以及其中的贡赋和贡道路线，最终都是为了表达一种天下观，或者说是一种政治秩序。正如顾颉刚曾指出的：

> 《禹贡》篇是为了向皇帝进贡而作的，分别讲各地、各地区、各个

---

① 李旻：《重返夏墟：社会记忆与经典的发生》，《考古学报》2017 年第 3 期。

经济地理状况，连当时的水旱交通路线也写了。①

蒋善国的说法更为精当：

《禹贡》是战国末季地理家借禹平水土事，拟定各地应纳贡赋，记载他所知关于当时地理上山水土产的传说，来发挥统一思想的。原是一篇计划书，并非有意作伪，不料结果竟被儒家拉入经典以内，误认为是夏时的史实。②

实际上，百篇《尚书》除了《禹贡》外，涉及地理和贡赋的还有《汨作》和《九共》九篇和《槀饫》。《书序》中这十一篇同序：

帝厘下土，方设居方，别生分类。作《汨作》《九共》九篇、《槀饫》。③

伏生《尚书大传》对《九共》也有说法：

《九共》以诸侯来朝，各述其土地所生美恶，人民好恶，为之贡赋、政教。略能记其语曰："予辩下土，使民平平，使民无傲。"④

由此来看，《九共》九篇的内容和主题可能与《禹贡》接近，写作目的也都是为了表达理想中的政治秩序，这大概也是这些篇都被纳入百篇《尚书》的真正原因。

---

① 顾颉刚：《中国史学入门》，北京出版社，2002，第 15 页。
② 蒋善国：《尚书综述》，第 199 页。
③ ［汉］孔安国传、［唐］孔颖达正义：《尚书正义》，第 112 页。
④ 陈寿祺辑：《尚书大传》，四部丛刊《左海文集》本，卷一下。

附录：《禹贡》简释

禹敷土^[一]，随山刊木^[二]，奠高山大川^[三]。

[一] **敷土**：历来有多解。其一，马融："敷，分也。"即分别、划分的意思。其二，布，布列，治理。郑玄："敷，布也，布治九州之水土。"《孟子·滕文公上》："举顺而敷治之。"赵岐："敷，治也。"其三，孙星衍："布土即敷土。"联系《山海经·海内经》有"洪水滔天，鲧窃帝之息壤以埋洪水"等说法，"土"可能指的就是息壤，"敷土"就是用息壤堙填洪水。

[二] **随山刊木**：随，行，行走。《史记》即作"行"。刊，砍伐。《史记》作"表"。郑玄："必随州中之山而登之，除木为道，以望观所当治者，则规其形，而度其功焉。""随山刊木"历来有两解：一说是行山表木，即行走到哪座山，即砍一棵树，树立起来作为标杆；一说是伐木开道，即行走到哪座山，都砍木开道。

[三] **奠高山大川**：奠，《史记》作"定"。"奠高山大川"历来有多解：一说是为山川取定名称，如《尚书·吕刑》"禹平水土，主名山川"可作旁证。后人据此认为是为各地高山大川分类定级，作为贡赋的等级依据。一说是以山川为标志，划定各州的疆界。

冀州^[一]：既载壶口^[二]，治梁及岐^[三]。既修太原^[四]，至于岳阳^[五]。覃怀底绩^[六]，至于衡漳^[七]。厥土惟白壤^[八]，厥赋惟上上错^[九]，厥田惟中中^[十]。恒卫既从^[十一]，大陆既作^[十二]。岛夷皮服^[十三]，夹右碣石入于河^[十四]。

［一］**冀州**：大禹所划九州之一，大体范围相当于今天的山西、河北两省。冀，得名于古国名"冀"，在今山西省河津市北。《汉书·地理志》颜师古注："冀州尧所都，故禹治水自冀州始也。"

［二］**既载壶口**：既，已经。载，事也，文中具体指施工，指大禹在壶口一带的水利工程。"既载"与后文的"既修""既作"是语义相同的一种表达，大体意思是完成了某处的水利疏通工作。壶口，今山西吉县和陕西宜川之间，黄河流经此地，河道狭窄，形成壶口瀑布。

［三］**治梁及岐**：治，治理。梁，黄河西岸今陕西韩城西北的梁山。岐，一说是黄河东岸今山西河津一带的龙门山。

［四］**太原**：大平原，后专指今山西太原一带，汾水的上游。一说，因为早期的都城多在山西南部，所以此处的"太原"可能指临汾盆地或者运城盆地。

［五］**岳阳**：岳，指霍太山，在今山西霍县。阳，山南水北为阳。

［六］**覃怀底绩**：覃怀，在今河南武陟、沁阳一带。底，致，获得。绩，功绩，成绩。

［七］**至于衡漳**：衡，通"横"。衡漳，横流的漳水。漳水由山西高原横流向东，汇入黄河。

［八］**厥土惟白壤**：厥，代词，相当于"其"。惟，相当于"为""是"。白壤，盐渍化的土壤，颜色呈白色。

［九］**厥赋惟上上错**：赋，赋税。上上，第一等级。按照土地的肥瘠和作物生长状况，九州田地所出的赋税可分为九等，分别是：上上、上中、上

下、中上、中中、中下、下上、下中和下下。错，夹杂、杂出一些第二等。孔传："此州以上上为正，而杂为次等，言出上上时多，而上中时少也。多者为正，少者为错。"

[十] **厥田惟中中**：田，经过治理的田地。中中，第五等。为什么冀州的田是第五等，赋却是以第一等为主呢？历来有多种解释，郑玄主张："此州入谷不贡。"即是说冀州不必像其他州有贡，只征谷为赋。刘敞认为划分九州田地的等级，以田地土地的肥瘠来论。九州的大小不一，州的面积虽小，但其田地仍然可能是上等；而州的面积虽大，田地有可能是下等。

[十一] **恒卫既从**：恒，恒水，即通天河，源于恒山，流经河北曲阳县境内。卫，卫水，在河北灵寿县汇入滹沱河。既从，随而从之。这里指恒卫两河与衡漳两河平行，自西而东流。

[十二] **大陆既作**：大陆，大陆泽，本在河北巨鹿县北。

[十三] **岛夷皮服**：岛夷，《史记·夏本纪》作"鸟夷"，马融以为是辽东的少数民族。皮服，岛夷上贡的贡物。

[十四] **夹右碣石入于河**：夹，近，靠近。碣石，地名，历来说法不一，大致应在渤海沿岸。"夹右碣石入于河"，苏轼曾解释说："夹，挟也，自海入河，逆流而西，右顾碣石，如在挟腋也。"

济、河惟兖州[一]：九河既道[二]，雷夏既泽[三]，灉沮会同[四]；桑土既蚕，是降丘宅土[五]。厥土黑坟[六]。厥草惟繇[七]。厥木惟条[八]。厥田惟中下[九]，厥赋贞作[十]。十有三载，乃同。[十一]厥贡漆丝，厥篚织文。[十二]浮于济漯，达于河。[十三]

[一] **济、河惟兖州**：济，济水，源自河南济源的王屋山，向东南汇入黄河。黄河的山峡一段，《禹贡》"雍州"一节称之为"西河"。河南一段，《禹贡》"荆州"一节称之为"南河"。而河北一段，《礼记·王制》称之为

"东河"。《禹贡》的一般体例是在"惟某州"之前加上作为该州界域的标志性山河名称,以下八州都是如此。"济、河惟兖州"的河,即东河。兖州的范围大体在济水和东河之间,西北以黄河为界,东南以济水为界。孔传:"东南据济,西北距河。"孔颖达解释道:"此下八州,发首言山川者,皆为境界所及也。据,谓跨之;距,至也。济、河之间相去路近,兖州之境跨济而过,东南越济水,西北至黄河。"

[二] **九河既道**:九河,黄河下游的九条河水:徒骇、大史、马颊、覆釜、胡苏、简、絜、钩盘、鬲津。道,旧说一般认为指的是黄河下游九河分道。王引之主张"道"有通、达的意思。大禹只是予以疏通。此外,谭其骧认为:"九河未必同时形成,也未必同时有水,很可能是由于大陆以下的河水在一段时期内来回摆动而先后形成的。"

[三] **雷夏既泽**:雷夏,水泽名,在今山东菏泽东北,黄河南岸。泽,此处用为动词。

[四] **灉沮会同**:灉,黄河分出的支流,今称赵王河。一说是黄河下游支流的统称。沮,济水的支流。灉沮会同:两水汇合,一同流入雷夏泽。

[五] **桑土既蚕,是降丘宅土**:桑土既蚕,(大禹平息水患之后),人们在这一带种桑养蚕。是,于是。降,下至。丘,无石的小土山。宅,居住。

[六] **厥土黑坟**:黑坟,膏肥的土地,颜色呈灰棕色。坟,一说通假为"肥"。

[七] **厥草惟繇**:繇,通"蘨"。《说文解字》:"蘨,草茂盛也。"

[八] **厥木惟条**:条,长。

[九] **厥田惟中下**:中下,第六等。

[十] **厥赋贞作**:贞,历来难解,孔颖达认为其他各州赋没有下下等,"贞"即表示"下下",但缺乏根据。俞樾认为"贞"有正当的意思。"厥田惟中下",那么厥赋也中下。但是下文雍州之赋居于中下,俞说可疑。杨筠

如主张"贞"可通假为"侦",表示侦测的意思。"作",是"任土作贡"之"作"。"厥赋贞作"意思是兖州最初未确定赋的等级,有待十三年后,再侦测而定。

[十一] **十有三载,乃同**:孔颖达《正义》认为:"《尧典》言鲧治水九载,绩用不成,然后尧命得舜,舜乃举禹治水,三载功成,尧即禅舜。此言'十三载'者,并鲧九载数之。"可备一说。同,根据和其他州相同的标准,确定赋税。

[十二] **厥贡漆丝,厥篚织文**:漆丝,兖州特产。篚,竹筐类的盛具。织文,绣有花纹的丝织品。

[十三] **浮于济漯,达于河**:《禹贡》体例,九州每州的文字末尾,描述贡道的交通安排。浮,乘船行水。漯,黄河的支流,故道从黄河北岸的河南武陟县分出,北流经过河北至山东,由黄河以南东流入海。达,由甲水道转入乙水道。下文还有"逾",指水道转陆路。浮于济漯,达于河:兖州的贡道是由济水转入漯水,再由漯水转入黄河。

　　海、岱惟青州[一]:嵎夷既略[二],潍淄[三]其道。厥土白坟[四]。海滨广斥[五]。厥田惟上下,厥赋中上。厥贡盐、絺,海物惟错[六],岱畎丝、枲、铅、松、怪石[七]。莱夷作牧[八]。厥篚檿丝[九]。浮于汶,达于济。[十]

[一] **海、岱惟青州**:海,青州的东部临渤海与黄海。岱,泰山,泰山以南为徐州,以北为青州。

[二] **嵎夷既略**:东部沿海的东夷之地已经被治理。嵎,东海之嵎的地名。《尧典》有"分命羲仲宅嵎夷曰旸谷"。《说文》:"略,经略土地也。"

[三] **潍淄**:潍,发源于山东莒县的潍山,最终由昌邑入海。淄,发源于莱芜,由寿光入海。

〔四〕**白坟**：肥沃的灰壤，颜色接近白色。

〔五〕**海滨广斥**：海滨的盐碱地广布。《说文》："卤，……西方咸地也。东方谓之斥，西方谓之卤。"

〔六〕**厥贡盐、絺，海物惟错**：絺，细葛布。海物惟错，海产杂错。错，这里指种类多。一说这里的"惟"相当于"与"，"错"指攻治玉器的磨石。

〔七〕**岱畎丝、枲、铅、松、怪石**：泰山山谷所出产的丝、枲、铅、松、怪石。畎，山谷。枲，大麻。铅，铅矿。松，松木。

〔八〕**莱夷作牧**：莱夷从事放牧的工作。胡渭《禹贡锥指》认为"其可耕者无几，齐地负海，澙卤少五谷，况莱夷乎？耕田不足以自给，故必兼畜牧而后可以厚其生"。

〔九〕**厥篚檿丝**：用竹筐盛放柞蚕丝。檿，柞树，树叶可养蚕。柞蚕丝坚韧可做琴弦。

〔十〕**浮于汶，达于济**：贡道由汶水入济水。

海、岱及淮惟徐州[一]：淮、沂其乂[二]，蒙、羽其艺[三]；大野既猪[四]，东原底平[五]。厥土赤埴坟[六]。草木渐包[七]。厥田惟上中，厥赋中中。厥贡惟土五色[八]，羽畎夏翟[九]，峄阳孤桐[十]，泗滨浮磬[十一]，淮夷蠙珠暨鱼[十二]，厥篚玄纤缟[十三]。浮于淮、泗，达于河。[十四]

〔一〕**海、岱及淮惟徐州**：黄海为徐州东部边界，泰山为北部边界，淮河为南部边界。淮，发源于河南桐柏，在江苏入海。

〔二〕**淮、沂其乂**：淮河沂水已经被治理。乂，整治，疏通。

〔三〕**蒙、羽其艺**：蒙，蒙山，在今山东蒙阴县和平邑县交界处。羽，羽山，在今天江苏赣榆县西南一带。艺，种植庄稼。一说"艺"通"乂"，也表示"整治"的意思。

［四］**大野既猪**：大野泽汇集四方流水。大野，巨野泽。猪，通"潴"，积水较深称作"潴"。

［五］**东原厎平**：东原，今山东东平一带。厎，致，这里指水已经疏通。平，成为平地。孔颖达《尚书正义》："致功而地平，言其可耕也。"

［六］**赤埴坟**：肥沃的红色黏土。

［七］**草木渐包**：草木不断茂盛起来。包，通"苞"，丛生。

［八］**土五色**：五色土。《史记·夏本纪》的《正义》言："天子社广五丈，东方青，南方赤，西方白，北方黑，上冒以黄土，将封诸侯，各取方土苴以白茅以为社也。"

［九］**羽畎夏翟**：羽山山谷的一种野鸡的五色羽毛（可用来做旌旗的装饰）。五色曰夏。翟，山雉尾长者为。《周礼·染人》："秋染夏"，郑玄注："染夏者，染五色，谓之夏者，其色以夏狄为饰。《禹贡》曰：'羽畎夏狄'，是其总名。其类有六：曰翚，曰摇，曰鷮，曰甾，曰希，曰蹲。其毛羽五色皆备成章，染者拟以为深浅之度，是以放而取名焉。"

［十］**峄阳孤桐**：峄阳山所产孤桐树（可用来做琴）。

［十一］**泗滨浮磬**：泗水之滨浮现的石头（可用来做石磬）。

［十二］**淮夷蠙珠暨鱼**：蠙，可以生产珠子的蚌。蠙珠，用厚壳的蚌做成的蚌泡和蚌珠之类，可以做成乐舞的礼器。暨，与，和。鱼，淮水盛产的白鱼。

［十三］**厥篚玄纤缟**：玄纤，黑缯。缟，白缯。

［十四］**浮于淮、泗，达于河**：贡道由淮水经泗水到达菏水。河，本指黄河，这里当通"菏"，指菏水。《说文》："菏，……《禹贡》：'浮于淮泗，达于菏。'"徐州的贡道由淮水入泗水，由泗水入菏水，由菏水入济水，最终与青州贡道连接上。

淮、海惟扬州[一]：彭蠡既猪，阳鸟攸居[二]；三江既入，震泽厎定[三]。篠簜既敷[四]。厥草惟夭[五]，厥木惟乔[六]。厥土惟涂泥[七]。厥田惟下下，厥赋下上、上错。厥贡惟金三品[八]，瑶、琨、篠簜[九]，齿、革、羽、毛惟木[十]。岛夷卉服[十一]。厥篚织贝[十二]，厥包橘、柚[十三]，锡贡。沿于江、海，达于淮、泗。[十四]

[一] **淮、海惟扬州**：淮水为扬州的北部边界，东海是东部边界。

[二] **彭蠡既猪，阳鸟攸居**：彭蠡，彭蠡泽，今天鄱阳湖的前身。谭其骧认为汉武帝前之彭蠡泽在江北，"约相当于今湖北广济、黄梅，安徽宿松、望江、怀宁、安庆一带滨江诸湖，其时湖面可能比今天来的宽阔，且相互通连，与江水相吐纳。"阳鸟攸居，伪孔《传》："随阳之鸟，鸿雁之属，冬月所居于此泽。"曾运乾则认为："阳鸟，郑云：'谓鸿雁之属'，随阳气南北。今按《禹贡》全文，无以禽兽表地者，又经文先序州界，次言山川原泽，次言夷服，亦无舍地望而先言鸟兽者。'鸟'当读为'岛'。《说文》所谓海中往往有山，可依止，曰岛，是也。本经皆假鸟为之。'岛夷皮服'，'岛夷卉服'古今文本皆作鸟。郑释冀州鸟夷云：'东方之民搏食鸟兽者也。'《后汉书·度尚传》注：'鸟语，谓语音似鸟也。'引《书》'岛夷卉服'殆于望文生义矣。……阳岛，即扬州附海岸各岛。大者则台湾、海南是也。云阳岛者，南方阳位也。"可备一说。

[三] **三江既入，震泽底定**：三江，具体所指历来聚讼不止，一说是太湖入海之三江：吴淞江、娄江和东江。震泽，太湖。

[四] **篠簜既敷**：篠，小竹。簜，大竹。敷，普遍，广布。

[五] **夭**：肥美茂盛。

[六] **乔**：乔木。指扬州出产高大的乔木。

[七] **涂泥**：辛树帜认为："土湿如泥，斯指黏质湿土，考其所在，则荆、扬为今之湖南、湖北、江苏、浙江、皖南，乃我国主要湿土分布所在，正相符合。"

〔八〕**金三品**：上古的"金"一般指"铜"，郑玄以为是三种铜色。

〔九〕**瑶、琨、篠簜**：瑶，青色玛瑙。琨，美石。

〔十〕**齿、革、羽、毛惟木**：齿，象牙。革，皮革。羽，禽兽羽毛。毛，兽毛。惟木，《史记·夏本纪》《汉书·地理志》引文为"齿革羽毛"，没有"惟木"二字，疑似衍文。

〔十一〕**岛夷卉服**：扬州东南部沿海（可能是舟山群岛）岛夷所穿的竹笠蓑衣。卉，草。一说近代台湾高山族穿椰树皮、芭蕉页之类用来遮蔽下体，可能是"岛夷卉服"的孑遗。

〔十二〕**厥篚织贝**：以贝纹为图案的织品。一说是将贝壳做成的扁珠缀于麻织服装，可以作为贡品。

〔十三〕**厥包橘、柚**：以囊和橐之类盛放橘柚。

〔十四〕**沿于江、海，达于淮、泗**：江，长江。海，东海。达于淮、泗：先入淮水，后入泗水，与徐州贡道相连。

荆及衡阳惟荆州[一]：江、汉朝宗于海[二]，九江孔殷[三]，沱、潜既道[四]，云土梦作乂[五]。厥土惟涂泥。厥田惟下中，厥赋上下。厥贡羽、毛、齿、革，惟金三品，杶、榦、栝、柏[六]，砺、砥、砮、丹[七]，惟箘、簵、楛[八]，三邦底贡厥名[九]。包匦菁茅[十]，厥篚玄、纁、玑组[十一]，九江纳锡大龟[十二]。浮于江、沱、潜、汉，逾于洛，至于南河[十三]。

〔一〕**荆及衡阳惟荆州**：荆，荆山，在今天湖北南漳县西部、荆州的北部边界。衡阳，衡山之南，荆州的南部边界。

〔二〕**江、汉朝宗于海**：汉江与长江合流，最终流入大海。朝宗，这里是比喻江汉为诸侯，海为王，诸侯宗于王。

〔三〕**九江孔殷**：彭蠡泽西部的多条长江支流。九，虚数，泛指。孔殷，这里形容水势大。

〔四〕**沱、潜既道**：沱，长江支流的统称。潜，汉江支流的统称。

〔五〕**云土梦作乂**：云土梦，云梦泽。乂，治理。

〔六〕**杶、榦、栝、柏**：杶，椿木。榦，柘木。栝，桧木。柏，柏木。

〔七〕**砺、砥、砮、丹**：砺，粗磨石。砥，细磨石。砮，可做箭头的石头。丹，朱砂，湖南沅陵所产最为有名。

〔八〕**箘、簵、楛**：箘、簵，可用来制作箭杆的竹材。楛，可用来制作箭杆的木材。

〔九〕**三邦厎贡厥名**：三邦致贡其特产。三邦，泛指荆州域内的诸侯国。

〔十〕**包匦菁茅**：匦，匣子。菁茅，可用来筛酒糟的茅草。古代发酵法制酒，起初酒糟和酒液混在一起，需要茅草来滤去酒糟。《左传·僖公四年》记载管仲责问楚成王："尔贡苞茅不入，王祭不共，无以缩酒。"苞茅相当于这里的菁茅。

〔十一〕**玄、纁、玑组**：用两种颜色的珍珠做饰品的丝带。玄，黑色。纁，浅绛色。玑，珍珠。组，丝带。玑组，珍珠做饰品的丝带。

〔十二〕**九江纳锡大龟**：九江，在湖北黄梅和武穴一代。湖北黄梅蔡山产大龟。纳，入。锡，上贡。

〔十三〕**逾于洛，至于南河**：逾，由水路登岸，改为陆行。因为汉江支流与洛水不相连，中间需要一段陆行。南河，洛阳以北的黄河。

　　荆、河惟豫州[一]：伊、洛、瀍、涧[二]既入于河，荥波[三]既猪，导菏泽，被孟猪[四]。厥土惟壤，下土坟垆[五]。厥田惟中上，厥赋错上中。厥贡漆、枲、絺、纻[六]，厥篚纤纩[七]，锡贡磬错[八]。浮于洛，达于河。

〔一〕**荆、河惟豫州**：荆山为豫州南部边界，黄河为北部边界。

[二] **伊、洛、瀍、涧**：伊，伊水，发源于熊耳山南麓的河南栾川县内，流经嵩县、伊川，穿伊阙入黄河。洛，洛水，发源于陕西洛南县，在河南巩县流入黄河。瀍，瀍水，发源于河南孟津，向南流经洛阳东部，在洛阳瀍河区汇入洛水。涧，涧水，发源于河南渑池县，在洛阳西南汇入洛水。

[三] **荥波**：即荥泽，在今河南郑州荥阳区。

[四] **导菏泽，被孟猪**：菏泽，在今山东定陶的大水泽。被，覆被，指菏泽溢出的水流入孟猪。孟猪，孟猪泽，在今河南商丘。

[五] **厥土惟壤，下土坟垆**：壤，一说是豫州一代的石灰性冲击土。下土坟垆，表层土一下肥沃的黑刚土。

[六] **紵**：纻麻。

[七] **纤纩**：细绵。

[八] **磬错**：石磬和攻治玉器的石头。

华阳、黑水惟梁州[一]：岷、嶓既艺[二]，沱、潜既道，蔡蒙旅平[三]，和夷[四]底绩。厥土青黎[五]，厥田惟下上，厥赋下中三错。厥贡璆、铁、银、镂[六]，砮、磬，熊、罴、狐、狸织皮[七]。西倾因桓是来[八]，浮于潜，逾于沔，入于渭，乱于河[九]。

[一] **华阳、黑水惟梁州**：华阳，华山之南，梁州的东部边界。黑水，梁州的西部边界，具体所指古人说法不一，今人顾颉刚认为是古人假想的一条河水，李零认为是今四川北部阿坝藏族自治州的松潘黑水，位于岷江上游。

[二] **岷、嶓既艺**：岷，岷山，岷江的源头。嶓，嶓冢山，在今陕西宁强县。

[三] **蔡蒙旅平**：蔡，蔡山，在今四川雅安雨城区。蒙，蒙顶山，在今四川雅安市名山区。旅，道路。旅平：王引之认为指二山之道已经平治。

〔四〕**和夷**：和水流域的少数民族。胡渭认为是涐水，即大渡河。李零认为是四川天全县的天全河。

〔五〕**青黎**：青黑色。

〔六〕**璆、铁、银、镂**：四种金属。璆，通"镠"，质地好的铜。镂，硬度较高，可以刻镂的铁。

〔七〕**熊、罴、狐、狸织皮**：四种动物的兽皮。熊，黑熊。罴，棕熊。狐，狐狸。狸，狸猫。织皮，用来做衣的兽皮。

〔八〕**西倾因桓是来**：贡物从西倾山顺着桓水而来。西倾，西倾山，在今青海与甘肃交界处。桓，桓水，一名白水，今称白龙江，嘉陵江的上游。因，随着，顺着。

〔九〕**浮于潜，逾于沔，入于渭，乱于河**：经潜水至沔水，经过一段陆路，进入渭水，最后横渡而入黄河。潜，这里指在上游注入汉江主流的三条河：沮水、漾水和玉带河。沔，汉江上游一段的别称。乱，横渡。

黑水、西河惟雍州[一]：弱水[二]既西，泾属渭汭[三]，漆、沮既从[四]，沣水攸同[五]；荆、岐既旅[六]，终南、惇物，至于鸟鼠[七]；原隰底绩，至于猪野[八]；三危既宅[九]，三苗丕叙[十]。厥土惟黄壤，厥田惟上上，厥赋中下。厥贡惟球、琳，琅玕[十一]。浮于积石[十二]，至于龙门西河，会于渭汭。织皮：昆仑、析支、渠搜，西戎即叙。[十三]

〔一〕**黑水、西河惟雍州**：雍州的西部边界是黑水，东部边界是西河。黑水，一说与梁州西部的黑水不同，指今敦煌的党河。西河，黄河从内蒙古托克托向南流，至陕西潼关的一段，历史上称为西河。

〔二〕**弱水**：今甘肃张掖河。

〔三〕**泾属渭汭**：属，入。泾水疏通后流入渭水和汭水。

〔四〕**漆、沮既从**：漆水入于沮水，沮水又入于渭水。

〔五〕**沣水攸同**：沣水和漆水、沮水一样，最终流入渭水。

〔六〕**荆、岐既旅**：荆山和岐山之道，已经治理好。荆山，与荆州的荆山同名而异地，具体所指主要有两说，一说在今陕西省阎良、三原、富平三地交界处，一说在今河南灵宝市阌乡南。

〔七〕**终南、惇物，至于鸟鼠**：终南、惇物，至于鸟鼠这一带都疏通了。终南，即终南山。惇物，今陕西太白县西南的武功山。鸟鼠，鸟鼠山，在今甘肃渭源。

〔八〕**原隰厎绩，至于猪野**：原隰，郑玄认为指豳地，一说指陕北和陇东多处的高地和低湿处。猪野，猪野泽，在今甘肃民勤县。

〔九〕**三危既宅**：三危，三危山，在今甘肃敦煌东南一带。宅，安定。

〔十〕**三苗丕叙**：三苗，古代少数民族。《舜典》"窜三苗于三危"指将在江淮荆州一带作乱的三苗驱入三危一带居住。丕，大。叙，顺。

〔十一〕**球、琳，琅玕**：球，美玉。琳，美石。琅玕，石而似玉者，一说指珠类。

〔十二〕**浮于积石**：黄河流经积石山，贡道由此处进入黄河，开启水路。积石，积石山，即今天青海的阿尼玛卿山。

〔十三〕**织皮：昆仑、析支、渠搜，西戎即叙**：《史记索隐》"郑玄以为衣皮之人居昆仑、析支、渠搜，三山皆在西戎"。昆仑、析支、渠搜，西部少数民族部族名。一说"织皮"本应在贡物"琅玕"之后，误置于此。西戎即叙，西戎顺从安定。

导岍及岐，至于荆山[一]，逾于河[二]；壶口、雷首，至于太岳[三]；厎柱、析城，至于王屋[四]；太行、恒山，至于碣石[五]，入于海。

西倾、朱圉、鸟鼠，至于太华[六]；熊耳、外方[七]、桐柏，至于陪尾。

导嶓冢，至于荆山[八]；内方至于大别[九]。

岷山之阳，至于衡山^[十]，过九江，至于敷浅原^[十一]。

〔一〕**导岍及岐，至于荆山**：疏通岍山和岐山的道路，达到荆山。岍山，今陕西陇县西南的吴山。荆山，北荆山，即雍州一节"荆、岐既旅"的"荆"。

〔二〕**逾于河**：越过，横渡黄河。

〔三〕**壶口、雷首，至于太岳**：雷首，即首阳山，在今山西永济市南。太岳，即霍山，在今山西霍县。

〔四〕**厎柱、析城，至于王屋**：厎柱，即三门山，在今河南三门峡。析城，即析城山，在今山西阳城。王屋，即王屋山，在今河南济源。

〔五〕**碣石**：即碣石山，在今河北昌黎。

〔六〕**西倾、朱圉、鸟鼠，至于太华**：朱圉，即朱圉山，在今甘肃甘谷。太华，即华山，在今陕西华阴。

〔七〕**熊耳、外方**：熊耳，即熊耳山，在今河南卢氏、洛宁和宜阳一带。外方，即外方山，在今河南嵩县和汝阳一带。

〔八〕**导嶓冢，至于荆山**：嶓冢，即嶓冢山，在今陕西宁强县。荆山，在今湖北南漳县，是"荆州"之"荆山"，南荆山。

〔九〕**内方至于大别**：内方，即内方山，在今湖北钟祥。大别，即鄂豫皖三省交界处的大别山。

〔十〕**岷山之阳，至于衡山**：岷山，在今四川松潘县西北。阳，山南水北为阳。衡山，今南岳衡山。两山距离过远，具体所指存疑。

〔十一〕**敷浅原**：一说即庐山。

导弱水，至于合黎，余波入于流沙。^[一]

导黑水，至于三危，入于南海^[二]。

导河积石，至于龙门，南至于华阴，东至于厎柱，又东至于孟津，

东过洛汭，至于大伾[三]；北过降水，至于大陆[四]，又北播为九河，同为逆河[五]，入于海。

嶓冢导漾[六]，东流为汉，又东为沧浪之水[七]，过三澨[八]，至于大别，南入于江；东汇泽为彭蠡，东为北江，入于海。

岷山导江，东别为沱，又东至于澧[九]，过九江，至于东陵[十]，东迆北会于汇[十一]，东为中江[十二]，入于海。

导沇水，东流为济，入于河，溢为荥，东出于陶丘北[十三]，又东至于菏，又东北会于汶，又东北入于海。

导淮自桐柏，东会于泗、沂，东入于海[十四]。

导渭自鸟鼠同穴[十五]，东会于沣，又东会于泾，又东过漆沮，入于河。

导洛自熊耳，东北会于涧、瀍，又东会于伊，又东北入于河。

[一] **导弱水，至于合黎，余波入于流沙**：导通弱水，达于合黎山，余波流入沙漠。合黎，即合黎山，在今甘肃高台东北。余波，河水下游。流沙，今内蒙古的巴丹吉林沙漠。

[二] **南海**：三危以南的河流，具体所指不明。一说是古人想象中的河流。

[三] **大伾**：即大伾山，在今河南浚县。

[四] **北过降水，至于大陆**：降水，说法有三：一说是今河南安阳的淇水，一说是河北武安一带的漳水，一说是山西中部的浊漳河。大陆，即冀州的大陆泽。

[五] **北播为九河，同为逆河**：北播为九河，黄河向北分支出九条河。逆，迎，指九河承接黄河之水，分流而去。

[六] **嶓冢导漾**：疏通漾水，自嶓冢开始。

[七] **沧浪之水**：《水经·沔水》言汉江"又东北流，又屈东南，过武

当县东北"。郦道元注："县西北四十里，汉水中有洲，名沧浪洲。"

[八] **三澨**：具体所指的水名难考，一说在今湖北襄阳一带。胡渭认为指"汉水之三大防"，"一在襄城北，即大堤；一在樊城南；一在三洲口东，皆襄阳县地，在邔县之北也"。邔县，今湖北宜城。

[九] **澧**：湖南的澧水，在澧县汇入洞庭湖，但是在先秦汉魏时代湘、资、沅、沣四水在湖南岳阳城陵矶以西一带直接汇入长江。

[十] **东陵**：具体所指难考。《水经·决水》言灌水"导源庐江金兰县西北东陵乡大苏山"，王先谦认为东陵在大苏山一带。

[十一] **东迤北会于汇**：由东偏北而行最终汇于彭蠡泽。

[十二] **中江**：长江下游分流入海的三条支流之一。

[十三] **陶丘北**：今山东定陶县西南。

[十四] **东会于泗、沂，东入于海**：沂水注入泗水，泗水注入淮水，淮水汇入黄海。

[十五] **鸟鼠同穴**：鸟鼠同穴山，相传因鸟与鼠雌雄同穴于此而得名。

> 九州攸同，四隩既宅[一]；九山刊旅[二]，九川涤源[三]，九泽既陂[四]。四海会同[五]，六府孔修[六]；庶土交正，底慎财赋，咸则三壤成赋中邦[七]。锡土姓，祗台德先，不距朕行。[八]

[一] **四隩既宅**：四方已经可以居住。

[二] **九山刊旅**：九山已经疏通道路。《史记索隐》认为九山分别是汧、壶口、砥柱、太行、西倾、熊耳、嶓冢、内方和岐。皮锡瑞指出"岐"当是"汶"之误。伪孔《传》认为这里的九山、九川、九泽是泛指，无大无小。

[三] **九川涤源**：《史记索隐》认为九川分别是弱、黑、河、瀁、江、沇、淮、渭和洛。涤源，《书集传》："浚涤泉源而无壅塞。"

[四] **九泽既陂**：九泽已经铸坝可蓄水。

［五］**四海会同**：古人所谓"四海"一般泛指边远蛮荒之地，《尔雅·释地》"九夷、八狄、七戎、六蛮谓之四海"。一说是东海、西海、南海和北海。

［六］**六府孔修**：掌管赋税的六府已经很好地得到治理。《礼记·曲礼》："天子之六府，曰司土、司木、司水、司草、司器、司货，典司六职。"

［七］**庶土交正，底慎财赋，咸则三壤成赋中邦**：颜师古《汉书注》："言众土各以其所出，交易有无，而不失正，致慎货财，以供贡赋，皆随其土田上中下三品而成其赋于中国也。中国，京师也。"咸，皆。则，根据，以之为标准。成赋，交纳赋税。

［八］**锡土姓，祗台德先，不距朕行**：郑玄注："天子建其国，诸侯胙之土，赐之姓命之氏，其敬悦天子德既先，又不距违我天子政教所行。"锡，通"赐"。祗，敬。

　　　五百里甸服：百里赋纳总[一]，二百里纳铚[二]，三百里纳秸服[三]，四百里粟，五百里米。五百里侯服：百里采[四]，二百里男邦[五]，三百里诸侯。五百里绥服[六]：三百里揆文教，二百里奋武卫。五百里要服[七]：三百里夷，二百里蔡[八]。五百里荒服：三百里蛮，二百里流。

［一］**总**：庄稼连秆带穗整体扎成一捆。《说文》："总，聚束也。"

［二］**铚**：穗头的部分。

［三］**秸服**：秆的部分。一说"服"是衍文。

［四］**采**：内臣采邑。

［五］**男邦**：子男的封土。

［六］**绥服**：可绥靖绥服之地。

［七］**要服**：要，约束。

［八］**蔡**：流放。

东渐于海，西被于流沙^[一]；朔、南暨声教^[二]，讫于四海。禹锡玄圭，告厥成功。

［一］**西被于流沙**：西及于流沙。

［二］**朔、南暨声教**：北方和南方予以声教治之。暨，及，与。

参考文献：

［1］［汉］孔安国传、［唐］孔颖达正义：《尚书正义》，上海古籍出版社，2007。

［2］［清］孙星衍：《尚书今古文注疏》（全二册），中华书局，1986。

［3］［清］胡渭：《禹贡锥指》，上海古籍出版社，2013。

［4］杨筠如：《尚书覈诂》，陕西人民出版社，2005。

［5］顾颉刚、刘起釪：《尚书校释译论》，中华书局，2005。

［6］李零：《禹迹考：〈禹贡〉讲授提纲》，《中国文化》2014年第1期。

五、傅说其人其事——《说命》三篇的辨伪与求真

按照古书的说法，商代历史上曾经有过一代名相傅说，他辅佐商王武丁，创造了"武丁中兴"的历史辉煌，后人甚至称之为"傅圣"。传世先秦文献《国语》《墨子》《楚辞》和《吕氏春秋》中有过零星的傅说事迹记载，这以外最全面的傅说事迹见于《尚书·说命》篇。一般认为百篇《书序》作于先秦，其真实性较为可靠。《书序》曾交代了《说命》三篇的成书背景：

> 高宗梦得说，使百工营求诸野，得诸傅岩，作《说命》三篇。①

此外，先秦一些重要典籍，如《孟子》《礼记》中的多篇都曾数次征引《说命》，这说明《说命》在先秦已经流传开来。今天能够看到的《说命》出自东晋梅赜所献、相传由孔安国作传的《尚书》五十八篇之中。唐代官修五经正义中的《尚书正义》采用了梅本《说命》，《说命》三篇自此传播开来。就历史上的影响效果而言，梅本《说命》三篇在后世的政治和教育领域中产生了深远的影响。唐代著名诗人元稹在他的《人道短》一诗中曾形容

---

① ［汉］孔安国传、［唐］孔颖达正义：《尚书正义》，第363页。

《说命》的重要性：

> 周公《周礼》十二卷，有能行者知纪纲。傅说《说命》三四纸，
> 有能师者称祖宗。①

然而，影响如此深远、意义如此重大的《说命》却在宋代以来逐渐被怀疑，最终在清代几乎被一致论定为"伪书"。实际上，真正的古文《说命》在秦汉之际确实已经亡佚，随着清华简《说命》三篇的出世，我们得以见到古文《说命》的真面貌，也更加确证梅本古文《说命》是伪作。

（一）古文《说命》的辨伪史

首先，从汉代多种《尚书》的篇目来看，《说命》三篇不在其中。如前所述，先秦儒家所定的百篇《尚书》篇目中包括《说命》三篇，儒家典籍中也多次征引《说命》。秦始皇推行焚书坑儒政策，号称是"非博士官所职，天下敢有藏诗、书、百家语者，悉诣守、尉杂烧之"。民间一般所藏《尚书》虽然被焚毁，但是做过秦朝博士的山东人伏生，在秦代"焚书"时，将多篇《尚书》藏于壁中。汉朝初年，官方寻找能通《尚书》的学者，伏生于壁中获得《尚书》二十九篇，通过隶书重新写定，传授给晁错等人，《尚书》由此在汉初得以传承。隶书相对原来书写《尚书》所用的古文属于今文，所以后人称之为今文《尚书》。今文《尚书》二十九篇里面未见《说命》三篇的踪影。

汉武帝时，曲阜孔府旧壁首次发现了用战国古文书写的《尚书》及《礼记》《论语》《孝经》多种先秦旧书。《汉书·艺文志》对古文《尚书》

---

① 元稹：《元稹集》，中华书局，1982，第263页。

篇数的说法是：

> 孔安国者，孔子后也。悉得其书，以考二十九篇，得多十六篇。安国献之，遭巫蛊事，未列于学官。

根据《尚书正义》等书保留的线索，相较于伏生所传今文《尚书》多出的十六篇分别是《舜典》《汩作》《九共》（九篇）《大禹谟》《弃稷》《五子之歌》《胤征》《汤诰》《咸有一德》《典宝》《伊训》《肆命》《原命》《武成》《旅獒》和《冏命》。显而易见，这十六篇之中也没有《说命》三篇。此外，汉代其他发现的一些"书"类文献，大部分被载《逸周书》，其中也未见《说命》三篇。

其次，从汉代人对《说命》的引述和注解来看，也能发现《说命》三篇在两汉学术史上没有出现过。西汉史学家司马迁在《史记·殷本纪》中只用了下面一小段来叙述傅说在商代史上的地位：

> 帝小乙崩，子帝武丁立。帝武丁即位，思复兴殷，而未得其佐。三年不言，政事决定于冢宰，以观国风。武丁夜梦得圣人，名曰说。以梦所见视群臣百吏，皆非也。于是乃使百工营求之野，得说于傅险中。是时说为胥靡，筑于傅险。见于武丁，武丁曰是也。得而与之语，果圣人，举以为相，殷国大治。故遂以傅险姓之，号曰傅说。

不难发现，司马迁的叙述没有超出《书序》简单的叙事范围，甚至用的词语搭配"营求"都与《书序》一致。东汉许慎（约58—147）《说文解字·夏部》"夐"字条下曾引《商书》：

> 夐，营求也。从夏，人在穴。《商书》曰："高宗梦得说，使百工夐

求，得之傅巗。"巗，穴也。①

从内容推测，这里的《商书》具体指的肯定是《说命》。段玉裁《说文解字注》就解释说："此引《书序》释之，以说从穴之意。"② 而且，"敻求"和"营求"，在清华简《说命》上篇首段第二句"王命厥百工向，以货徇求说于邑人"，作"旬（徇）求"。从语文学的角度讲，"敻"应该读作"讂"，表示"公开寻求征求"的意思，这是从"徇"这个词"遍行于一定范围内宣示有关信息以有所求"的意思引申而来的。简本用的"徇求"最接近《说命》的原始用字面貌。"敻"和"营"都是通假字，或者是后人有意无意的误读而造成的音近的异文。③"敻（讂）求"这个词在汉代文献中使用过许多次，由此来看，许慎《说文解字》中出现的异文，只是用汉代惯常用字"敻"替换了《书序》用的"营"字，不能就此推断许慎看过某种《说命》的原文。

东汉晚期，经学大师郑玄曾为《尚书》做注，今天还能在唐代官修的《尚书正义》等书中寻见郑注的不少踪影，其中未见与《说命》直接相关的信息。反倒是郑玄为《礼记》所做的注中有几条对《礼记》引《书》用例的解说，直接或间接说明了《说命》篇在当时的存亡情形。简单引述如下：

《礼记·文王世子》：

> 是故圣人之记事也，虑之以大，爱之以敬，行之以礼，修之以孝养，纪之以义，终之以仁。是故古之人，一举事而众皆知其德之备也。古之君子，举大事必慎其终始，而众安得不喻焉？《兑命》曰："念终始典于学。"

---

① ［汉］许慎：《说文解字》，中华书局，2013，第65页。

② 段玉裁：《说文解字注》，上海古籍出版社，1981，第129页。

③ 裘锡圭、陈剑：《说"徇""讂"》，载朱庆之等编《汉语历史语言学的传承与发展——张永言先生从教六十五周年纪念文集》，复旦大学出版社，2016，第248–279页。

郑玄注：

> 兑，当为"说"。《说命》，《书》篇名，殷高宗之臣傅说之所作。①

《礼记·学记》：

> 玉不琢，不成器。人不学，不知道。是故古之王者，建国君民，教学为先。《兑命》曰："念终始典于学。"其此之谓乎！

郑玄注：

> 兑，当为"说"，字之误也。高宗梦傅说，求而得之，作《说命》三篇，在《尚书》，今亡。②

《礼记·缁衣》：

> 子曰："小人溺于水，君子溺于口，大人溺于民，皆在其所亵也。夫水近于人而溺人，德易狎而难亲也，易以溺人；口费而烦，易出难悔，易以溺人。夫民闭于人而有鄙心，可敬不可慢，易以溺人。故君子不可以不慎也。《太甲》曰：'毋越厥命以自覆也。若虞机张，往省括于厥度则释。'《兑命》曰：'惟口起羞，惟甲胄起兵，惟衣裳在笥，惟干戈省厥躬。'……"

郑玄注：

> 兑，当为"说"，谓殷高宗之臣傅说也，作书以命高宗。《尚书》篇名也。③

---

① ［汉］郑玄注、［唐］孔颖达正义：《礼记正义》，上海古籍出版社，2008，第872页。
② 同上书，第1424页。
③ 同上书，第2117页。

综上可见，即便是曾注《尚书》的郑玄也没有看到《说命》全文，他所做的注解大概也只是根据《书序》推断《说命》本属《尚书》。再看东汉末年的学者赵岐为《孟子》作的注。《孟子·滕文公上》中，孟子有如下一段话：

> 滕文公为世子，将之楚，过宋而见孟子。孟子道性善，言必称尧、舜。
>
> 世子自楚反，复见孟子。孟子曰："世子疑吾言乎？夫道一而已矣。成覵谓齐景公曰：'彼丈夫也；我丈夫也，吾何畏彼哉？'颜渊曰：'舜何人也？予何人也？有为者亦若是。'公明仪曰：'文王我师也；周公岂欺我哉！'今滕绝长补短，将五十里也，犹可以为善国。《书》曰：'若药不瞑眩，厥疾不瘳。'"

赵岐在注解段末"《书》曰：'若药不瞑眩，厥疾不瘳。'"时，明确指出这属于"《书》，逸篇也"①。"药不瞑眩，厥疾不瘳"一句也见于《国语·楚语上》：

> 灵王虐，白公子张骤谏。王患之，谓史老曰："吾欲已子张之谏，若何？"对曰："用之实难，已之易矣。若谏，君则曰：'余左执鬼中，右执殇宫，凡百箴谏，吾尽闻之矣，宁闻他言？'"
>
> 白公又谏，王如史老之言。对曰："昔殷武丁能耸其德，至于神明，以入于河，自河徂亳，于是乎三年，默以思道。卿士患之，曰：'王言以出令也，若不言，是无所禀令也。'武丁于是作书，曰：'以余正四方，余恐德之不类，兹故不言。'如是而又使以象梦旁求四方之贤，得傅说以来，升以为公，而使朝夕规谏，曰：'若金，用女作砺。若津水，

---

① ［汉］赵岐注、［宋］孙奭疏：《孟子注疏》，北京大学出版社，2000，第154页。

用女作舟。若天旱，用女作霖雨。启乃心，沃朕心。若药不瞑眩，厥疾不瘳。若跣不视地，厥足用伤。'若武丁之神明也，其圣之睿广也，其智之不疚也，犹自谓未乂，故三年默以思道。既得道，犹不敢专制，使以象旁求圣人。既得以为辅，又恐其荒失遗忘，故使朝夕规诲箴谏，曰：'必交修余，无余弃也。'今君或者未及武丁，而恶规谏者，不亦难乎！"

《国语·楚语上》述说武丁与傅说的故事，没有交代出处，但根据清华简《说命》可知"药不瞑眩，厥疾不瘳"确实出自《说命》。即便《国语·楚语上》已经提供了较为详细的叙事背景，但赵岐注《孟子》却说"药不瞑眩，厥疾不瘳"所属的《书》篇是《尚书》逸篇，说明赵岐本人确实没有见过《说命》全文。

因而，无论是从汉代多种《尚书》的篇目，还是从汉代人对《说命》的引述和注解来看，汉代并没有流传过《说命》三篇。东汉之后，三国争立，而后西晋短暂统一，又遭遇"永嘉之乱"。这一百多年间，不少珍贵典籍自此散佚。东晋时期，开启了"典籍重聚"的搜集整理工作。① 元帝时，豫章内史梅赜向朝廷献《尚书》五十八篇。其中古文《尚书》部分再次出现了《说命》三篇，这不得不让人怀疑其真实的来历。南宋人章如愚曾编撰类书《群书考索·续集》，书中有按语论及《说命》：

> 《说命》之书，疑出于汉之后也。观《孟子》举《书》曰："若药弗瞑眩，厥疾不瘳"，今以《说命》观之，辞皆然也，而赵岐于注，乃云"《书》逸篇也"。赵岐犹以《说命》之书为逸篇，则出于汉之后可知矣。②

---

① 陈登原：《古今典籍聚散考》，华东师范大学出版社，2009，第 132 页。
② 章如愚：《群书考索·续集》（卷五），书目文献出版社，1992，第 937 页。

实际上，自南宋吴棫和朱熹等人以来，不断有学者怀疑今传的梅本古文《尚书》是汉魏以后人的伪作，章如愚的说法只是其中的只言片语。宋、元、明、清四代，古文《尚书》辨伪工作不曾中断。清代学者阎若璩所著《尚书古文疏证》是古文《尚书》辨伪的集大成之作，阎书辨伪方法最具代表性。阎若璩曾总结自己辨伪的基本理念：

> 天下事由根柢而之枝节也易，由枝节而返根柢也难。窃以考据之学亦尔。予之辨伪古文，吃紧在孔壁原有真古文为《舜典》《汩作》《九共》等二十四篇，非张霸伪撰。孔安国以下，马、郑以上，传习尽在于是。《大禹谟》《五子之歌》等二十五篇，则晚出魏晋间，假托安国之名者。此根柢也。得此根柢在手，然后以攻二十五篇，其文理之疏脱，依傍之分明，节节皆迎刃而解矣。不然，仅以子、史诸书仰攻圣经，人岂有信之哉？①

其说的核心在于先确定孔壁所出真古文《尚书》的篇目，再分离出魏晋人所伪造古文《尚书》的篇目。② 在此前提工作之下，才好进一步辨析诸篇伪古文《尚书》伪在何处？如何作伪？阎氏具体的方法又可以归纳如下：

（1）从著录上考察两汉今古文《尚书》的篇数篇名，以证伪古文篇目之异。

（2）从《尚书》佚文证伪古文文字之异。

（3）或从取材以探其源，或从用材以指其误，揭示伪《古文尚书》作伪之迹。

（4）考篇章分合，揭示伪《古文尚书》割裂、离析作伪之迹。

---

① 阎若璩：《尚书古文疏证》（附：古文尚书冤词），上海古籍出版社，2010，第 601 页。
② 林庆彰曾有详细分析，参见林庆彰：《清初的群经辨伪学》，华东师范大学出版社，2011，第 155－184 页。

（5）从史实、典制、历法、地理、文体以证伪古文、伪孔传与时代不合。①

本章前面的分析就是在阎氏基本辨伪理念指导下的古文《尚书》篇目分离工作。下面继续参考清代学者阎若璩《古文尚书疏证》和惠栋《古文尚书考》针对《说命》细致的辨伪工作，同时参照清华简《说命》三篇，分析梅本《说命》三篇的取材之源和用材之误。先以表格形式标明今本《说命》三篇字词可能的史源。②

今本《说命》上篇语句来源

今本《说命》上篇	秦汉以前文献记载
王宅忧，亮阴三祀。既免丧，其惟弗言。	其在高宗，时旧劳于外，爰暨小人。作其即位，乃或亮阴，三年不言。其惟不言，言乃雍。（《尚书·无逸》） 昔殷武丁能耸其德，……于是乎三年，默以思道。（《国语·楚语上》） 子张曰："《书》云：'高宗谅阴，三年不言。'何谓也？"（《论语·宪问》） 《书》曰："高宗谅闇，三年不言。"善之也。（《礼记·丧服四制》）

---

① 孙钦善：《古代辨伪学概述（下）》，《文献》1983 年第 2 期，第 237 – 238 页。
② 三表充分参考了阎若璩《尚书古文疏证》和惠栋《古文尚书考》对伪古文《说命》三篇的语句来源分析。

续上表

今本《说命》上篇	秦汉以前文献记载
群臣咸谏于王曰："呜呼！知之曰明哲，明哲实作则。天子惟君万邦，百官承式。王言惟作命；不言，臣下罔攸禀令。"	又以先王之书驯天明不解之道也，知之曰："明哲维天，临君下土。"（《墨子·天志中》） 叔向曰：……《书》曰："圣作则。"（《左传·昭公六年》） 卿士患之，曰："王言以出令也，若不言，是无所禀令也。"（《国语·楚语上》）
王庸作书以诰曰："以台正于四方，惟恐德弗类，兹故弗言。恭默思道，梦帝赉予良弼，其代予言。"	武丁于是作书，曰："以余正四方，余恐德之不类，兹故不言。"（《国语·楚语上》） 卿大夫恐惧患之，高宗乃言曰："以余一人正四方，余惟恐言之不类也，兹故不言。"（《吕氏春秋·重言》） 武丁于是作书，曰："以余正四方，余恐德之不类，兹故不言。"武丁夜梦得圣人，名曰说。（《史记·殷本纪》）
乃审厥象，俾以形旁求于天下。说筑傅岩之野，惟肖，爰立作相。	如是而又使以象梦旁求四方之贤，得傅说以来，升以为公。（《国语·楚语上》） 以梦所见视群臣百吏，皆非也。于是乃使百工营求之野，得说于傅险中。是时说为胥靡，筑于傅险。（《史记·殷本纪》）

续上表

今本《说命》上篇	秦汉以前文献记载
王置诸其左右，命之曰："朝夕纳海，以辅台德。若金，用汝作砺。若济巨川，用汝作舟楫。若岁大旱，用汝作霖雨。启乃心，沃朕心！若药弗瞑眩，厥疾弗瘳。若跣弗视地，厥足用伤。惟暨乃僚，罔不同心，以匡乃辟。俾率先王，迪我高后，以康兆民。呜呼！钦予时命，其惟有终。"	而使朝夕规谏，曰："若金，用女作砺。若津水，用女作舟。若天旱，用女作霖雨。启乃心，沃朕心。若药不瞑眩，厥疾不瘳。若跣不视地，厥足用伤。"（《国语·楚语上》） 《书》曰："若药不瞑眩，厥疾不瘳。"（《孟子·滕文公上》）
说复于王曰："惟木从绳则正，后从谏则圣。后克圣，臣不命其承，畴敢不祗若王之休命！"	孔子曰："……木受绳则直，人受谏则圣。"（《说苑·建本》）

今本《说命》中篇语句来源

今本《说命》中篇	秦汉以前文献记载
惟说命总百官，乃进于王曰："呜呼！明王奉若天道，建邦设都，树后王君公，承以大夫师长。"不惟逸豫，惟以乱民。	先王之书《相年》之道曰："夫建国设都，乃作后王君公，否用泰也。轻大夫师长，否用佚也。维辩使治天均。"则此语古者上帝鬼神之建设国都立正长也，非高其爵，厚其禄富贵佚而错之也，将以为万民兴利除害，富贵贫寡，安危治乱也。（《墨子·尚同中》）
惟天聪明，惟圣时宪，惟臣钦若，惟民从乂。	天聪明，自我民聪明；天明畏，自我民明威。达于上下，敬哉有土。（《尚书·皋陶谟》）

续上表

今本《说命》中篇	秦汉以前文献记载
惟口起羞，惟甲胄起戎，惟衣裳在笥，惟干戈省厥躬。王惟戒兹，允兹克明，乃罔不休。	《兑命》曰："惟口起羞，惟甲胄起兵，惟衣裳在笥，惟干戈省厥躬。"（《礼记·缁衣》） 先王之书《术令》之道曰："惟口出好兴戎。"（《墨子·尚同中》）
惟治乱在庶官，官不及私昵，惟其能。爵罔及恶德，惟其贤。虑善以动，动惟厥时。有其善，丧厥善。矜其能，丧厥功。	《兑命》曰："爵无及恶德……"（《礼记·缁衣》）
惟事事乃其有备，有备无患。无启宠纳侮，无耻过作非。惟厥攸居，政事惟醇。	《书》曰："居安思危。"思则有备，有备无患。（《左传·襄公十一年》） 启宠纳侮，其此之谓矣。（《左传·定公元年》） 耻过作非，敢以此规。（《左传·襄公十一年》）
黩于祭祀，时谓弗钦。礼烦则乱，事神则难。	《兑命》曰："……民立而正。事纯而祭祀，是为不敬。事烦则乱，事神则难。"（《礼记·缁衣》）
王曰："旨哉！说，乃言惟服，乃不良于言，予罔闻于行。"说拜稽首，曰："非知之艰，行之惟艰。王忱不艰，允协于先王成德。惟说不言，有厥咎。"	非知之实难，将在行之。（《左传·昭公十年》） 凡战，非阵之难，使人可阵难；非使可阵难，使人可用难。非知之难，行之难。（《司马法·严位》） 非知之难也，处知则难也。（《韩非子·说难》）

今本《说命》下篇语句来源

今本《说命》下篇	秦汉以前文献记载
王曰："来！汝说，台小子旧学于甘盘，既乃遁于荒野，入宅于河。自河徂亳，暨厥终罔显。	匪台小子，敢行称乱。（《尚书·汤誓》） 在武丁时，则有若甘盘。（《尚书·君奭》） 昔殷武丁能耸其德，至于神明，以入于河，自河徂亳，于是乎三年默以思道。（《国语·楚语上》）
尔惟训于朕志，若作酒醴，尔惟曲蘖；若作和羹，尔惟盐梅。尔交修予，罔予弃，予惟克迈乃训。"	必交修余，无余弃也。（《国语·楚语上》） 和如羹焉，水火醯醢盐梅，以烹鱼肉。（《左传·昭公十二年》）
说曰："王！人求多闻，时惟建事。学于古训，乃有获。事不师古，以克永世，匪说攸闻。	人求多闻善败，以监戒也。（《国语·楚语下》） 古训是式，威仪是力。天子是若，明命使赋。（《诗经·烝民》） 事不师古而能长久者，非所闻也。（《史记·秦始皇本纪》）
惟学逊志，务时敏，厥修乃来。允怀于兹，道积于厥躬。惟教学半，念终始典于学，厥德修罔觉。监于先王成宪，其永无愆。惟说式克钦承，旁招俊乂，列于庶位。"	《兑命》曰："敬孙务时敏，厥修乃来。"（《礼记·学记》） 《兑命》曰："教学半。"（《礼记·学记》） 《兑命》曰："念终始典于学。"（《礼记·文王世子》） 《兑命》曰："念终始典于学。"（《礼记·学记》）

续上表

今本《说命》下篇	秦汉以前文献记载
王曰："呜呼！说，四海之内，咸仰朕德，时乃风。股肱惟人，良臣惟圣。	良臣不生，天命不佑。（《国语·晋语八》）
昔先正保衡，作我先王，乃曰：'予弗克俾厥后惟尧、舜，其心愧耻，若挞于市。'一夫不获，则曰：'时予之辜。'佑我烈祖，格于皇天。尔尚明保予，罔俾阿衡，专美有商。	我闻在昔成汤既受命，时则有若伊尹，格于皇天。在太甲时则有若保衡。（《尚书·君奭》）
惟后非贤不义，惟贤非后不食。其尔克绍乃辟于先王，永绥民。"说拜稽首，曰："敢对扬天子之休命！"	汝克昭乃显祖，汝肇刑文武，用会绍乃辟，追孝于前文人。（《尚书·文侯之命》） 重耳敢再拜稽首，奉扬天子之丕现休命。（《左传·僖公二十八年》）

　　下面继续谈今本《说命》的"用材之误"。首先核心问题是今本《说命》的伪造者不明白"命"的文体性质，进而弄错《说命》的主题和篇中的话语主体。其次则是篇章内部叙述次序的错乱和语段位置的误置。①

　　清华简未正式出版之前，李学勤曾在《新整理清华简六种概述》一文中简单介绍简本《说命》三篇的大体内容，评价了三篇的学术价值。

---

　　①　下面一节综合参考了杜勇：《从清华简〈说命〉看古书的反思》，《天津师范大学学报（社会科学版）》2013 年第 4 期。李锐：《清华简〈傅说之命〉研究》，《深圳大学学报（人文社会科学版）》2013 年第 6 期；程薇：《传世古文尚书〈说命〉篇重审——以清华简〈傅说之命〉为中心》，《中原文化研究》2015 年第 1 期。

《墨子》称《说命》为"先王之书"，《楚语》也说是武丁"作书"，都认为《说命》传自商代。看简文，《说命》确实记载了武丁对傅说讲说的大量内容，称之为"命"是非常恰当的。

简文《说命上》与中、下两篇体裁有些差异。《说命上》主要是记事，讲述武丁命百工画像，"旬（徇）求敓（说）于邑人"，在傅岩找到正在筑城的傅说。武丁命傅说率军征伐遊（失）仲，获胜而不行杀戮，称为"赤（赦）敄（俘）之戎"，于是任傅说为公。

……

《说命中》记傅说由傅岩来到商朝的首都殷，"武丁朝于门，内（入）在宗"，以下为武丁对傅说的命辞。

《说命下》第 1 支简缺失，该篇是否与《说命中》连接，不能完全判定，但看其内容包括武丁的言辞七段，每段都冠以"王曰"，这是《说命中》所没有的，还是应该认为篇文自成起讫。[①]

对比今本《说命》和清华简本《说命》可知，简本上篇主要记述商王武丁因梦而寻傅说的故事，中篇是傅说来到商都后武丁对其发布的命辞，下篇主体部分仍然是武丁的训命之辞。泛观今本《说命》，"上篇言梦说，始求得而命之；中篇说既总百官，戒王为政；下篇王欲师说而学，说报王为学之有益，王又厉说以伊尹之功"[②]。今本《说命》的上篇大体还是叙述商王武丁寻傅说的故事，中篇和下篇的话语主体却变成了傅说，而且下篇的主题几乎变成了"为学"。我们知道，《尚书》中"命"这种文体，往往是君王的册命和训诰之辞，篇中的话语主体是君王，而不可能是臣下。仅就这一点而言，简本《说命》完全符合"命"这种文体的特征，今本《说命》不仅不符合，而且完全颠倒了话题的叙述主体。

---

① 李学勤：《新整理清华简六种概述》，《文物》2012 年第 8 期。
② ［汉］郑玄注、［唐］孔颖达正义：《尚书正义》，第 364 页。

多位学者已经指出，今本《说命》的伪造者很可能是受到了郑玄《礼记》注的影响。① 郑玄在《礼记·文王世子》注说"《说命》……殷高宗之臣傅说之所作"，在《礼记·缁衣》注也说"傅说……作书以命高宗"，这两种说法应该是他的疏失。毕竟有《书序》的存在和提示，郑玄在《礼记·学记》注中则说"高宗梦得说，求而得之，作《说命》三篇"。此外，下篇的主题几乎变成了为学，这可能与《礼记·学记》和《礼记·文王世子》两篇对《说命》中与"学"这一关键词相关的语句的多次征引有关。《礼记·学记》先后征引过"念终始典于学""教学半"，《礼记·文王世子》再次征引过"念终始典于学"，这种频繁的征引导致伪造者误以为《说命》下篇会以"学"为中心话题。

再说篇章内部结构和叙述次序的误置。今本《说命》上篇"若金，用汝作砺"一段，简本见于《说命》中篇，我们可以简单对比如下：

简本《说命》中篇	今本《说命》上篇
武丁曰："朱！格，汝说，圣戒朕言，真之于乃心。若金，用惟汝作砺。故我先王灭夏，燮强，捷蠢邦，惟庶相之力乘，用孚自迩。敬之哉，启乃心，日沃朕心。若药，如不瞑眩，越疾罔瘳。朕畜汝，惟乃腹，非乃身。若天旱，汝作淫雨。若满水，汝作舟。汝惟兹说，砥之于乃心。且天出不祥，不徂远，在厥落。汝克宣视四方，乃俯视地。心毁惟备，敬之哉，用惟多德。且惟口起戎出好，惟干戈作疾，惟哀载病，惟干戈生厥身。若诋不视，用伤。吉不吉，余告汝若时，志之于乃心。"	命之曰："朝夕纳诲，以辅台德。若金，用汝作砺。若济巨川，用汝作舟楫。若岁大旱，用汝作霖雨。启乃心，沃朕心！若药弗瞑眩，厥疾弗瘳。若跣弗视地，厥足用伤。惟暨乃僚，罔不同心，以匡乃辟。"

① 李锐：《清华简〈傅说之命〉研究》，《深圳大学学报（人文社会科学版）》2013 年第 6 期；程薇：《传世古文尚书〈说命〉篇重审——以清华简〈傅说之命〉为中心》，《中原文化研究》2015 年第 1 期。

不难发现，简本《说命》武丁的命辞中每一处比喻都对应前面的话语，今本《说命》却出现了好几处比喻连用的情况，这只能说明造伪者没有见过真的古文《说命》，只好将古书中的佚文连续排列，勉强凑足文意。而且，"惟口起戎出好"一段比喻，在今本《说命》中篇，其话语的主体却变成了傅说，而不是商王武丁，这与简本完全是背道而驰。

上述问题，虽然仅是举例式说明，但足以证明今本《说命》的编撰者绝对没有看过历史上真正古文《说命》三篇的原文，虽然有《墨子》《国语》和《礼记》等书的引文可兹利用，但最终编造出的《说命》无论是文体、内容主题、话语主体，还是叙述的次序和语段的实际位置，都不免出现这样或那样的问题。

宋人以来的质疑和细致的辨伪，再加上清华简所见真本《说命》的比照，最终足以将今天所见东晋梅赜所献、一路传承影响至今的《说命》三篇确定是伪作。但纵然其是伪作，却并非一无是处，正如李学勤先生所说：

> 清华简《说命》的出现，和在《清华大学藏战国竹简》第一辑中刊出的《尹诰》即《咸有一德》一样，确证了传世孔传本为伪书。但要说明的是，这并不表明伪书是毫无价值的。清代程晋芳曾指出："梅（赜）书虽后起伪作，自是晋人之书，今人于唐宋人文集且宝贵之，况六朝以上乎？其中嘉言正论颇有来历，当与伏书分别观之，未可悉弃也。"他还特别提到孔传本"《说命》三篇有儒家气象"。对于伪书的形成和传流过程，我们还有深入探讨的必要。①

---

① 李学勤：《新整理清华简六种概述》，《文物》2012 年第 8 期，第 69 页。

附录：简本《说命》简释

《说命》（上）①

惟殷王赐说于天[一]，甬为失仲使人[二]。王命厥百工向，以货徇求说于邑人。[三]惟殷人得说于傅岩[四]，厥俾绷弓、绅弹、辟矢[五]。说方筑城，滕降甄力。[六]厥说之状，鹃肩如惟。[七]王乃讯说曰："帝殴尔以畀余，殴非?"[八]说乃曰："惟! 帝以余畀尔，尔左执朕袂，尔右稽首。"[九]王曰："旦然[十]。"天乃命说伐失仲。

失仲是生子，生二戊豕。[十一]失仲卜曰："我其杀之? 我其已，勿杀?"勿杀是吉。[十二]失仲违卜[十三]，乃杀一豕。说于围伐失仲[十四]，一豕乃觌保以逝[十五]，乃遝，邑人皆从[十六]，一豕鞏仲之自行[十七]，是为赦俘之戎[十八]。其惟说邑，在北海之州，是惟鼂土。[十九]说来，自从事于殷，王用命说为公。[二十]

---

① 释文采取宽式释文。涉及古今异体的直接用"书同文"之后的习用字；涉及习惯性通假的，直接用通假后的字。有争议处尽量在注释部分说明多家看法。先后参考了整理报告以及多位学者的注释，篇幅所限，恕不一一注明出处。

[一] **惟殷王赐说于天**：殷，盘庚迁都于殷，后来"殷"成为商代的别称，在今河南安阳。殷王，也见于《尚书·无逸》，这里指殷高宗武丁。赐，受赐于。上古汉语存在"施受同辞"现象，"赐"可以表主动的"赐予"，也可以表被动的"受赐"，商晚期和西周金文常见这种用法，如西周早期麦尊"作册麦锡金于辟侯"，这里指殷高宗武丁受赐于上天，得到傅说。

[二] **甬为失仲使人**：甬，通"用"。一说"用为"即"以为"，"用为失仲使人"即"以为佚仲使人"；一说"用"通"佣"，表"雇佣"的意思。失仲，人名，可能是"佚"地的诸侯，如《逸周书·世俘》所称"佚侯"。使人，被使役之人。一说与殷墟卜辞中常见的"使人"有关，被派遣的人也可称为"使人"。

[三] **王命厥百工向，以货徇求说于邑人**：厥，代词，相当于"其"。百工，百官公卿之类，可能包括专门的画工。向，通"像"，指画像。一说通"竞"，作状语，竞相努力的意思。货，财物。徇，营求。《书序》："高宗梦得说，使百工营求诸野。"《国语·楚语上》："如是而又使以象梦旁求四方之贤。"与简文近同。一说全句应当作一句连读："王命厥百工向以货徇求说于邑人。"指殷高宗命令百工带着财物，竞相在四处寻找傅说。

[四] **惟敚人得说于傅岩**：敚，字形为**敚**，整理者认为可能与上博简《周易》咸卦的"**臀**"字有关，可释为"弼"。"弼人"为与制弓有关的职官。一说是"射"字的异体，"射人"即《周礼》中所见"以射法设射仪"的"射人"。一说是"發"字的异体，甲骨文作**發**。"發人"也即"射人"。傅岩，地名。

[五] **厥俾绷弓、绅弹、辟矢**：俾，通"畀"，表赏赐义。《书序》"王俾荣伯作贿肃慎之命"，《史记》俾作赐。绷，通"弸"，形容弓的强劲。绅，一说通"靼"，词义待考。弹，一说通"关"，楚文字"关"常作"闗"；一说通"弯"，开弓的意思。《左传·昭公二十一年》"豹则关矣"，

注："关，引弓。"辟矢，疑似指《周礼·司弓矢》八矢的"庳矢"。

[六] **说方筑城，朕降重力**：方，副词，正好，正当。朕，通"腾"。腾降，犹升降。重，通"踊"，跳上，跳跃。力，通"陟"。清华简《金縢》6号简"武王力"的"力"即通"陟"，指武王升天。"腾降踊陟"，形容傅说筑城时上下跳跃、辛苦的样子。

[七] **厥说之状，鹃肩如惟**：厥，代词。厥说之状，傅说的外貌。鹃，通"鸢"，《荀子·非相》："傅说之状，身如植鳍。"《国语·晋语》："叔鱼生，其母视之，曰：'是虎目而豕喙，鸢肩而牛腹，……'"韦昭注："鸢肩，肩井斗出。""斗出"即像量器斗一样陡出。"鸢肩"之状就是双肩陡立高耸，像鸢栖息时上竦的双翅一样。汉代以前形容圣贤的相貌，经常使用"鸢肩"。惟，通"椎"，椎体状。一说通"崔"，有高峻义。

[八] **王乃讯说曰："帝殴尔以畀余，殴非？"**讯，召唤。前一个"殴"，通"繄"，表肯定的判断副词，相当于"是"。畀，赏赐。后一个"殴"，通"抑"。"抑非"是表否定的选择文句。

[九] **说乃曰："惟！帝以余畀尔，尔左执朕袂，尔右稽首。"**惟，通"唯"。《广雅·释诂一》："唯，譍也。"《荀子·大略》："惟惟而亡者，诽也。"杨倞注："惟，读为唯，听从貌。"尔左执朕袂，尔右稽首，参照《说命》（中）："王庸比厥梦，曰：'汝来惟帝命。'说曰：'允若时。'""尔左执朕袂，尔右稽首"是在描述武丁梦中上天赐予他说命时的场景。

[十] **旦然**：旦，通"亶"。《尔雅·释诂》"亶，信也"，表确实义。

[十一] **失仲是生子，生二戊豕**：是，通"氏"。失仲是，即"失仲氏"。戊，通"牡"。一说上古民俗中"生二牡豕"指诞下一对双胞胎男婴。双胞胎为不吉，甚至是妖异的民俗。一说"生二戊豕"就是生了两个"日名"为"戊"的"双胞胎"。"豕韦氏"是殷周时代一支重要的氏族。《诗·商颂·长发》："韦顾既伐，昆吾夏桀。"《郑笺》："韦，豕韦，彭姓也。"失

仲属"豕韦氏",以"豕"为"图腾","日名"为"戊",合称"二戊豕"。

[十二] **失仲卜曰:"我其杀之?我其已,勿杀?"勿杀是吉**:"我其杀之","我其已,勿杀",是一正一反两条命辞,与殷墟甲骨对贞卜辞格式一致。正的命辞是"我其杀之",即失仲将杀死儿子;反的命辞是"我其已,勿杀",即失仲更改想法,不去杀死儿子。宾组卜辞有"已"或"勿已""毋已"等语,"已"通"改",有"更改"的意思。

[十三] **失仲违卜**:违卜,也见于《书·盘庚》和《大诰》,表示违反占卜中的神明指示。

[十四] **说于围伐失仲**:于,《诗·周南·桃夭》"之子于归",毛传:"往也。"围,一说指地名或殷商王畿内的异姓诸侯。《诗·商颂·长发》:"韦顾既伐,昆吾夏桀。"《郑笺》:"韦,豕韦,彭姓也。顾、昆吾皆己姓也。三国党于桀恶,汤先伐韦、顾,克之。昆吾、夏桀则同时诛也。"

[十五] **一豕乃觏保以逝**:觏,整理者认为可通"旋"。一说通"还",回,退。一说通"涣",离也。一说通"穿"。逝,离去。保,自保。一说通"堡"。一豕乃觏保以逝,大意是说一豕乃不战而后退,为了自保(或者是穿透城堡)而逃走。

[十六] **乃遬,邑人皆从**:遬,出土文献常用作"散",散灭。从,服从。

[十七] **一豕坒仲之自行**:坒,通"脱",脱离。之,相当于"而",表示前后动作的顺承。自行,这里指自己逃跑。

[十八] **是为赦俘之戎**:赦俘,可能指某边地的地名或民族名。戎,古代多指西部少数民族。

[十九] **其惟说邑,在北海之州,是惟鼏土**:鼏,通"圜",圜土。《墨子·尚贤下》:"昔者傅说居北海之洲,圜土之上。"《说命》孔传:"傅氏之岩在虞、虢之界,通道所经,有涧水坏道,常使胥靡刑人筑护此道,说贤而

隐。代胥靡筑之以供食。"

[二十]**说来，自从事于殷，王用命说为公**：《国语·楚语上》云："（武丁）得傅说以来，升以为公。"《墨子·尚贤中》："武丁得之，举以为三公，与接天下之政，治天下之民。"

《说命》（中）

说来自傅岩，在殷。武丁朝于门，入在宗[一]王䎽比厥梦，曰："汝来惟帝命。"[二]说曰："允若寺[三]。"武丁曰："弔！格，汝说，[四]圣戒[五]朕言，瀞[六]之于乃心。若金，用惟汝作砺。[七]故我先王灭夏，燮邳[八]，捷蠢邦[九]，惟庶相之力乘[十]，用孚自弑[十一]。敬之哉，启乃心，日沃朕心[十二]。若药，如不瞑眩，越疾罔瘳。[十三]朕畜汝，惟乃腹，非乃身。[十四]若天旱，汝作淫雨。[十五]若圉水，汝作舟。[十六]汝惟兹说，砥之于乃心。[十七]且天出不祥[十八]，不徂远[十九]，在厥落[二十]。汝克眂视四方，乃俯视地。[二十一]心毁惟备[二十二]，敬之哉，用惟多德。且惟口起戎出好[二十三]，惟干戈作疾[二十四]，惟衮载病[二十五]，惟干戈生[二十六]厥身。若诋不视，用伤。[二十七]吉不吉[二十八]，余告汝若寺，志之于乃心[二十九]。"

[一]**武丁朝于门，入在宗**：朝，朝见。《礼记·王制》："耆老皆朝于庠。"郑玄注："朝，犹会也。"宗，祖庙。

[二]**王䎽比厥梦，曰："汝来惟帝命。"** 䎽，从邍省，通"諑"，察度。比，比照。厥，代词，相当于"其""那个"。厥梦，指武丁曾梦见上天赐予他说命。惟，介词，相当于"由于""以"。一说是句中语气助词，无实义。

[三]**允若寺**：允，确实，的确。若，如同。寺，通"时"，《尚书》中常用"时"表示"是"，这里作宾语，指代前文所言的梦。清华简《尹至》

也有："汤曰：'汝告我夏隐率若寺（时）？'尹曰：'若寺（时）。'"用法相同。

〔四〕**弔！格，汝说**：弔，通假为《尚书》中常见的语气词"咨"。格，至、到。《尚书·舜典》有"格，汝舜""格，汝禹"。这里"格"与"来"同义，"格，汝说"是武丁召唤傅说的话。

〔五〕**圣戒**：圣，通"听"。戒，这里可能表示"以……为鉴戒"。

〔六〕**澓**：通假为"寘"，表置放义。与《逸周书·祭公》"维皇皇上帝，度其心，寘之明德"中"寘"意思相近。

〔七〕**若金，用惟汝作砺**：若，好比。金，上古汉语多指铜。本句也见于《国语·楚语上》，作"若金，用女作砺"，以下连续几句都是武丁的比拟。这句大意是：如果我是铜（做的兵器或刀具），就用你（傅说）作磨刀石。

〔八〕**燮弸**：燮，《诗·大雅·大明》："燮伐大商。"清代马瑞辰《毛诗传笺通释》读"燮"为"袭"。弸，"强"字的异体，这里可能指强敌。一说弸很可能就是甲骨金文中的国族名和地名弘。弘，因为是国族名或地名，所以后来加上邑旁。

〔九〕**捷蠢邦**：捷，通"剪"，剪灭。商西周时期文献常见一种定中结构的名词性短语"蠢某"，"蠢"一般表示蠢动、动乱的意思。

〔十〕**惟庶相之力乘**：惟，句首语气词。一说相当于"有"。庶相，众臣。乘，通"胜"。全句大意是：依靠众臣的力量得胜。

〔十一〕**用孚自钰**：用，相当于"以"。孚，楚帛书"使孚奠四极"和《上博（七）·吴命》6号简"宁心孚忧"，孚有"安定"一类的意思。钰，通"迩"。结合上句，大意是说：依靠众臣之力取得胜利，因而自近及远得以安定。

〔十二〕**启乃心，日沃朕心**：沃，浇灌，肥美。本句在《国语·楚语上》作"启乃心，沃朕心"，大意是：敞开你的心扉，灌溉我的心田。

[十三] **若药，如不瞑眩，越疾罔瘳**：若，好比。瞑眩，眼睛昏花。越，句首助词，一说是指示代词。罔，不。瘳，病愈。《楚语上》作"若药不瞑眩，厥疾不瘳"，大意是说：如果药物不让眼睛昏花，疾病就不会痊愈。

[十四] **朕畜汝，惟乃腹，非乃身**：畜，蓄养。腹，内心。《左传·宣公十二年》"敢布腹心，君实图之"。一说"非"可通"肺"，与前文连读为"腑肺"，表意动用法。"腑肺乃身"意思是：以你的身体作为（我的）心腹。

[十五] **若天旱，汝作淫雨**：若，好比。淫雨，久雨。这句仍然是比拟句，意思是：如果天旱，你就充当久雨。

[十六] **若圛水，汝作舟**：若，好比。圛，《芮良夫毖》也出现两次，用作"满"，一说此处可通"漫"。

[十七] **汝惟兹说，砥之于乃心**：惟，思考。《尔雅·释诂》："惟，思也。"兹，指示代词，相当于"此"。说，言说，意思。砥，通"厎"。《尔雅·释诂》："止也。"一说通"祇"，庄敬。

[十八] **且天出不祥**：且，相当于"若"，如若。不祥，不祥之祸或灾难。

[十九] **不徂远**：徂，相当于"及"。不徂远，不及、不至远方。

[二十] **在厥落**：厥，指示代词。落，始。

[二十一] **汝克睍视四方，乃俯视地**：睍，通"宣"，遍。整句文意难解，待考。

[二十二] **心毁惟備**：毁，减损。備，满。大意是说不谦虚招致毁灭。

[二十三] **且惟口起戎出好**：以下几句，《礼记·缁衣》引《说命》作："惟口起羞，惟甲胄起兵，惟衣裳在笥，惟干戈省厥躬。"《墨子·尚同中》："是以先王之书《术令》之道曰：'惟口出好兴戎。'"孙诒让认为《术令》

即《说命》。戎，这里指争斗。好，一说读为"羞"。《缁衣》郑注："羞，犹辱也。……惟口起辱，当慎言语也。"

［二十四］**惟干戈作疾**：干戈，兵器，这里指争端。作，产生。

［二十五］**惟衮载病**：衮，一说是"衣"字特殊写法；一说即"哀"字异体。载，生，成。

［二十六］**生**：通"眚"，灾、害。

［二十七］**若诋不视，用伤**：若，假如。诋，一说通"氐"，意思是"踢""践履"。用，承接连词，相当于"乃"。与伪古文《说命》"若跣弗视地，厥足用伤"意思接近，大意是：如果走路不看脚底，则容易受伤。

［二十八］**吉不吉**：整理者解释为"吉事反成不吉"。

［二十九］**余告汝若寺，志之于乃心**：寺，通"时"，指示代词，指代上面的道理。志，识记、记住。

《说命》（下）

……[一]员，经德配天[二]，余罔有敢言[三]，小臣罔念在朕服[四]。余惟命汝说矗朕命[五]，余柔远能逐[六]，以益视事[七]，弼永延[八]，作余一人[九]。

王曰："说，眔亦暬乃服[十]，勿易俾越[十一]。如飞雀罔畏觏[十二]，不惟鹰[十三]。唯乃弗虞民[十四]，厥其祸亦罗于罶罧[十五]。"

王曰："说，汝毋瘅曰：'余克高于朕辟'[十六]，其又迺司四方民丕克明[十七]，汝惟有万寿在乃政[十八]。汝亦惟克显天[十九]，恫瘝小民[二十]，中乃罚[二十一]，汝亦惟有万福业业在乃服[二十二]。"

王曰："说，昼如视日，夜如视辰[二十三]，寺罔非乃载[二十四]。敬之哉！若贾，汝毋非货如截石[二十五]。"

王曰："说，余既识劼毖汝^[二十六]，使若玉冰，上下罔不我仪^[二十七]。"

王曰："说，昔在大戊^[二十八]，克渗五祀^[二十九]，天章之用九德^[三十]，弗易^[三十一]百姓。惟寺大戊盍曰^[三十二]：'余不克辟万民^[三十三]。余罔紑天休^[三十四]，式惟三德赐我^[三十五]，吾乃敷^[三十六]之于百姓。余惟弗迷天之殿命^[三十七]。'"

王曰："说，毋独乃心^[三十八]，敷之于朕政，欲汝其友勅朕命哉^[三十九]。"

[一] ……：篇首一支简缺失。整理者推测可能记述武丁不言之事，即《书·无逸》"其在高宗时，旧劳于外，爰暨小人，作其即位，乃或亮阴，三年不言"。

[二] **经德配天**：经，常，经常。经德，见于《尚书·酒诰》和金文。配天，见于《尚书·多士》《君奭》和西周金文多处。"经德配天"是《周书》和西周金文中常见的说法，一般认为是典型的周人思想。

[三] **余罔有斁言**：余，我。罔，无，没有。斁，厌恶，厌倦。《诗·周南·葛覃》："服之无斁。"郑玄笺："斁，厌也。"一说斁有"败"的意思。《书·吕刑》"敬忌罔有择言在身"，表示同意。

[四] **小臣罔夋在朕服**：夋，整理者认为可通"俊"或"骏"。《尔雅·释诂》："骏，长也。"《书·文侯之命》有"罔或耇寿俊在厥服"。一说可通"褒"，有轻慢的意思。服，职事。

[五] **余惟命汝说蠠朕命**：蠠，整理者认为可通"融"。《释名》："明也。"即武丁希望傅说明白自己天命在身，有使命。

[六] **余柔远能逐**：逐，楚简一些所谓的"逐"字当释为"迩"^①，柔远能迩，见于《书·舜典》及大克鼎等西周金文，即安抚笼络远近的人而使之归附。

---

① 邬可晶：《释上博楚简中的所谓"逐"字》，载中国社会科学院简帛中心等主编《简帛研究2012》，广西师范大学出版社，2014。

［七］**以益视事**：益，助益。视事，治理政事。《左传·襄公二十五年》："崔子称疾，不视事。"

［八］**弼永延**：弼，辅助。永延，整理者认为指王祚长久。

［九］**作余一人**：作，通"助"。考虑到已发表的清华简皆不用"作"表示"助"这个词，一说"作"可通"胥"，相助的意思。余一人，也作"予一人"，见于《尚书》和金文，一般认为是君主的谦称。

［十］**罙亦睯乃服**：罙，通"怀"，眷念，忧思。睯，通"祗"，敬，祗敬。服，职事。"罙亦睯乃服"即说希望傅说忧悯而且祗敬他的职事。

［十一］**勿易俾越**：易，通"傷"，慢易，轻慢。俾，使。越，失坠。

［十二］**如飞雀罔畏覹**：罔，不。覹，一说可通"罗"，罗网。

［十三］**不惟鹰**：惟，思考，顾虑。意思是：（飞鸟）不注意不顾忌鹰隼。

［十四］**弗虞民**：虞，忧虑。弗虞民，不为民担忧。

［十五］**厥其祸亦罗于罟罾**：厥，一说可通"越"，相当于"遂"，表示因果关系连词。罟罾：两字皆表示网名。

［十六］**汝毋瘖曰："余克言于朕辟"**：瘖，通"遑"。《尚书·无逸》有"无皇曰"，"无皇曰"相当于"无得曰""不能说"。言，《说文》："献也。"辟，君王。周初青铜器克盉和克罍有铭文"惟乃明乃心，言于乃辟"，和《说命》这里的意思相似。

［十七］**其又迺司四方民丕克明**：迺，同"乃"。又迺，即"又乃"，意同"又且"。司，司牧，管理。四方民，四方的百姓，也见于《书·康诰》《洛诰》和《召诰》。丕，大。克，能。明，明察。

［十八］**汝惟有万寿在乃政**：万寿，见于《诗经》和西周金文，一般指君王长寿。整句的意思是：君王想要国祚长久，还是要看为政的成败得失。

［十九］**汝亦惟克显天**：《书·康诰》："矧曰其尚显闻于天。"《多士》：

"诞罔显于天。"

[二十] **恫瘝小民**：痛惜爱护小民。《书·康诰》有"恫瘝乃身"。

[二十一] **中乃罚**：中，公正。《书·立政》有"兹式有慎，以列用中罚"，西周牧簋也有"毋敢不明不中不刑"。

[二十二] **汝亦惟有万福业业在乃服**：业，可通"蔼"。"蔼蔼"见于《诗·大雅·卷阿》"蔼蔼王多吉士"，表示盛多的意思。服，职事。此句与前文"汝惟有万寿在乃政"句式相同。

[二十三] **昼如视日，夜如视辰**：如，助动词，相当于"当"。日，太阳。辰，北辰，北极星。清华简《周公之琴舞》也有相似意思的"昼之在视日，夜之在视辰"。古人行政事大多按照天象的变化来划分时间段。《国语·鲁语下》对天子、诸侯、卿大夫和庶人不同时间段的政事安排有如下记载：

> 是故天子大采朝日，与三公、九卿祖识地德；日中考政，与百官之政事，师尹维旅、牧、相宣序民事；少采夕月，与大史、司载纠虔天刑；日入监九御，使洁奉禘、郊之粢盛，而后即安。诸侯朝修天子之业命，昼考其国职，夕省其典刑，夜儆百工，使无慆淫，而后即安。卿大夫朝考其职，昼讲其庶政，夕序其业，夜庀其家事，而后即安。士朝受业，昼而讲贯，夕而习复，夜而计过无憾，而后即安。自庶人以下，明而动，晦而休，无日以怠。

此外，《考工记·匠人》也有"昼参诸日中之景，夜考之极星，以正朝夕"。大意是：白天就按照太阳的提示，夜晚按照星辰等天象的提示，在不同时段做不同的政事。

[二十四] **寺罔非乃载**：寺，通"是"，代词。罔非，无不。乃，你。载，事。整句大意是武丁提醒傅说"上面这些都是你的职守"。

［二十五］**若贾，汝毋非货如甙石**：难解阙疑。

［二十六］**既訳劼毖汝**：訳，通"諟"，正，端正。劼毖，诰戒。也见于《书·酒诰》"汝劼毖殷献臣"。

［二十七］**使若玉冰，上下罔不我仪**：玉冰，以玉和冰比况美好的德行，与后世的成语"冰清玉洁"词义相似。上下，地位在上在下者。仪，效法。《诗·大雅·文王》："仪型文王，万邦作孚。"罔不我仪，没有不以我为榜样的。

［二十八］**昔在大戊**：商代先王，相传是贤明君主。

［二十九］**克灊五祀**：灊，通"慎"。五祀，一说指"五年"。《尚书》涉及商代史事，多称五祀、五年，如《多方》"天惟五年须暇之子孙，诞作民主，罔可念听""非天弃殷，天以五年宽暇汤之子"。《傅说之命》所谓大戊"克慎五祀"可能泛指大戊多年保持谦慎的态度。

［三十］**天章之用九德**：章，通"彰"，彰显，显明。九德，见于《尚书·皋陶谟》"亦行有九德""九德咸事"，即皋陶所云"宽而栗，柔而立，愿而恭，乱而敬，扰而毅，直而温，简而廉，刚而塞，强而义"。

［三十一］**易**：通"傷"，慢易，轻慢。

［三十二］**惟寺大戊盍曰**：盍，整理者读作"谦"，一说通"盖"。

［三十三］**余不克辟万民**：不，通"丕"，大。辟，治理。

［三十四］**余罔絑天休**：絑，通"坠"，失。天休，天所降的休命。也见于《书·君奭》"天休兹至，惟时二人弗戡"，《逸周书·商誓》"克承天休，于我有周"，战国中山王鼎"天降休命于我邦"。

［三十五］**式惟三德赐我**：式，句首发语词。三德，见《书·皋陶谟》《洪范》《吕刑》。

［三十六］**敷**：广布。

［三十七］**余惟弗迸天之嘏命**：惟，思考，思虑。迸，通"恭"，恭敬。

嘏，《尔雅·释诂》："大也。"

　　［三十八］**毋独乃心**：大意是告诫傅说不能只独自明白上述的告诫。

　　［三十九］**敷之于朕政，欲汝其友勖朕命哉**：敷，广布。友，同僚。勖，谨慎，勉力。本句大意是希望傅说广布（武丁的）善政，使得他的同僚也能勉力为王命而奋斗。整句与前句"毋独乃心"相连，前句言外之意是希望傅说要宣传广布武丁的善政。

参考文献：

［1］李学勤：《论清华简〈说命〉中的卜辞》，《华夏文化论坛》2012 年第 2 期。

［2］李锐：《清华简〈傅说之命〉研究》，《深圳大学学报（人文社会科学版）》2013 年第 6 期。

［3］程薇：《传世古文尚书〈说命〉篇重申——以清华简〈傅说之命〉为中心》，《中原文化研究》2015 年第 1 期。

［4］虞万里：《清华简〈说命〉"鹃肩女惟"疏解》，《文史哲》2015 年第 1 期。

［5］沈培：《谈谈清华简〈傅说之命〉和传世文献相互对照的几个"若"字句》，载《简帛》（第 10 辑），上海古籍出版社，2015。

［6］赵平安：《清华简〈说命〉"燮"考》，载李宗焜主编《古文字与古代史》第 4 辑，"中央研究院"历史语言研究所出版品编辑委员会，2015。

［7］陈剑：《清华简与〈尚书〉字词合证零札》，载清华大学出土文献研究与保护中心编《出土文献与中国古代文明——李学勤先生八十寿诞纪念论文集》，中西书局，2016。

［8］黄杰：《读清华简（三）〈说命〉笔记》，简帛网，2013 年 1 月 9 日。

［9］王宁：《读清华三〈说命〉散劄》，简帛网，2013 年 1 月 8 日。

［10］曹定云：《清华简〈说命上〉"二戊豕"解——兼论〈说命〉的真实性与传抄时代》，《中原文化研究》2019 年第 2 期。

六、箕子所传天人大法——《洪范》的思想和成立时代

时至今日，无论是人文社会科学还是自然科学，常常使用"范畴"这个词。表面上看，这是对英文"category"一词的翻译。但当初在翻译的时候，近代的翻译家一开始就发现汉语中没有可与"category"直接对应的词，反复思量后，从《尚书·洪范》中取"洪范九畴"的缩写"范畴"作为这个词的中文译称。由此可见，《洪范》篇在传统读书人心中被熟知的程度。

按照传统的说法，《洪范》是商末周初箕子所传的天人大法。篇中所谓"洪范九畴"，简单地讲，即君王治理天下的九类根本大法。《洪范》篇所蕴含的以"皇极"为核心的政治哲学对中国历代王朝的统治产生了深远的影响。① 然而近代以来，《洪范》篇的成文时代和思想史价值却遭到了质疑。学界的看法也一波三折，经历了从怀疑再到重新重视的曲折历程。其中的转折点，源于 20 世纪以来一些重要的出土文献新发现。

---

① 对《洪范》篇政治哲学的详细诠释，参见丁四新：《论〈尚书·洪范〉的政治哲学及其在汉宋的诠释》，《广西大学学报（哲学社会科学版）》2015 年第 2 期；《再论〈尚书·洪范〉的政治哲学——以五行畴和皇极畴为中心》，《中山大学学报（社会科学版）》2017 年第 2 期。

（一）《洪范》作者和成文时代的旧说

《书序》记载：

> 武王胜殷杀受（纣），立武庚，以箕子归，作《洪范》。

唐代孔颖达等人所作《尚书正义》对此解释道：

> 武王伐殷，既胜，杀受，立其子武庚为殷后。以箕子归镐京，访以天道，箕子为陈天地之大法，叙述其事，作《洪范》。

在传统学术史上，虽有宋朝苏轼等人提出《洪范》文本可能存在错简，但及至近代也未见质疑《书序》对《洪范》成文背景的说法。真正深入探究《洪范》的时代，始于民国时期的"古史辨"运动，重新认识并反思原有认识则始于 21 世纪。以下以豳公盨铭文的发布时间为界，回顾学界的各种说法。

王国维在《古史新证》中没有具体论述，只是主张《洪范》是"当时"所作，"当时"自然是指篇首所说的周初。① 郭沫若在 20 世纪 30 年代发表的《先秦天道观之进展》中却认为"《洪范》那篇文章其实是子思氏之儒所作的，其出世的时期在《墨子》之后和《吕氏春秋》之前"。证据之一是《洪范》出现了五行说，而《荀子·非十二子》曾言五行之说最初是"子思唱之，孟轲和之"；之二是他认为《洪范》的核心思想是中正为极，这与《中庸》思想相一致。② 实际上思孟学派提倡的五行说是指仁、义、礼、智、圣五种德行，而非金、木、水、火、土，这已经被长沙马王堆帛书《五行》篇

---

① 王国维：《古史新证：王国维最后的讲义》，第 3 页。
② 郭沫若：《先秦天道观之进展》，载《郭沫若全集·历史编》（第 1 卷），第 323 页。

所证明。①

　　刘节早年曾参与"古史辨"运动，发表于1928年的《洪范疏证》一文从多个方面论证《洪范》晚出。其一，武王克商在十二年，随后释放被商纣王囚禁的箕子，箕子前往朝鲜。而《洪范》篇首言"惟十有三祀，王访于箕子"，朝鲜离镐京数千里之远，箕子怎么可能在一年之内往返。其二，阴阳五行之说起源于战国，兴盛于两汉，《洪范》与汉初伏生所作的《五行传》出自一派之手。其三，《荀子·非十二子》曾批评五行之说是"往旧造说"，如果以《洪范》五行为"往旧造说"，孔子不可能将《洪范》载入《尚书》，因此《洪范》不会早于荀子的时代。其四，"五事"部分的"肃""乂""哲""谋""圣"出自《诗经·小雅·小旻》。其五，"八政"是作者隐括《礼记·王制》。其六，"王省惟岁"一节押韵特点有战国特征，不符合《诗经》音系的特征。而且，据《诗经·小雅·节南山》师尹本来处在三公之列，《洪范》却置于卿士之下。其七，"无偏无颇"一节，可能是春秋战国间颇为流行之诗。其八，《洪范》所言的占卜五法与罗振玉《殷墟书契考释》揭示的商代卜法不符。其九，在春秋之前，"皇"这个词还没有训为王和君的用例。刘氏最终的结论是《洪范》的著成时代"当在秦统一中国以前，战国之末"。②

　　屈万里于1960年出版的《尚书释义》中继承并修正了郭沫若和刘节的观点，主张《洪范》作者未必就是子思，成文时代当在邹衍之前，约在战国初年。徐复观随后所作《〈洪范〉的成立时代及其中的五行问题》回应并否定了刘节和屈万里的不少论点。③ 其说较为关键的有以下几个方面：

---

　　① 李学勤：《帛书〈五行〉与〈尚书·洪范〉》，《学术月刊》1986年第11期；廖名春：《思孟五行说新解》，《哲学研究》1994年第11期。
　　② 刘节：《洪范疏证》，载《古史考存》，人民出版社，1958，第1-15页。
　　③ 徐复观：《〈洪范〉的成立时代及其中的五行问题》，载徐复观《中国思想史论集续编》，上海书店出版社，2004，第28-40页。

（一）

至于肃、乂、哲、谋、圣，在《洪范》乃是作为恭、从、明、聪、容的效果，在《小旻》则是指一国之中，有各种成就不同的人。所以《小旻》诗的五句话，只有五个名词与《洪范》相同，而五个名词在两方面所代表的地位，完全不相对称，因之，这是无法抄袭，也无从发展的。并且这类的论证方法，乃是"辘轳式"的论证方法，即是这种方法可以两边移动，同时可以运用作任何一方在先，任何一方在后的证据，所以这是最无价值的论证方法。且在此处说，毋宁以《小旻》系受《洪范》的影响，更为自然而合理。

（二）

江有诰《群经韵读·凡例》……他对刘氏所举的一段《洪范》，其韵读如下："岁日月时无易，百谷用成。乂用'明'，俊民用'章'，家用平'康'（阳部）。日月岁时既易，百谷用不'成'，乂用昏不'明'（叶音鸣），俊民用微，家用不'宁'（耕阳通韵）。"由江氏之韵读，以与刘氏所说"此章成、明、章、康、宁为韵"的说法相比较，即不难发现刘氏对此段用韵观念的混乱。……综上所述，可知刘氏以"成""明"相协，乃"战国时协韵之通例"之说，全无根据。则由《洪范》尚难论定之"成""明""宁"之协韵，以断定其为战国之书，全是无稽之谈。今人好采用此类方法以论断古典成书时代之风气颇盛，未免把一点点古韵知识，过分加以神化了。

（三）

屈先生以为本篇又云，"王省惟岁，卿士惟月，师尹惟日"，"师尹地位在卿士之下，与《诗经》及早期金文皆不合，可知本篇非西周时之作品"。按此亦承刘节之说。……《节南山》的师尹乃"尹氏大师"的约称，与《洪范》之所谓"师尹"性质根本不同。……又据《尚书·顾命》……百尹乃在师氏虎臣之次，则其地位当然在卿士之下。……又《国语·鲁语下》"是故天子大采朝日，与三公九卿，祖识地德。日中考政，与百官之政事师尹，惟旅牧相，宣序民事"。……则师尹本在三公九卿之下，彰彰明甚。所以西周"师尹"一辞，只能有两种解释：一种是韦氏引"王君云，师尹，大夫官也"，此与《顾命》相合；另一种即《洪范》孔传"众正官之吏"。不论哪一种解释，它的地位皆在卿士之下，《洪范》把它列在卿士之下，正可以证明其为殷周官制，何以能反转来证明《洪范》是战国时的作品呢？

（四）

屈先生根据"《荀子·非十二子》篇，以为五行之说乃子思所倡。……就荀子之说推之，本篇如不成于子思之手，则当成于子思之徒"。屈先生此说亦出于刘氏，而刘氏则系援章太炎之《子思孟轲五行说》以立论。……屈先生根据《荀子·非十二子》篇对子思的说法，而能断定《洪范》为子思或子思之徒所造，则直接说"案往旧造说，谓之五行"的荀子，当然更知道《洪范》为子思或子思之徒所造。荀子既知道子思或子思之徒，伪造《洪范》的底细，他又是不相信五行之人，但他何以在《修身》《天论》两篇中，两引《洪范》"无有作好"的四句，而偏偏称之为"《书》曰"，这岂非是一件很可怪的事情？

……

《洪范》之五行与邹衍以后之五行，有本质上的不同，不仅是"约而不侈"。夏禹在治水后，急于重建民生，因而在政治上特重视六府或五行的设施，故箕子所传承的《洪范》首先将其提出，是可以相信的。而《洪范》之传自箕子，也是可以相信的。

应当说，徐复观的质疑是较为有力的，只是徐说破多而立少。① 约20年后，金景芳先生在《西周在哲学上的两大贡献——〈周易〉阴阳说和〈洪范〉五行说》一文中明确主张《洪范》是西周的作品是不容怀疑的，主要证据有二：第一，春秋战国时期的作品如《左传》《墨子》《吕氏春秋》《荀子》《韩非子》等书都曾引用过《洪范》的词句。第二，《诗经·小雅·小旻》引了《洪范》"五事"，《吕刑》则引用了"三德"。② 刘起釪一方面根据《左传》等书多次引《洪范》称之为"《商书》"，也认同箕子作《洪范》的说法，同时推测箕子初作原文仅有"九畴"部分，篇首周武王访箕子一段当是后人所加。另一方面，从思想观念的时代着手，认为《洪范》是在唯心主义神学观指导下宣扬的神权政治论，反映的是商代奴隶社会的政治思想。③ 刘起釪虽然主张"九畴"部分底本作于商代，但是《洪范》原稿可能由商代传至周代，经过了多次加工，最终在春秋时期写定。如其中的五行小节，可能是春秋时期人所加。④

杜勇则认为《洪范》的主体思想并非宣扬上帝意志的神权政治论，强调的是人君以修身立道为治国之本。这些思想当不会晚于孔孟时代。"八政"中"食货"排在首位，也符合春秋时期政治风尚。五行相胜和相生说的形成不会晚于春秋晚期，而《洪范》的五行说不含主从和生克关系，属于较早的朴素五行说。《洪范》和《诗经·小雅·小旻》虽然都出现了"圣""哲""谋""肃""艾"，但是《洪范》所述更像是对诗义的引申，而不用原义。《墨子·兼爱下》引《周诗》（即《周书》）"王道荡荡，不偏不党，王道平

---

① 徐文发表后，二人再次各自发文予以回应。参见屈万里：《对于"与五行有关的文献"之解释问题敬答徐复观先生》，载《屈万里先生文存》（第一册）；徐复观：《由〈尚书〉〈甘誓〉〈洪范〉诸篇的考证，看有关治学的方法和态度问题——敬答屈万里先生》，载《中国人性论史·先秦篇》。

② 金景芳：《西周在哲学上的两大贡献——〈周易〉阴阳说和〈洪范〉五行说》，《哲学研究》1979年第6期。

③④ 刘起釪：《〈洪范〉成书时代考》，《中国社会科学》1980年第3期。修订后载刘起釪：《古史序辨》，中国社会科学出版社，1991，第303－336页。

平，不党不偏。其直若矢，其易若底，君子之所履，小人之所视力"，前四句见于《洪范》，后四句见于《诗经·小雅·大东》。《洪范》有抽象色彩的"道"当是从"其直若矢"的"周道"抽象而来，因此《洪范》是对《大东》的袭用。据《诗序》，《大东》是刺幽王的诗，成文于春秋初年，那么《洪范》的成文时代必然在后，且不会早于春秋中叶。① 杜说的论证方式存在一定认知偏差，《洪范》与《小旻》不一定为线形的袭用关系，完全可能有着共同的来源。

概言之，上述学术史上的《洪范》文本断代研究，大体不外乎下面几个争论的焦点：

第一，主要思想是神治为主还是德治为主，抑或是兼而有之。第二，五行内容，是原始五行还是受阴阳五行家影响下的五行。第三，与《诗经》里《小旻》《大东》等篇的因袭关系。第四，《墨子·兼爱》引作《周诗》与《洪范》的关系。第五，语言文字符合哪一时期的特点。第六，卜筮方法体现的时代特点。第七，先秦文献对《洪范》的称引所反映出的断代讯息。②

在未见新材料，或者没有新的理论与方法指引下，上述争议性问题很难得到解决，《洪范》文本的年代问题研究也很难再推进。

（二）新材料和新方法带来的新认识

于省吾先生于1934年出版的《双剑誃尚书新证》中认为《洪范》"强弗友刚克，燮友柔克，沉潜刚克，高明柔克"几句与西周沈子它簋铭文"吾

---

① 杜勇：《〈洪范〉制作年代新探》，《人文杂志》1995年第3期。
② 张华：《〈洪范〉与先秦思想研究》，中国社会科学出版社，2014，第34－35页。

考克渊克"文意相近。于书认为《洪范》"乃晚周人所作，绝非西周之文，此数语颇古质，当系杂采旧籍而成"，其他如"王乃言曰""箕子乃言曰""鲧则殛死，禹乃嗣兴，天乃锡禹""五者来备，各以其叙，庶草蕃庑""岁月日时无易""岁时既易，日月之行，则有冬有夏；月之从星，则以风雨"等句的句法不古。"俊民用章，家用平康"则是袭用《尧典》"平章百姓"。"是训是行，以近天子之光。曰天子作民父母，以为天下王""是之谓大同，身其康强，子孙其逢"两句都押韵，而且杂采了黄老之言。① 大概是受到同时代"古史辨"思潮的影响，于说虽然揭示《洪范》其中个别语句的思想有西周背景，但是仍然信从当时流行的《洪范》成书战国说。

1986 年，李学勤先生发表了《帛书〈五行〉与〈尚书·洪范〉》，虽然不是专论《洪范》的文本时代问题，但文中针对刘节和屈万里等人所主张的"王省惟岁"一节师尹之职在卿士之下不合于早期史实的问题，特别指出：

> 金文有卿士、师尹并列的，有叔多父盘，系西周晚期器，铭云"利于辟王、卿事、师尹"，恰与《洪范》相合。这证明《洪范》肯定是西周时期的文字。②

在 1992 年出版的《周易经传溯源》有一节《〈洪范〉卜筮考》，文中指出《洪范》五行的次序合乎西周人讲五行的习惯，《洪范》的卜筮之法也合乎西周旧制。从春秋战国文献征引《洪范》加以推阐引申的情形，可推测《洪范》绝不是晚出的作品，年代应在西周。此外，《小旻》"旻天疾威"的语句类似西周金文，诗中"圣""哲""谋""肃""艾"的观念和《洪范》

---

① 于省吾：《双剑誃尚书新证》，北平大业书局，1934，第 31 页。引自于省吾：《双剑誃群经新证　双剑誃诸子新证》，上海书店出版社，1999，第 78 页。

② 李学勤：《帛书〈五行〉与〈尚书·洪范〉》，《学术月刊》1986 年第 11 期。李学勤后来在发表的《叔多父盘与〈洪范〉》一文中主张"《洪范》为西周作品是完全可能的"，参见李学勤：《叔多父盘与〈洪范〉》，载饶宗颐主编《华学》（第 5 辑），中山大学出版社，2001，第 110 页。

“恭作肃，从作乂，明作哲，聪作谋，睿作圣”存在关联，可以认为这些都是西周人习用的辞语。①

1996年，美国汉学家夏含夷曾运用历史语言学的方法，尝试给今文《尚书》各篇断代。他借助“西周金文在‘以’之后基本上都接名词，东周金文在‘以’之后却多接动词”“连词‘及’仅见于东周金文中”“西周金文中，第三人称所有格代词主要是‘厥’，‘其’平常用作助动词，偶尔也可以用作代词，但是远不如东周金文中用作代词那么普遍”等几则具有时代性的语法特征，给十八篇《周书》断代，初步结果是东周时代的语言特征多见于《洪范》《金縢》《吕刑》和《秦誓》四篇。②

2002年春，北京保利艺术博物馆在海外文物市场发现并购藏了一件非常重要的西周青铜重器，一般称为豳公盨，器物的时代属于西周中期，铭文的内容以道德教训为主。此盨铭文中含有关于大禹治水的内容，且其文体与《尚书》相似，涉及相关文献的传抄和形成年代以及上古历史的认识问题，所以尤为学界所重视。此器铭辞古奥，有学者指出该篇铭文的开头与《尚书》类古书中典、谟类（掌故类）相似，以历史掌故开篇，但铭文主题以道德教训为主，近于训、诰、箴、戒。③ 甚至有学者径直认为整篇铭文可视为《尚书》中的“诰”体。④ 为叙述方便，先录铭文于此：

天令禹尃土、隓山、濬川，廼𪎕方、埶征，降民，监德；廼自作配，鄉民；成父母，生我王，作臣。氒顯唯德，民好明德，顧在天下。用氒邵好，益□懿德，康亡不懋，老友愠明，巠齐好祀，无䫉心。好

① 李学勤：《周易经传溯源》，长春出版社，1992，第15－27页。

② 夏含夷：《略论今文〈尚书〉周书各篇的著作时代》，载夏含夷：《古史异观》，第320－326页。

③ 李零：《论燹公盨发现的意义》，《中国历史文物》2002年第6期。

④ 陈英杰：《燹公盨铭文再考》，《语言科学》2008年第1期，第73－74页。

德，闻遘亦唯协，天螯用考，神复用媵禄，永孚于宁。豳公曰：民唯克用兹德，亡诲。①

　　豳公盨铭文刊布后，裘锡圭先生发表专文考释铭文。② 铭文中有"廼畴方、设正，降民，监德"一句，裘文认为"畴方"即"以天锡禹洪范九畴的传说为背景"而书写的。紧随的"设正"，裘文认为"正"是正长之"正"，实为掌管五行之官。《左传·昭公二十九年》记载史官蔡墨的话"物物有其官，官修其方"就是在说万物各依其类，分属五行之官。五行之官称职与否，关系万物盛衰。《国语·楚语下》也说五行之官是"天地神民类物之官"。《洪范》九畴第一畴就是五行，可见五行在当时人心目中的重要性，裘文将"畴方"之后的"设正"解释为设立五行之官正，也显得合理。"卿民"的"卿"当读为《洪范》"向用五福"的"向"，有导向，使民向望的意思。"成父母，生我王"，意思是天为下民生王，作民之父母。与《洪范》"天子作民父母，以为天下王"的政治理念完全相同。"民好明德""好德婚媾"也与《洪范》第五畴"皇极"一节的"予攸好德"立意相近。鉴于上述解读，裘文临尾总结道：

　　　　豳公盨铭中的一些词语和思想需要以《洪范》为背景来加以理解。这说明在铸造此盨的时代（大概是恭、懿、孝时期），《洪范》已是人们所熟悉的经典了。由此看来，《洪范》完全有可能在周初就已基本写定。③

---

　　① 此处用宽式释文，严式释文见本章附录。豳公盨铭文的释读史可参考陈英杰：《豳公盨铭文再考》，《语言科学》2008 年第 1 期；李零：《论豳公盨发现的意义》；李学勤：《豳公盨及其重要意义》，《中国历史文物》2002 年第 6 期；裘锡圭：《豳公盨铭文考释》，《中国历史文物》2002 年第 6 期。

　　② 裘锡圭：《豳公盨铭文考释》，《中国历史文物》2002 年第 6 期，第 13 – 27 页。

　　③ 同上，第 24 页。

而且，对于前人聚讼几个关键问题，裴文主张《洪范》以水、火、木、金、土为五行的内容应是原有的，并非出自春秋或战国时代人之手。《洪范》第二畴"五事"部分和《诗经·小雅·小旻》第五章之间的关系，应该是《小旻》袭《洪范》的可能性为最大。

裴文最后也承认豳公盨铭文也只是与《洪范》部分内容相关，还不足以判定《洪范》全篇的时代：

> 我们无法保证，在《洪范》与豳公盨铭无关的内容中，一定不会有后来羼入的东西；也不敢说我们对盨铭的释读不会有错误。所以对《洪范》的时代问题，还没有到下最后结论的时候。①

2013 年，丁四新先生发表了《近九十年〈尚书·洪范〉作者及著作时代考证与新证》，文章回顾剖析了刘节《洪范疏证》发表以来学术史上《洪范》成文时代的各种主要论点，肯定了《洪范》乃西周初年著作。丁文虽不完全认同裴文对豳公盨铭文的一些释读意见，但认为裴文揭示出豳公盨铭文与《洪范》的关系是可取的。从思想史的角度看，豳公盨铭文从臣民的角度，倡导"贵德""好德"的思想，以其作为赏罚的标准，这与《洪范》第五畴的思想完全一致。因而，裴文提出的西周初年说是可信的。文中回应了朱渊清"司寇"在金文还没有出现的说法，认为司徒和司空在西周既然已经存在，根据王官分工的原则，司寇也可能在周初已经出现，只是出土文献尚未发现。也回应了李峰所说西方汉学家认为《洪范》通俗易懂的看法，认为这是因为文本的传承过程中，出现了一些适应语言时代变化的改动。但从思想史的角度来看，《洪范》确实难懂。② 丁文发表后，李若晖予以了书面回

---

① 裘锡圭：《𧖴公盨铭文考释》，《中国历史文物》2002 年第 6 期，第 24 页。

② 丁四新：《近九十年〈尚书·洪范〉作者及著作时代考证与新证》，《中原文化研究》2013 年第 5 期。

应。他引述管制史和法制史研究的成果，认为司寇与司徒和司马并列，属于东周管制。李文补充了丁文未曾谈到的屈万里和徐复观再次论战中的观点，参考夏含夷的断代结论，认为目前诸说中，刘起釪所说《洪范》原稿由商代传至周、春秋前期已基本写定今本的说法较为平实可信，但也不否定今本有着更早的来源。其结论是：

> 就今本《洪范》来说，其写定时代当在春秋前期。但这一论断丝毫不排斥今本有着更早的来源，以及在西周时期流传着多种后世失传的异本，并且其中有的文本在西周初年乃至殷商时期即已书于竹帛。①

2015 年刊布的清华简第五册中有与《逸周书·命训》可对读的《命训》篇。《命训》篇与《洪范》一样，存在以数来依次叙述的模式，而且篇中出现了 19 次"极"字，特别是包含"命""福""祸""耻""穀""死伤"等"六极"的说法。季旭昇认为"六极"指君王的六种"权柄"，"极"的词义与《洪范》的"皇极"之"极"的词义相一致，表示"最高准则"。且"极"的这种用法只存在这两篇文献之中。季文回顾了屈万里和徐复观之争，认为《洪范》是西周初年的作品。由此推测，《命训》也是西周的作品。②

此外，也有学者参考西方古典学研究提出的"口头传统"和"书面作品"二分说，认为《洪范》九畴、五行、八政、五纪、三德、五极、六福等"以数为纪"的说法，呈现出典型的口头语言程式，因而《洪范》是典型的口头传统的作品。他主张口头传统占据绝对主导的时代是夏商时期，所以《洪范》"由单项内容的产生经口耳传诵到基本定型的过程"，一定处于

---

① 李若晖：《〈尚书·洪范〉时代补正》，《中原文化研究》2014 年第 1 期。
② 季旭昇：《谈〈洪范〉"皇极"与〈命训〉"六极"——兼谈〈逸周书·命训〉的著成》，载复旦大学出土文献与古文字中心、耶鲁—新加坡国立大学学院陈振传基金汉学研究委员会编：《出土文献与中国古典学》，中西书局，2018，第 135－152 页。

夏商时期。① 新近发表的《〈洪范〉"三德"章新释》只论"三德"一章的成文时代,认为"三德"章论述的贵族家族内部关系准则问题,"平康正直,强弗友刚克,燮友柔克;沉潜刚克,高明柔克"一节论述的是宗子辟处理以兄弟为代表的亲属成员关系的准则,"惟辟作福,惟辟作威,惟辟玉食,臣无有作福作威玉食;臣之有作福作威玉食,其害于而家、凶于而国。人用侧颇僻,民用僭忒"一节论述的是宗子辟与臣仆关系的准则。"三德"章的内容与甲骨卜辞所见商代后期宗族内部关系较为接近,因而这一章可能形成于商代后期之前。②

综合前人说法,以章节为单位来考察成文时代,《洪范》篇中某些章节如"五行""皇极"和"三德"等的内容有较早的来源。但是,某些章节的内容有古老的来源,不代表整篇的成文时代很早。如夏含夷所考察的,一些常用词的用法呈现东周的语言特征。因此,保守地估计,《洪范》最终的成文时代可能在春秋时期。

相较于前人的论证,我们还可以为《洪范》部分章节的古老来源做一些补正。篇首细数洪范九畴,说到"次二曰敬用五事"。"五事"一节内容如下:

> 五事:一曰貌,二曰言,三曰视,四曰听,五曰思。貌曰恭,言曰从,视曰明,听曰聪,思曰睿。恭作肃,从作乂,明作哲,聪作谋,睿作圣。

西周中晚期的青铜器铭文和《诗经》《尚书》的一些篇章中,在描述先祖的德行和行为时,经常强调一种观念——"威仪"。如叔向父禹簋铭文有

---

① 张怀通:《由"以数为纪"看〈洪范〉的性质与年代》,《东南文化》2006年第3期。
② 张怀通:《〈洪范〉"三德"章新释》,载彭林主编《中国经学》(第二十四辑),广西师范大学出版社,2019。

"肇帅型先文祖，恭明德，秉威仪用申恪奠保我邦、我家"。

《诗经·大雅·民劳》一般被认为作于周厉王时期，诗中也有"敬慎威仪，以近有德"的说法。这种观念一直持续到东周时期，《左传》中卫国的北宫文子曾对"威仪"有过详细的描述："君子在位可畏，施舍可爱，进退可度，周旋可则，容止可观，作事可法，德行可象，声气可乐，动作有文，言语有章，以临其下，谓之有威仪也。"

"威仪"表面上体现为容仪和言谈举止，实质上反映的却是贵族的精神气质面貌。如有学者所指出的，"威仪为精神气质与动容举止、言谈瞻视的集合，是内在之德的外在体现，显示出风范、仪度。"① 比较而言，西周时期"威仪"观的重心在于"明德"，此时的"德"尚未完全伦理化，主要指族群内部因应其生产方式、社会形态和意识形态等整体形成的一种族群传统与规范。② 而春秋时期之后的"威仪"观则偏于容仪等外在形式。③

《洪范》"五事"中至少"貌""言""视""听"都属于外在的"威仪"范畴，而背后的原则则是"敬用"，这恰恰与"敬慎威仪"的说法相一致。因此，《洪范》"五事"一段可能与西周晚期兴盛的"威仪"密切相关，如果此说能得到确证，那么"五事"一节的来源也是比较早的，至少是西周晚期社会思想的体现。

---

① 罗新慧：《周代威仪辨析》，《北京师范大学学报（社会科学版）》2017 年第 6 期，第 86 页。

② 王健文：《奉天承运：古代中国的"国家"概念及其正当性基础》，东大图书公司，1995，第 75 页。

③ 相关研究参见罗新慧：《周代威仪辨析》，《北京师范大学学报（社会科学版）》2017 年第 6 期；曹建墩：《两周社会崇尚威仪之风的兴衰及其观念之演进》，《中州学刊》2018 年第 11 期。

附录:《洪范》简释

惟十有三祀,王访于箕子。[一]王乃言曰:呜呼! 箕子。惟天阴骘下民,相协厥居,我不知其彝伦攸叙。[二]箕子乃言曰:我闻在昔,鲧堙洪水,汩陈其五行[三];帝乃震怒,不畀洪范九畴,彝伦攸斁[四]。鲧则殛死,禹乃嗣兴,天乃锡禹洪范九畴,彝伦攸叙[五]。初一曰五行,次二曰敬用五事[六],次三曰农用八政[七],次四曰协用五纪[八],次五曰建用皇极[九],次六曰乂用三德[十],次七曰明用稽疑[十一],次八曰念用庶征[十二],次九曰向用五福[十三],威用六极[十四]。

[一] **惟十有三祀,王访于箕子:** 惟,句首发语词。祀,年。西周铜器铭文中一般用"年",偶尔也有用"祀",如大盂鼎铭文篇末的"唯王廿又三祀"。十有三祀,周武王十三年。箕子,《史记·宋微子世家》:"箕子者,纣亲戚也。"裴骃《集解》引马融"箕,国名也。子,爵也",司马贞《索隐》又言:"司马彪曰'箕子名胥余'。马融、王肃以箕子为纣之诸父。服虔、杜预以为纣之庶兄。"

[二] **惟天阴骘下民,相协厥居,我不知其彝伦攸叙:** 阴,荫覆。骘,生也。马融注:"阴,覆也。骘,升也。升犹举也,举犹生也。"协,和也。

彝，常也。伦，理也。攸，所也。叙，先后次序。这句话在《史记·宋微子世家》作："武王曰：于乎。维天阴定下民，相和其居，我不知其常伦所序。"

［三］**我闻在昔，鲧堙洪水，汨陈其五行**：鲧，大禹之父。堙，堵塞。汨陈，混乱地施行。

［四］**帝乃震怒，不畀洪范九畴，彝伦攸斁**：畀，给予。洪范，大的规则。畴，种类，类别。斁，败坏。

［五］**鲧则殛死，禹乃嗣兴，天乃锡禹洪范九畴，彝伦攸叙**：则，相当于"既"。殛，诛杀。嗣，继承。锡，通"赐"。

［六］**初一曰五行，次二曰敬用五事**：敬，进也。《汉书·五行志》引作"羞"，颜师古注："进也。"

［七］**次三曰农用八政**：农，郑玄认为可通"醲"。《说文》："醲，厚酒也。"伪孔《传》注为"厚也"。《尔雅·释诂》："农，勉也。"《左传·襄公十三年》"小人农力以事其上"，表达的也是勉力之义。

［八］**次四曰协用五纪**：协用五纪，协和、共用五种记时之法。

［九］**次五曰建用皇极**：皇，一般解释为"君"，但是"皇"有"君主"义，是东周以后的用法。一说"皇"就是"大"的意思。极，准则。

［十］**次六曰乂用三德**：乂，通"嬖"，治理。

［十一］**次七曰明用稽疑**：明，辨明。稽，稽考。一说通"卟"，《说文》："卟，卜以问疑也。从口、卜。读与'稽'同。《书》云：'卟疑'。"

［十二］**次八曰念用庶征**：念，通"验"，验证。庶，多也。征，征兆。

［十三］**次九曰向用五福**：向，导向，使得向望。

［十四］**威用六极**：威，《史记·宋微子世家》和《汉书·五行志》《谷永传》引作"畏"。六极，六种惩罚。《汉书·谷永传》颜师古注："以六极畏罚之。"

一、五行：一曰水，二曰火，三曰木，四曰金，五曰土。水曰润下，火曰炎上，木曰曲直，金曰从革^[一]，土爰稼穑^[二]。润下作咸，炎上作苦，曲直作酸，从革作辛，稼穑作甘。^[三]

[一] **金曰从革**：金的形状可以因人的需要而被改变、变革。从，因也。革，更改。

[二] **土爰稼穑**：爰，《史记》引作"曰"。王肃注："种之曰稼，敛之曰穑。"

[三] **润下作咸，炎上作苦，曲直作酸，从革作辛，稼穑作甘**："润下作咸"以下述说五行的味道，各句主语分别是水、火、木、金与土。《宋世家》引述这段为"初一曰五行，二曰五事，三曰八政，四曰五纪，五曰皇极，六曰三德，七曰稽疑，八曰庶征，九曰向用五福，畏用六极"。此外，《经典释文》引马融说法："从'五行'已下至'六极'，《洛书》文也。"

二、五事：一曰貌，二曰言，三曰视，四曰听，五曰思。貌曰恭，言曰从，视曰明，听曰聪，思曰睿^[一]。恭作肃，从作乂，明作哲，聪作谋，睿作圣。^[二]

[一] **思曰睿**：睿，今文《尚书》一般作"容"，而且"容"与恭、从、聪、明可以押韵（钱大昕说）。《春秋繁露·五行五事》："五曰思，思曰容。"

[二] **恭作肃，从作乂，明作哲，聪作谋，睿作圣**：作，相当于"则"。乂，治也。圣，无所不通。《春秋繁露·五行五事》对这段的解说是："恭作肃，言王者诚能内有恭敬之姿，而天下莫不肃矣。从作乂，言王者言可从，明正从行而天下治矣。明作哲，哲者，知也，王者明则贤者进，不肖者退，天下知善而劝之，知恶而耻之矣。聪作谋，谋者，谋事也，王者聪则闻事与臣下谋之，故事无失谋矣。容作圣，圣者，设也，王者心宽大无不容，则圣

能施设，事各得其宜也。"

三、八政：一曰食，二曰货，三曰祀[一]，四曰司空[二]，五曰司徒[三]，六曰司寇[四]，七曰宾[五]，八曰师[六]。

[一] **三曰祀**：祀，祭祀。

[二] **四曰司空**：司空，掌管内务的官员。

[三] **五曰司徒**：司徒，掌管教育的官员。

[四] **六曰司寇**：司寇，掌管司法的官员。

[五] **七曰宾**：宾，掌管诸侯朝觐的官员。

[六] **八曰师**：师，掌管军事的官员。

四、五纪[一]：一曰岁[二]，二曰月[三]，三曰日[四]，四曰星辰[五]，五曰历数[六]。

[一] **五纪**：纪，记时标准。

[二] **一曰岁**：岁，地球公转一次，上年冬至下年冬为一岁。

[三] **二曰月**：月，月内纪时的方法，商代已有十日一旬的分法，西周更有以每月内月相为依据纪时的初吉、既生霸、既望、既死霸等分法。

[四] **三曰日**：日，商周以后流行干支纪日法。

[五] **四曰星辰**：疑指判断季节气候的标准，古人根据天空中最耀眼星辰的位置测定岁时季节。星，金、木、水、火、土五星。辰，恒星，古人以恒星为背景观测日月五行的运行。

[六] **五曰历数**：历数，历法的推算。

五、皇极：皇建其有极，敛时五福，用敷锡厥庶民[一]。惟时厥庶民于汝极，锡汝保极。[二]凡厥庶民，无有淫朋，人无有比德[三]，惟皇作极。凡厥庶民，有猷有为有守，汝则念之。[四]不协于极，不罹于咎，皇则受之，而康而色。曰"予攸好德"，汝则锡之福，时人斯其惟皇之极[五]。无虐茕独，而畏高明。[六]人之有能有为，使羞其行[七]，而邦其昌。凡厥正人，既富方谷，汝弗能使有好于而家，时人斯其辜[八]。于其无好德，汝虽锡之福，其作汝用咎。[九]

无偏无陂，遵王之义；无有作好[十]，遵王之道；无有作恶，遵王之路。无偏无党，王道荡荡；无党无偏，王道平平[十一]；无反无侧[十二]，王道正直。会其有极，归其有极[十三]，曰皇极之敷言，是彝是训，于帝其训[十四]。凡厥庶民，极之敷言，是训是行，以近天子之光[十五]。曰天子作民父母，以为天下王。

[一] **敛时五福，用敷锡厥庶民**：敛，聚敛。时，通"是"，代词。五福，见下文第九畴"五福：一曰寿，二曰富，三曰康宁，四曰攸好德，五曰考终命"。敷，通"布"，广布。锡，通"赐"，赐予。厥，相当于"其"，代词。马融的句解："当敛是五福之道，用布与众民。"

[二] **惟时厥庶民于汝极，锡汝保极**：惟时，一说相当于"于是"。于汝极，取法、遵从你的准则。锡，与，这里有助益、协助的意思。一说有效法的意思。保，守持。

[三] **无有淫朋，人无有比德**：无，不要。两个"无"字，《史记·宋微子世家》引述作"毋"。人，一说指在位官员，与庶民不同。比，勾结。

[四] **凡厥庶民，有猷有为有守，汝则念之**：猷，谋。为，作为，这里指有能力。守，操守。念，念思，这里指时常挂念或重用有猷、有为、有守之人。马融的句解："凡其众民，有谋有为有所执守，当思念其行，有所趣舍也。"

[五] **不协于极，不罹于咎，皇则受之，而康而色。曰"予攸好德"，汝则锡之福，时人斯其惟皇之极**：罹，遭受，陷入。康，和也。色，和悦。攸，通"修"。时人，是人，指康而色，修好德之人。斯，则，乃。惟，思考。

[六] **无虐茕独，而畏高明**：无虐茕独，《史记·宋微子世家》作"毋虐鳏寡"。无，同"毋"。畏高明，畏惧权贵。马融注："高明显宠者，不枉法畏之。"两句应当连读，意思是不要欺侮孤苦之人，不要畏惧显赫的贵族。

[七] **使羞其行**：羞，进也。

[八] **凡厥正人，既富方谷，汝弗能使有好于而家，时人斯其辜**：富，一说通"福"，福禄。谷，禄位。斯，则，乃。其，句中语气词。辜，犯罪。

[九] **于其无好德，汝虽锡之福，其作汝用咎**：无好，与上句的"有好"相对而言。《史记·宋微子世家》引作"于其毋好，女虽锡之福，其作女用咎"。作，用"酢"，报也。咎，恶。

[十] **无有作好**：好，私好。

[十一] **王道平平**：平平，形容治理有序。《诗经·小雅·采菽》："平平左右。"毛传："平平，辩治也。"《史记·张释之冯唐传赞》引作"不偏不党，王道荡荡，不党不偏，王道便便"。

[十二] **无反无侧**：反，反道。侧，倾侧。

[十三] **会其有极，归其有极**：会，会集，归集。归，归向。郑玄的句解："'会其有极'，谓君也，当会聚有中之人以为臣也。'归其有极'，谓臣也，当就有中之君而事之。"

[十四] **皇极之敷言，是彝是训，于帝其训**：皇极之敷言，倒装句，本可作"敷言皇极"，意思是陈述最高的法则。敷，陈也。是，仅表示肯定语气。是彝是训，守法遵训。训，通"顺"，顺从。于帝其训，唯帝是从。这句话似乎是针对为官者而言，可能是说对待为官者要"敷言皇极"。

[十五] **是训是行，以近天子之光**：训，通"顺"。行，准则，法则。这句话是针对庶民，要对庶民"敷言皇极"。

六、三德：一曰正直，二曰刚克，三曰柔克[一]。平康正直，强弗友刚克，燮友柔克[二]；沉潜刚克，高明柔克[三]。惟辟作福，惟辟作威，惟辟玉食，臣无有作福作威玉食[四]；臣之有作福作威玉食，其害于而家、凶于而国。人用侧颇僻，民用僭忒[五]。

[一] **一曰正直，二曰刚克，三曰柔克**：正直，不邪不曲。刚克，性情过刚。柔克，性情过柔。一说清华简《说命》下篇"余罔坠天休，式惟参三德赐我，吾乃敷之于百姓"的"三德"即《洪范》这里的"三德"。

[二] **平康正直，强弗友刚克，燮友柔克**：屈万里的句解："平正中和就是正道，倔强而不温和就是刚强过度，和顺而不坚强就是柔弱过度。"

[三] **沉潜刚克，高明柔克**：沉潜刚克，对于沉潜阴伏之人要强胜之。高明柔克，对于高明柔和之人要以柔克之。

[四] **惟辟作福，惟辟作威，惟辟玉食，臣无有作福作威玉食**：惟，唯有，只有。辟，君王。作福，赏赐。玉食，这里指过高规格的美食。这句话的大意是唯有君王才有权赏赐、刑罚和享受高规格的玉食。一说"食"通"飤"，"玉食"指以玉祭祀，"惟辟玉食"大概指君王垄断了祭祀的权力。

[五] **人用侧颇僻，民用僭忒**：人，指官员。用，因。侧颇僻，倾斜、偏颇、邪恶。僭，过分。忒，恶。这句话紧承前句，意思是如果由官员或百姓来赏赐、刑罚和享受高规格的玉食，就会偏颇不正和不守本分。

　　七、稽疑：择建立卜筮人，乃命卜筮，曰雨，曰霁，曰蒙，曰驿，曰克，曰贞，曰悔。[一]凡七，卜五，占用二，衍忒。[二]立时人作卜筮，三人占，则从二人之言。汝则有大疑，谋及乃心，谋及卿士，谋及庶人，谋及卜筮。汝则从、龟从、筮从、卿士从、庶民从，是之谓大同；[三]身其康强，子孙其逢[四]：吉。汝则从、龟从、筮从、卿士逆、庶民逆：吉。卿士从、龟从、筮从、汝则逆、庶民逆：吉。庶民从、龟从、筮从、汝则逆、卿士逆：吉。汝则从、龟从、筮逆、卿士逆、庶民逆：作内，吉；作外，凶[五]。龟筮共违于人[六]：用静，吉；用作，凶。

［一］**择建立卜筮人，乃命卜筮，曰雨，曰霁，曰蒙，曰驿，曰克，曰贞，曰悔**：卜，一般指龟卜占法。筮，一般指筮草占法。雨、霁、蒙、驿、克，对龟兆之形的形象化描述。《史记集解》引郑玄注："雨者，兆之体，气如雨然也。济者，如雨止之云气在上者也。圛者，色泽而光明也。雾者，气不释，郁冥冥也。克者，如禒气之色相犯也。"贞、悔，筮占的占辞，用来说明卦象的吉凶，《周易》爻辞中多见。

［二］**凡七，卜五，占用二，衍忒**：卜五，指龟卜占法所涉及的"雨、霁、蒙、驿、克"五种兆象。占用二，指的是著草占法所用的"贞"与"悔"，内卦为贞，外卦为悔。衍忒，（据上文所言七事来）推延变化之。

［三］**汝则从、龟从、筮从、卿士从、庶民从，是之谓大同**：则，相当于"若""如果"。卿士，朝中诸臣。汝则从，如果你本人认同、赞同。

［四］**身其康强，子孙其逢**：身，自身。逢，通"丰"，丰盛，旺盛。子孙其逢，子孙一定会旺盛。

［五］**作内，吉；作外，凶**：内，伪孔《传》解释为"祭祀婚冠"之事。外，伪孔《传》解释为"出师征伐"之事。

［六］**龟筮共违于人**：龟卜和筮占的结果都不好，与三类人的意见相违。

八、庶征：曰雨，曰旸，曰燠，曰寒，曰风，曰时五者来备，各以其叙，庶草蕃庑。[一]一极备凶，一极无凶。[二]曰休征：曰肃，时雨若；曰乂，时阳若；曰晢，时燠若；曰谋，时寒若；曰圣，时风若。[三]曰咎征：曰狂，恒雨若；曰僭，恒阳若；曰豫，恒燠若；曰急，恒寒若；曰蒙，恒风若。[四]曰王省惟岁，卿士惟月，师尹惟日。[五]岁月日时无易，百谷用成，乂用明，俊民用章，家用平康[六]。日月岁时既易，百谷用不成，乂用昏不明，俊民用微[七]，家用不宁。庶民惟星，星有好风，星有好雨。[八]日月之行，则有冬有夏[九]；月之从星，则以风雨[十]。

［一］**曰雨，曰旸，曰燠，曰寒，曰风，曰时五者来备，各以其叙，庶草蕃庑**：旸，晴。燠，暖。时，通"是"，指示代词。庶，多。蕃，茂盛。庑，通"芜"，丰盛。

［二］**一极备凶，一极无凶**：五者中的任何一项过甚或者极无，都是凶的。一，上述五项中的一项。极备，充沛，过多。极无，过少。

［三］**曰休征：曰肃，时雨若；曰乂，时阳若；曰晢，时燠若；曰谋，时寒若；曰圣，时风若**：休征，（政事）美善的征兆。肃，敬。时，适时，合于时宜。若，句末语助词，无义。乂，治。晢，明。谋，才谋。圣，通达。

［四］**曰咎征：曰狂，恒雨若；曰僭，恒阳若；曰豫，恒燠若；曰急，恒寒若；曰蒙，恒风若**：咎征，有过错、不好的征兆。狂，狂傲。恒，长期，长久。僭，差错。豫，逸乐。急，急躁。蒙，昏聩，蒙暗，指君王行事昏聩。这一句，《宋世家》引作："曰咎征：曰狂，常雨若；曰僭，常旸若；曰舒，常奥若；曰急，常寒若；曰雾，常风若。"

［五］**曰王省惟岁，卿士惟月，师尹惟日**：君王、卿士师尹之间如岁、月和日的关系一样，各安其守。省，省察，巡视。卿士，王廷执政大臣。师尹，王廷的百官。西周晚期的叔多父盘铭文有"利于辟王、卿士、师尹、朋友、兄弟、诸子婚媾"，首见"王""卿士""师尹"并列。

［六］**岁月日时无易，百谷用成，乂用明，俊民用章，家用平康**：岁月日时无易，整年、各月、各日和四时不改变常态。无易，保持常态，不改变。用，相当于"以"。章，显著，与下句的"微"相对，意思是被发现并提拔。家用平康，家族内部因而平安。家，一说指贵族家族内部。

［七］**俊民用微**：微，隐，意思是被埋没。

［八］**庶民惟星，星有好风，星有好雨**：庶民好比星辰，有喜好风的，有喜好雨的。古书中有不少气候伴随星象变化的记载，如遇箕星则会多风，

遇毕星则会多雨。《诗经·小雅·渐渐之石》："月离于毕，俾滂沱矣。"离，经过。意思是月亮靠近毕星时，大雨滂沱。

〔九〕**日月之行，则有冬有夏**：依伪孔《传》，本句大意是政事各有常法。

〔十〕**月之从星，则以风雨**：月亮行经好风好雨的星附近，会引起风雨。意思是说庶民百姓也是可以影响政府安危的。苏轼以来，不少学者认为"王省惟岁"以下至此与上文不协，当在"五曰历数"以后，后人误置于此。

九、五福：一曰寿，二曰富，三曰康宁，四曰攸好德[一]，五曰考终命[二]。六极[三]：一曰凶短折[四]，二曰疾，三曰忧，四曰贫，五曰恶，六曰弱。

〔一〕**四曰攸好德**：修好德。一说"攸"是语助词，无义。

〔二〕**五曰考终命**：考，老。

〔三〕**六极**：极，穷厄，与"福"相对。

〔四〕**一曰凶短折**：凶短折，郑玄解释为"未龀曰凶，未冠曰短，未婚曰折"。

参考文献：

[1]〔汉〕孔安国传、〔唐〕孔颖达疏：《尚书正义》，上海古籍出版社，2007。

[2]〔清〕孙星衍：《尚书今古文注疏》（全二册），中华书局，1986。

[3] 杨筠如：《尚书覈诂》，陕西人民出版社，2005。

[4] 顾颉刚、刘起釪：《尚书校释译论》，中华书局，2005。

[5] 程元敏：《尚书周书牧誓洪范金滕吕刑篇义证》，万卷楼股份有限图书公司，2012。

[6] 张怀通：《〈洪范〉"三德"章新释》，载彭林主编《中国经学》（第二十四辑），广西师范大学出版社，2019。

附录：豳公盨铭文简释

　　天令禹尃土[一]、陸山[二]、濬川[三]，廼差方[四]、埶征[五]，降民[六]，监德[七]；廼自作配[八]，卿民[九]；成父母，生我王，作臣[十]。阜顯唯德[十一]，民好明德[十二]，顧在天下[十三]。用阜邵好[十四]，益□懿德[十五]，康亡不懋[十六]，老友惄明[十七]，巠齐好祀[十八]，无觑心[十九]。好德，闻遘亦唯协[二十]，天釐用考[二十一]，神复用麜禄[二十二]，永孚于宁[二十三]。豳公[二十四]曰：民唯克用兹德[二十五]，亡诲[二十六]。

　　[一] **天令禹尃土**：禹，大禹。尃，通"敷"。敷土，《禹贡》有"禹敷土，随山刊木，奠高山大川"，孔传"禹布治九州之土"。考虑到《山海经·海内经》有"洪水滔天，鲧窃帝之息壤以堙洪水"等说法，裘锡圭等人主张"土"指的就是息壤，"敷土"就是用息壤堙填洪水。

　　[二] **陸山**：陸，相同字形也见于五祀卫鼎和上博简《周易》，字形像用手使"阜"上之土坠落，一说即"堕"字的表意初文。顾颉刚等人指出，在较早的传说中，鲧和禹都是用息壤去堙填洪水，认为鲧用息壤去堙填洪水而禹疏导河水的传说则是后起的说法。所以，铭文中"陸"指"堕高堙庳"的"堕"。陸山，即"堕山"，意思是削平高丘，以填塞洼地。一说"陸"从"圣"得声，可通"掘"，"陸山"就是掘山、凿山，认为"陸山"的目

的是"濬川"。

〔三〕**濬川**：疏通水道。

〔四〕**廼葬方**：廼，同"乃"。葬，原字形从从廾，𡴖与葬由一字分化而来。"**葬**"读音与"祷"字相近。一说可通"擣"，有"击讨"之类意思。方，方国。"擣方"指大禹讨伐敌对的方国势力。《墨子·兼爱下》"禹之征有苗也，……除天下之害"，《墨子·非攻下》"昔者禹征有苗，汤伐桀，武王伐纣"，《墨子·节葬下》"禹东教乎九夷"和《庄子·人间世》"禹攻有扈"等记载可以佐证。一说，**葬**可通"畴"，有"类"的意思，即"洪范九畴"的"畴"。方有"道""法"之义。"畴方"指《洪范》篇中所说的天赐禹洪范九畴的传说。

〔五〕**埶征**：埶，通"设"。征，征收的贡赋。设征，规定各自的贡赋。一说"征"可通"政"，"设政"即设立官政、建立官长、组织政治机构。

〔六〕**降民**：清华简《厚父》篇有"古天降下民，设万邦，作之君，作之师，惟曰其助上帝乱下民"。

〔七〕**监德**：监察下民之德。《高宗肜日》有"天监下民"，《吕刑》有"上帝监民"，《左传·庄公三十二年》有"国之将兴，明神降之，监其德也"，意思相同。

〔八〕**廼自作配**：古人的观念中，地上的君王可以作为天神的"配"，大臣又可以作为君王的"配"，类似说法广泛见于《诗经》和西周金文，也常用"仇""匹""妃（配）耦（偶）"等词。

〔九〕**卿民**：卿，通"享"，这里表使动用法，使民享的意思。

〔十〕**成父母，生我王，作臣**：根据《洪范》"天子作民父母，以为天下王"，"天子"不是后世意义的皇帝，而是上天。"成父母，生我王，作臣"的主语是上天，类似说法见于《诗经·大雅·泂酌》"岂弟君子，民之父母"，《孟子·梁惠王下》"《书》曰：天降下民，作之君，作之师"。"生我王，作臣"是对"成父母"的进一步阐释，作为民父母的不仅是王，也包括臣，王与臣都由天所生成。

［十一］**乓頮唯德**：乓，代词，相当于"其"，一说这里指代天和作为天之配的王，一说单独指天。頮，通"贵"，看重。唯，语气副词，表示强调。

［十二］**民好明德**："明德"多见于金文和《尚书》，如癫钟"帅祖考秉明德"，《梓材》"先生既勤用明德"和《召诰》"保受王威命明德"，特别是西周中晚期的许多铭文中都强调"帅型祖考之德"。

［十三］**頿在天下**：頿，从页得声，通"优"。《淮南子·原道》："其德优天地而和阴阳，节四时而调五行。"高诱注："优，柔也；和，调也。"頿（优）在天下，指天下和顺。

［十四］**用乓邵好**：邵，《小尔雅·广诂》："邵，美也。""邵"与"好"同义连文。

［十五］**益□懿德**："益"后面一字残漶不清，一说是《说文》"欁"字的古文"不"的上下叠文，此处可通"契"。"用乓邵好益契懿德"连读，大意是：（希望）继承发扬益与契之德。

［十六］**康亡不懋**：康，安康。亡，通"无"。懋，勉也。康亡不懋，指安康而不懈怠。

［十七］**老友恼明**：老，西周金文可表示"孝"。恼，通"恤"。孝、友、恼、明，可能指时人推崇的四种美德。一说与《周礼·地官·大司徒》的"六德"和"六行"有关，原文为"以乡三物教万民而宾兴之：一曰六德，知、仁、圣、义、忠、和；二曰六行，孝、友、睦、姻、任、恤"，其中"明"可能相当于"六德"之"知"，"知，明于事"。此外，郑注："善于父母为孝，善于兄弟为友"，"恤，振忧贫者"。

［十八］**至齐好祀**：至，通"经"，正常。齐，庄正。好祀，重视祭祀。

［十九］**无覒心**：覒，从"兇"得声，可通"凶"。《逸周书·大聚》

"若其凶土陋民"。孔晁注："不顺政故曰凶。"

　　［二十］**闻遘亦唯协**：闻遘，通"婚媾"。协，和也。

　　［二十一］**天釐用考**：釐，赐予。用，相当于"以"。考，用作"孝"。

　　［二十二］**神复用嬎禄**：复，回报。嬎，通"祓"，同"福禄"。

　　［二十三］**永孚于宁**：可与《吕刑》"其宁惟永"相对读。一说"孚"通"复"，归也。

　　［二十四］**㬬公**：㬬，原字形从火从䍐，可通"㬬"①，具体有待考证。

　　［二十五］**克用兹德**：克，肩任。克用兹德，任用、践行此德。

　　［二十六］**亡诲**：亡，通"无"。诲，通"悔"。无悔，多见于《周易》爻辞，表示没有咎祸的意思。

参考文献：

［1］李学勤：《论㬬公盨及其重要意义》，《中国历史文物》2002 年第 6 期。

［2］裘锡圭：《㬬公盨铭文考释》，《中国历史文物》2002 年第 6 期。

［3］李零：《论㬬公盨发现的意义》，《中国历史文物》2002 年第 6 期。

［4］朱凤瀚：《㬬公盨铭文初释》，《中国历史文物》2002 年第 6 期。

［5］陈英杰：《㬬公盨铭文再考》，《语言科学》2008 年第 1 期。

［6］宁镇疆：《清华简〈厚父〉"天降下民"句的观念源流与㬬公盨铭文再释：兼说先秦"民本"思想的起源问题》，载李学勤主编《出土文献》（第七辑），中西书局，2015。

［7］刘源：《试论西周金文"帅型祖考之德"的政治内涵》，载王兴尚主编《周秦伦理文化与现代道德价值国际学术研讨会论文集》，陕西人民出版社，2008。

―――――――――

　　① 学界原有读为"遂"和"㬬"两种不同意见，随着 2005 年新见铜器铭文出现"㬬夆"可通"芬芳"的辞例，学界基本倾向读为"㬬"，参见史杰鹏：《〈说文解字〉"㣇"和从其得声之字的读音及相关问题研究》，载王蕴智、吴玉培主编《许慎文化研究》（二），中国社会科学出版社，2015。

七、周公东征真相何在——《金縢》故事的新解读

清华大学藏战国竹简中有一篇简背自名为《周武王有疾周公所自以代王之志》的文献，简文的内容与今本《尚书》的《金縢》篇高度相似，因此学术界一般称呼《周武王有疾周公所自以代王之志》为《金縢》。

传世的今本《金縢》属于今文《尚书》二十九篇之一，按理说其真实性不应受到质疑，但是宋代以来，不断有学者怀疑《金縢》故事的真实性。关键问题在于篇中记述周武王克商之后三年，武王生病，周公为了武王的健康向神灵祈祷时的祷词是"尔之许我，我其以璧与珪归俟尔命；尔不许我，我乃屏璧与珪"，前人认为这段较为荒诞，有"慢神蔑祖"的嫌疑，故而怀疑这篇内容的真实性。

篇中说到周武王死后，成王即位，管叔和蔡叔等人四处散布流言说周公将对成王采取措施，周公遭此流言后说"我之弗辟，我无以告我先王"，而后"居东二年，罪人斯得"。这段话意义重大，如何理解"弗辟"关系到周公是否称王的问题。有人解释为表示君王义的"辟"，就有利于称王说；但是有人理解为"弗避"，那么周公只是"避罪在东"。而且，"居东二年"的史实究竟是什么，有人将"辟"理解为"法办"之类的意思，那么"居东二年"就是东征。甚至有人将周公"居东"理解为周公奔楚。各种说法，聚讼不已。清华简本《金縢》的问世，为解决上述问题带来了希望。

下文将分别回顾这些问题的争议史，进而分析阐述今天的学者们是如何借助清华简本《金縢》尝试去解决上述问题的。司马迁在《史记》的《鲁周公世家》中叙述周公故事时，多次改写《金縢》，但一些说法却又和今文《尚书》不同。为了讨论的方便，先将清华简本、今文《尚书》和《史记·鲁周公世家》的《金縢》内容分列如下：

清华简《金縢》释文①	今文《尚书·金縢》	《史记·鲁周公世家》
武王既克殷三年，王不豫，有迟。二公告周公曰："我其为王穆卜。"周公曰："未可以戚吾先王。"周公乃为三坛同墠，为一坛于南方，周公立焉，秉璧戴珪。	既克商二年，王有疾，弗豫。二公曰："我其为王穆卜。"周公曰："未可以戚我先王？"公乃自以为功。为三坛同墠。为坛于南方，北面，周公立焉。植璧秉珪，乃告太王、王季、文王。	武王克殷二年，天下未集，武王有疾，不豫，群臣惧，太公、召公乃缪卜。周公曰："未可以戚我先王。"周公于是乃自以为质，设三坛，周公北面立，戴璧秉圭，告于太王、王季、文王。
史乃册祝，告先王曰："尔元孙发也，遘害虐疾，尔毋乃有备子之责在上，惟尔元孙发也，不若旦也，是佞若巧能，多才多艺，能事鬼神。命于帝廷，溥有四方，以定尔子孙于下地。尔之许我，我则瘳璧与珪。尔不我许，我乃以璧与珪归。"	史乃册祝曰："惟尔元孙某，遘厉虐疾。若尔三王，是有丕子之责于天，以旦代某之身。予仁若考能，多材多艺，能事鬼神。乃元孙不若旦多材多艺，不能事鬼神。乃命于帝庭，敷佑四方，用能定尔子孙于下地。四方之民罔不祗畏。呜呼！无坠天之降宝命，我先王亦永有依归。今我即命于元龟，尔之许我，我其以璧与珪归俟尔命；尔不许我，我乃屏璧与珪。"	史策祝曰："惟尔元孙王发，勤劳阻疾。若尔三王是有负子之责于天，以旦代王发之身。旦巧能，多材多艺，能事鬼神。乃王发不如旦多材多艺，不能事鬼神。乃命于帝庭，敷佑四方，用能定汝子孙于下地，四方之民罔不敬畏。无坠天之降葆命，我先王亦永有所依归。今我其即命于元龟，尔之许我，我以其璧与圭归，以俟尔命。尔不许我，我乃屏璧与圭。"

① 此处用宽式释文，严式释文见本书"附录：清华简《金縢》简释"。

续上表

清华简《金縢》释文	今文《尚书·金縢》	《史记·鲁周公世家》
周公乃纳其所为功自以代王之说，于金縢之匮，乃命执事人曰勿敢言。	乃卜三龟，一习吉。启籥见书，乃并是吉。公曰："体！王其罔害。予小子新命于三王，惟永终是图兹攸俟，能念予一人。" 公归，乃纳册于金縢之匮中。王翼日乃瘳。	周公已令史策告太王、王季、文王，欲代武王发，于是乃即三王而卜。卜人皆曰吉，发书视之，信吉。周公喜，开钥，乃见书遇吉。周公入贺武王曰："王其无害。旦新受命三王，维长终是图。兹道能念予一人。"周公藏其策金縢匮中，诫守者勿敢言。明日，武王有瘳。
就后武王陟，成王犹幼在位，管叔及其群兄弟乃流言于邦曰：公将不利于孺子。周公乃告二公曰："我之□□□□亡以复见于先王。" 周公蹠东三年，祸人乃斯得，于后周公乃遗王诗曰《鸱鸮》。王亦未逆公。	武王既丧，管叔及其群弟乃流言于国，曰："公将不利于孺子。"周公乃告二公曰："我之弗辟，我无以告我先王。" 周公居东二年，则罪人斯得。于后，公乃为诗以贻王，名之曰《鸱鸮》。王亦未敢诮公。	其后武王既崩，成王少，在强葆之中。周公恐天下闻武王崩而畔，周公乃践阼代成王摄行政当国。管叔及其群弟流言于国曰："周公将不利于成王。"周公乃告太公望、召公奭曰："我之所以弗辟而摄行政者，恐天下畔周，无以告我先王太王、王季、文王。三王之忧劳天下久矣，于今而后成。武王蚤终，成王少，将以成周，我所以为之若此。"于是卒相成王，而使其子伯禽代就封于鲁。周公戒伯禽曰："我文王之子，武王之弟，成王之叔父，我于天下亦不贱矣。然我一沐三捉发，一饭三吐哺，起以待士，犹恐失天下之贤人。子之鲁，慎无以国骄人。"

续上表

清华简《金滕》释文	今文《尚书·金滕》	《史记·鲁周公世家》
		管、蔡、武庚等果率淮夷而反。周公乃奉成王命，兴师东伐，作《大诰》。遂诛管叔，杀武庚，放蔡叔。收殷余民，以封康叔于卫，封微子于宋，以奉殷祀。宁淮夷东土，二年而毕定。诸侯咸服宗周。 天降祉福，唐叔得禾，异母同颖，献之成王，成王命唐叔以馈周公于东土，作《馈禾》。周公既受命禾，嘉天子命，作《嘉禾》。东土以集，周公归报成王，乃为诗贻王，命之曰《鸱鸮》。王亦未敢训周公。 ……

续上表

清华简《金縢》释文	今文《尚书·金縢》	《史记·鲁周公世家》
是岁也，大熟，未获。天疾风以雷，禾斯偃，大木斯拔。邦人□□□弁，大夫端，以启金縢之匮。王得周公之所自以为功以代武王之说。王问执事人，曰："信。噫，公命我勿敢言。"王捕书以泣，曰："昔公勤劳王家，惟余冲人亦弗及知，今皇天动威，以章公德，惟余冲人其亲逆公，我邦家礼亦宜之。 　　王乃出逆公，至郊。是夕，天反风，禾斯起，凡大木之所拔，二公命邦人尽复筑之。岁大有年，秋则大获。	秋，大熟，未获。天大雷电以风，禾尽偃，大木斯拔，邦人大恐。王与大夫尽弁，以启金縢之书，乃得周公所自以为功代武王之说。二公及王乃问诸史与百执事。对曰："信。噫！公命我勿敢言。"王执书以泣，曰："其勿穆卜！昔公勤劳王家，惟予冲人弗及知。今天动威以彰周公之德，惟朕小子其新逆，我国家礼亦宜之。" 　　王出郊，天乃雨，反风，禾则尽起。二公命邦人凡大木所偃，尽起而筑之。岁则大熟。	周公在丰，病，将没，曰："必葬我成周，以明吾不敢离成王。"周公既卒，成王亦让，葬周公于毕，从文王，以明予小子不敢臣周公也。 　　周公卒后，秋未获，暴风雷雨，禾尽偃，大木尽拔。周国大恐。成王与大夫朝服以开金縢书，王乃得周公所自以为功代武王之说。二公及王乃问史百执事，史百执事曰："信有，昔周公命我勿敢言。" 　　成王执书以泣，曰："自今后其无缪卜乎！昔周公勤劳王家，惟予幼人弗及知。今天动威以彰周公之德，惟朕小子其迎，我国家礼亦宜之。"王出郊，天乃雨，反风，禾尽起。二公命国人，凡大木所偃，尽起而筑之。岁则大孰。于是成王乃命鲁得郊祭文王。鲁有天子礼乐者，以襃周公之德也。
周武王有疾周公所自以代王之志		

（一）周公祷辞如何作解

前人争讼的一个焦点是，周公的祷辞显得滑稽傲慢，似乎不符合情理。清代学者袁枚曾质疑说：

> 若曰许我则以璧与珪，不许我则屏璧与珪，如握果饵，以劫婴儿，既骄且吝，慢神蔑祖。①

今本《金縢》的原始说法是：

> 史乃册祝曰："惟尔元孙某，遘厉虐疾。若尔三王，是有丕子之责于天，以旦代某之身。予仁若考能，多材多艺，能事鬼神。乃元孙不若旦多材多艺，不能事鬼神。乃命于帝庭，敷佑四方，用能定尔子孙于下地。四方之民罔不祗畏。呜呼！无坠天之降宝命，我先王亦永有依归。今我即命于元龟，尔之许我，我其以璧与珪归俟尔命；尔不许我，我乃屏璧与珪。"
>
> 乃卜三龟，一习吉。启籥见书，乃并是吉。公曰："体！王其罔害。予小子新命于三王，惟永终是图兹攸俟，能念予一人。"

而简本《金縢》的说法似乎明显不同：

> 史乃册祝，告先王曰："尔元孙发也，遘害虐疾，尔毋乃有备子之责在上，惟尔元孙发也，不若旦也，是佞若巧能，多才多艺，能事鬼神。命于帝廷，溥有四方，以定尔子孙于下地。尔之许我，我则瘗璧与

---

① 袁枚：《金縢辨》，载王英志主编《袁枚全集》，江苏古籍出版社，1993，第382页。

珪。尔不我许，我乃以璧与珪归。"①

显而易见，简本没有"乃卜三龟"一段文字，而且祷辞的叙述顺序有所不同。今本是先说"尔之许我，我其以璧与珪归俟尔命"，后说"尔不许我，我乃屏璧与珪"；简本则是先说"尔之许我，我则瘗璧与珪"，后说"尔不我许，我乃以璧与珪归。"

廖名春先生认为今本叙述周公祝告的文句比简本逻辑清晰。今本说周公自己代武王去死的理由先是"予仁若考能，多材多艺，能事鬼神"；后又说武王不如自己，"不若旦多材多艺，不能事鬼神"，而且"命于帝庭，敷佑四方，用能定尔子孙于下地。四方之民罔不祗畏"，正反对比，理由阐发得非常清楚。而简本多有省略，将"是佞若巧能，多才多艺，能事鬼神"与"命于帝廷，溥有四方，以定尔子孙于下地"连在一起，显得逻辑混乱。而且简本缺失占卜的一段文字导致整个事件的发展出现断环。简本的问题在于，周公的祝告提出了一个两难的选择："尔之许我，我则瘗璧与珪。尔不我许，我乃以璧与珪归。"依前者，武王活而周公得死；依后者，武王死而周公得活。事实上武王活而周公也没有死，周公的两难选择被打破。今本"卜三龟，一习吉。启籥见书，乃并是吉"交代了原因，而简本则没有这些交代，事件的发展就出现了缺环。这只能是后人删节的疏忽造成的。②

陈剑先生则认为今本多出的"尔元孙发"是"惟尔元孙发也，不若旦也，是佞若巧能，多才多艺，能事鬼神。命于帝廷，溥有四方，以定尔子孙于下地"两句共同的主语。简本用一句话将今本的意思表达清楚，显得更为质简古朴。今本将其分作两句，应视为增繁改写。

今本多出的"即命于元龟"部分的内容，较之简本"我则瘗璧与珪

①　释文参考了陈剑：《清华简〈金縢〉研读三题》，载复旦大学出土文献与古文字研究中心编《出土文献与古文字研究》（第四辑），上海古籍出版社，2011。

②　廖名春：《清华简与〈尚书〉研究》，《文史哲》2010 年第 6 期。

归"，今本多出"俟尔命"三字；同时，在许与不许二者各自的应对上，今本与简本文句位置互倒。按照今本，三王许之，则周公带着璧与珪回去了；三王不许，则摒除璧与珪。如此以来，祝祷时出现璧和珪就没有意义。今本"尔之许我，我其以璧与珪，归俟尔命"之"归"字虽然很浅显，但前人对整句的翻译比较困难，难点在于怎么解释都可能导致祝祷时的璧与珪都用不上。由此可看出，今本系脱胎于简本，当是后人已经不明白周公之祷系试图直接将武王之病移到自己身上，所以关于占卜的内容，对有关文句加以颠倒改写，却又未能照顾到此处之不通的问题。①

今本相较于简本有部分祷辞的位置互倒，裘锡圭先生从字形上提出了一种解释方法。包山简 11 的"屏"字（"厝"之简体）的写法与"屏"形体较为接近，今本的"屏"字有可能就是由"屏"类写法之误而来的；无论是按照"我其以璧与珪，归俟尔命"的读法，"以"训为"用"，还是按照"我其以璧与珪归，俟尔命"的读法，"归"讲为"送""献"一类义，都并非绝对不可能。这两点结合起来考虑，也许可以推测说，今本面貌的形成可能是由于"屏／厝（瘗）"字被后人误释为"屏"字，致使原文不可通。故而有人将"厝璧与珪"一小句改接在"尔不我许"之下，使其看起来更合于情理；"以璧与珪归"句相应地被放在"尔之许我"一小句之后，改写者又适当对前后叙述的文字作改动，以便让前后文意思读起来通顺。② 裘锡圭的说法不失为一种巧妙的圆通性解释。

———————————

①② 陈剑：《清华简〈金縢〉研读三题》，第 167 – 168 页。

（二）周公居东真相何在

周公居东及年数问题，主要是对今本"武王既丧"一段的理解歧异。今本和简本相关文句对比如下：

　　今本：武王既丧，管叔及其群弟乃流言于国，曰："公将不利于孺子。"周公乃告二公曰："我之弗辟，我无以告我先王。"周公居东二年，则罪人斯得。

　　简本：就后武王力（陟），成王犹幼在位，管叔及其群兄弟乃流言于邦曰：公将不利于孺子。周公乃告二公曰："我之□□□□亡以复见于先王。"周公石东三年，祸人乃斯得。

历代对于此段的分歧，集中在如何训释"辟"、如何理解"居东"以及"罪人"，还有"居东二年"与《诗·豳风·东山》"自我不见，于今三年"之"三年"的冲突。我们先看历代学者对"居东"的解释，再谈清华简带来的新说。

古人争议的一大症结是如何训释"辟"。《说文解字·辟部》："辟，法也。"意思是"辟"有"法度"的核心义，古书中也经常引申为"治理"和"法办"之类的意思。同时，《尔雅·释诂》也有不同的词义："辟，君也。"则"辟"有"君主"的名词义。此外，"辟"还可以视作"避"的通假字。古代经学史上，不同学者对《金縢》"我之弗辟"的"辟"理解不一样，对"居东"的相应解释也就不一样。刘国忠先生《清华简〈金縢〉与周公居东的真相》一文详细归纳了前人"周公东征说""周公待罪于东"说以及"周公奔楚说"等三大说法，而且各自论述思路不一。① 择要引述如下：

1. 周公东征说

伪孔《传》的注解认为：

> "辟，法也……言我不以法法三叔，则我无以成周道告我先王"；
> "周公既告二公，遂东征之。二年之中，罪人斯得。"

伪孔《传》将"辟"训为"法"，句意就应该理解为周公果断做出东征的决定，两年内平息了管叔、蔡叔和武庚等人的叛乱。司马迁在《史记·鲁周公世家》中的说法则是：

> 我之所以弗辟而摄行政者，恐天下畔周，无以告我先王……于是卒相成王……管、蔡、武庚等果率淮夷而反。周公乃奉成王命，兴师东伐……遂诛管叔，杀武庚，放蔡叔……宁淮夷东土，二年而毕定。

司马迁将"辟"读作"避"，"弗辟而摄行政者"，意即不避"将不利于孺子"之嫌而摄政。

近代著名学者章太炎在《说〈金縢篇〉成王疑周公事》中主张：

> 《金縢》称，"周公乃告二公曰：'我之不辟，我无以告我先王。'"盖欲推流言所起也。《大诰》称"今蠢"，称"朕诞以尔东征"，则三监之叛已闻，乃率诸侯征之也，其事不过在数月间，无阔远至数岁理。②

虽然和伪孔《传》将"辟"训为"法"的看法一致，但是章氏认为周公早已知晓商人将叛乱相比，《金縢》这里的"辟"的对象是那些散布流言

---

① 刘国忠：《清华简〈金縢〉与周公居东的真相》，载李学勤主编《出土文献》（第 1 辑），中西书局，2010。
② 章太炎：《章太炎全集》（五），上海人民出版社，1985，第 28－30 页。

的商人，而不是管、蔡二叔。现代学者曾运乾曾经出版专门注释《尚书》的《尚书正读》，书中把"辟"字释为"君"，认为即是摄政之义，"我之弗辟，我无以告我先王""周公言我不摄政，将无以告我先王也"。①

2. 周公避东说

"周公避东说"一般将"辟"字读为"避"或者训为"治"，但是对"避居"之地和"整治"的对象理解又不同。一般认为周公东征时间有三年，《诗·豳风·东山》的说法是"自我不见，于今三年"，而今传本《金縢》说"周公居东二年"，二者矛盾，所以才有了郑玄等人的避罪于东的说法。郑玄说：

> 我今不避孺子而去，我先王以谦谦为德，我反有欲位之谤，无以告我先王。②

《诗小序》认为《诗·豳风·鸱鸮》与周公有关，其中"既取我子，无毁我室"一句，郑玄的笺认为：

> 时周公竟武王之丧，欲摄政成周道，致大平之功。管叔、蔡叔等流言云："公将不利于孺子。"成王不知其意，而多罪其属党。③

郑玄没有明确说"居东"实为"避居东都"。唐代孔颖达等人作《毛诗正义》，对《鸱鸮》一诗的看法则发展了郑玄之说：

> 周公将欲摄政，管、蔡流言，周公乃避之，出居于东都。周公之属党与知将摄政者，见公之出，亦皆奔亡。至明年，乃为成王所得，此臣

---

① 曾运乾：《尚书正读》，中华书局，1964，第143页。
② 孔颖达：《毛诗正义》，北京大学出版社，2000，第572页。
③ 同上书，第600页。

无罪，而成王罪之，罚杀无辜，是为国之乱政。①

《书集传》是南宋学者蔡沈所著的重要注释作品，虽然他也主张"辟"读为"避"等观点，但是"避东"的地点当是国都之东：

> 汉孔氏以为致辟于管叔之辟，谓诛杀之也。夫三叔流言，以"公将不利于成王"，周公岂容遽兴兵以诛之邪？且是时王方疑公，公将请王而诛之邪，将自诛之也？请之固未必从，不请自诛之，亦非所以为周公矣？"我之弗辟，我无以告我先王"，言我不辟，则于义有所不尽，无以告先王于地下也。公岂自为身计哉，亦尽其忠诚而已矣！……居东，居国之东也。郑氏谓避居东都，未知何据？孔氏以居东为东征，非也。方流言之起，成王未知罪人为谁。二年之后，王始知流言之为管蔡。"斯得者"，迟之之辞也。②

《墨子·耕柱》篇曾言："古者周公旦非关叔；辞三公，东处于商盖。"后世不少学者据此认为周公避东的地点是商奄。晚清著名学者俞樾即主张周公避居东奄，而且始知流言的不是成王而是周公。

> "罪人斯得"之文即承周公居东二年之后，是周公得之，而非成王得之也。所谓得之者，谓得流言之所自起也。上文曰"管叔及其群弟乃流言于国"，此自史臣事后纪实之辞，若当其时，则但闻"公将不利于孺子"之言播满国中，其倡自何人，传自何地，非独成王与二公不知，虽周公亦不知也。及居东二年，乃始知造作流言者实为管、蔡，故曰"罪人斯得"……"罪人斯得"者，言尽得其主名也……周公既至商奄，与东人相习，故能尽得其状，而王与二公则犹未之知也，此当日之

---

① 同上书，第 599 页。
② 蔡沈：《书经集传》，上海古籍出版社，1987，第 80 – 81 页。

情事。故于其避居东也，可见周公之仁；而于罪人之尽得也，可见周公之智。①

清代学者牟庭《同文尚书》则根据《鸱鸮》篇在《诗经》中属于《豳风》，主张避居的地点是豳。

> 居东谓居豳也。周公已告二公，遂出奔避居于豳。豳在丰镐之东，故曰居东也……《诗·鸱鸮》之篇在《豳风》，而《书》以为居东之所作居东之为居豳北，非其明验耶？②

孔广森根据上古禅让传说下的避位之举，主张"避位说"：

> 昔者舜避尧之子于南河之南，禹避舜之子于阳城，益避禹之子于箕山之阴。所谓避者，其义如此。③

江声著有《尚书集注音疏》，在《金縢》篇注释中说：

> 《史记》以公实不避而说所以不避之意；郑注以公实避而说不得不避之意。谊虽相反，其读则均为避也。……盖流言虽出于三叔，而公与三叔同母兄弟，不虞三叔之叛己，虽闻流言，不料其出于三叔，且下云"罪人斯得"，则居东之时方始审知流言之所自来，初时固未知也。然则公言"我之不辟"，但谓不穷治流言之事，非谓不治三叔之罪也。④

江氏也主张周公曾"居东"，但是不采纳司马迁和郑玄的说法，认为"辟"当从《说文》训为"治"，"整治"的对象是"流言之事"。

---

① 俞樾：《群经平议》，载《清经解续编》（影印本），上海书店，1988，第1050页。
② 牟庭：《同文尚书》，齐鲁书社，1981，第736－750页。
③ 孔广森：《经学卮言》，载《清经解》影印本（第4册），上海书店，1988，第827页。
④ 江声：《尚书集注音疏》（卷六），载四部要籍注疏丛刊之《尚书》，中华书局，1998，第1615页。

3. 周公奔楚说

先秦两汉的典籍中，还保留了一些周公曾经奔楚的传说。相关事迹主要见于《史记·蒙恬列传》《史记·鲁周公世家》及汉代王充的《论衡·感类》。

《史记·蒙恬列传》的说法是：

> 及成王有病甚殆，公旦自揃其爪以沉于河，曰："王未有识，是旦执事。有罪殃，旦受其不祥。"乃书而藏之记府，可谓信矣。及王能治国，有贼臣言："周公旦欲为乱久矣，王若不备，必有大事。"王乃大怒，周公旦走而奔于楚。成王观于记府，得周公旦沉书，乃流涕曰："孰谓周公旦欲为乱乎！"杀言之者而反周公旦。

《史记·鲁周公世家》言：

> 初，成王少时，病，周公乃自揃其蚤沉之河，以祝于神曰："王少未有识，奸神命者乃旦也。"亦藏其策于府。成王病有瘳。及成王用事，人或谮周公，周公奔楚。成王发府，见周公祷书，乃泣，反周公。

《论衡·感类》篇涉及了古文经学对《金縢》的解读：

> 古文家以武王崩，周公居摄，管蔡流言，王意狐疑周公，周公奔楚。①

三国时期蜀汉的学者谯周则认为周公奔楚这一说法是由于"秦既燔书，时人欲言金縢之事，失其本末"②，所以衍生出奔楚的说法。

---

① 黄晖：《论衡校释》，中华书局，1990，第788页。
② 转引自《史记索隐》，载司马迁著、裴骃集解、张守节正义：《史记》，中华书局，1982，第1520页。

4．简本带来的新说

与今本相比，简本的前后叙述有两处重要差异：一是今本用的是"居东"，而简本用的是"石东"。二是居东的年数到底是二还是三。

简本正式发表前，李学勤先生在《清华简九篇综述》中率先提出简本直接支持了伪孔《传》"东征"的说法：

> 《史记·鲁世家》解"辟"为"避"，"居东"为东征；《尚书》孔传解"辟"为讨罪，也以"居东"为东征；马融、郑玄则解"辟"为"避"，而"以下文'居东'为出处东国，待罪以须君之察己，而谓'罪人斯得'为成王收捕公之属党"；《尚书》蔡沈传又讲"罪人斯得"是周公始知流言出于管蔡。种种异说，都是由于《金縢》"居东二年"与《诗·东山》所云周公东征三年不合。现在清华简的这一句不是"二年"而是"三年"，就恰与东征一致了。①

实际上，楚文字"迈"字多次出现在九店楚简和包山楚简等处。有学者曾指出这个字在睡虎地秦简《日书》甲种相应文字作"遮"，"遮"有"适""至"义。② 表示"适""至"义的"遮"，古书中也写作"跖"和"蹠"。因此从用字习惯的角度，我们可以断定"石东"即"蹠东"。③ 正如李学勤后来所补充说明的：

> 传世本"周公居东二年"，"居"字似有和平居处之义，"二年"又与其他文献所记周公东征三年不合，以至有注释家认为"居东"与东征是两件事，"居东"的"东"也不是"东征"的"东"。这样，当时史

---

① 李学勤：《清华简九篇综述》，《文物》2010 年第 5 期。

② 湖北文物考古研究所、北京大学中文系编《九店楚简》，中华书局，1999，第 89 – 90 页。

③ 冯胜君：《清华简〈金縢〉及〈诗·豳风·鸱鸮〉所见周初史事再议》，载《2017 中国简帛学国际论坛会议论文集》，2017 年 10 月。

事就陷于混乱不清。看简本，问题便很明白，"周公石东三年"的"石"，当即楚文字常见的"迈"，即"适"字，意为前往。周公前往东国三年，正是东征之事。①

不少学者同意李说，朱凤瀚先生即认为简本东征三年说比二年说要更符合史实。《尚书大传》曾记载说："周公摄政，一年救乱，二年克殷，三年践奄，四年建侯卫，五年营成周，六年制礼作乐，七年致政成王。"说明周公东征包括"救乱、克殷、践奄"三个环节，共三年，与简文记述相和，可证简文所记正确，而今本"二年"有误。②

当然也有学者主张"东征"和"避东"并非同一事件。彭裕商先生就认为根据典籍记载和相关的古文字材料，平息武庚、三监的叛乱和践奄，都是成王亲自主持的，周公只居于辅相地位。《金縢》"周公居东"是周公一个人去避居，周公避居的地点应离王都镐京不太远。篇中记天雷电疾风是在秋季谷物已大熟之时，王迎周公还归后，岁乃大获，前后所历为时不多，这就说明周公避居的"东"不应远到东征时的山东齐鲁地区。③

（三）简本今本之优劣比较

1. 今本整体优于简本说

简本一些异文有助于解决古史和训诂上的疑难问题。如廖名春先生认为今本《金縢》言"周公居东二年"，孔《传》以"周公居东"为周公东征，

①　李学勤：《由清华简〈金縢〉看周初史事》，载彭林主编《中国经学》（第八辑），广西师范大学出版社，2011。
②　朱凤瀚：《读清华楚简〈金縢〉兼论相关问题》，载陈致主编《简帛·经典·古史》，上海古籍出版社，2013。
③　彭裕商：《〈尚书·金縢〉新研》，《历史研究》2012 年第 6 期。

而马融、郑玄则以为是待罪于东。依照《诗·豳风·东山》"自我不见，于今三年"，周公东征是三年，与今本《金縢》的二年说冲突。简本《金縢》"周公宅东三年"与《诗·豳风·东山》正合，证明了孔《传》的正确。今本"丕子之责"的训诂，古今争讼难有定论。简本"丕"作"备"，可训为"服"，"服子之责"即"用子之责"，周公原意当是说如果三王在天上要用儿子服侍的话，自己愿意代替。这种解释文从字顺，解决了千年的难题。①

简本《金縢》整体上要晚于今本，存在删减的疏失，劣于今本。今本叙述周公祝告的文句比简本逻辑清晰。今本说周公自己代武王去死的理由先是"予仁若考，能多材多艺，能事鬼神"；后又说武王不如自己，"不若旦多材多艺，不能事鬼神"，而且"命于帝庭，敷佑四方，用能定尔子孙于下地。四方之民，罔不祗畏"，正反对比，理由阐发得非常清楚。而简本多有省略，将"予仁若考，能多材多艺，能事鬼神"与"命于帝庭，敷佑四方，用能定尔子孙于下地"连在一起，显得逻辑混乱。此外，简本缺失占卜的一段文字导致整个事件的发展出现断环。②

黄怀信先生通过对简本与今本差异的仔细比较，归纳认为简本虽然保留了部分较为原始的面貌，如"戚"作"感"、"为一坛于南方"、"周公宅东三年"之类。但今本则更多地保留了原始面貌，如于成王称"王"而不作"成王"，叙事较完整细致。整体而言，简本为删减本，较今本晚出，可能是在其流传或抄写之时对原作进行了节略、压缩与改写。比如，简本节略了今本所有的"四方之民"至"今我即命于元龟"，以及"乃卜三龟"至"能念予一人"两处文句。改写"乃告太王、王季、文王。史乃册祝曰"为"史乃册祝，告先王曰"，改写"王乃问诸史与百执事"为"王问执事人"，将"公乃自以为功"移于后文作"周公乃纳其所为功自以代王之说于金縢之

---

① 廖名春：《清华简与〈尚书〉研究》，《文史哲》2010 年第 6 期。
② 同上。

匦"等，在"既克殷"前增"武王"，增"成王犹幼在位""岁大有年"等句。另外还存在"秉璧植珪"之类讹误。"秉"，动词，表示把长物于手中。璧为圆物，不得言"秉"。今本作"植"，孔传训"置"，文意表达较为合理。[①]

2. 简本整体优于今本

从简本和今本异文的对比角度，简本存在不少较今本为优的地方。如刘国忠先生认为今本所记周武王生病的时间是在克商后二年，而简本则是"武王既克殷三年"生病，证明武王灭商后至少在位了三年。武王灭商后在位的年数一直有很多争议，《夏商周断代工程1996—2000年阶段成果报告》曾根据郑玄《诗谱·豳风谱》等材料，认为武王克商后在位四年。现在简本明确记载了武王是在克殷三年之后生病的，而且此后不久即不在人世，因此其在位时间最大的可能性是三年或四年，与断代工程的相关结论比较一致。今本"植璧秉珪"，简本作"秉璧植珪"。孔传、郑注皆训"植"为"置"，圭形窄长，故可云"植"，璧为圆形，不好为"植"，简本更为准确。再比如今本叙述周公自己在祷告后去占卜吉凶，这一段记载最为后人所诟病。如袁枚曾言："二公欲穆卜，公拒之，以为未可以戚我先王……他人戚先王不可，而己戚先王则可，非伯尊之攘善而何！"现在从简本来看，周公自始至终都没有占卜，只是向三王祷告，祈求自己代武王受过而已。祷告与占卜并非一事，可以说明周公并没有当面一套、背后一套。又比如今本最后一句是"岁则大熟"，可是此前已经提到"秋，大熟，未获"，此处又说"岁则大熟"，前后矛盾，简本最后一句"岁大有年，秋则大获"，显然要优于传世本。[②]

陈剑先生从简本用词和叙事逻辑上提出了不同的认识，认为简本比今本更

---

① 黄怀信：《清华简〈金縢〉校读》，《古籍整理研究学刊》2011年第3期。
② 刘国忠：《从清华简〈金縢〉看传世本〈金縢〉的文本问题》，《清华大学学报（哲学社会科学版）》2011年第4期。

为原始。首先是简 10 "以启金縢之匮"，今本作 "以启金縢之书"，《周礼·春官·卜师》郑玄注引作 "开籥见书"，《史记·鲁周公世家》作 "以开金縢书"，由简本可知 "书" 字皆误。今本上文之 "启籥见书"、《史记·鲁周公世家》之 "开籥乃见书"，因有上述 "以启金縢之书" 之误，导致王引之、王国维将 "籥" 字解释为 "简属" 之误说。其次今本篇末 "凡大木所偃，尽起而筑之"，伪孔传和孔疏以为 "筑" 是筑大木之根，马融、郑玄、王肃等皆解 "筑" 为 "拾"。简本 14 "偃" 字作 "拔"，与上文 "禾斯偃，大木斯拔" 一致，据此可知伪孔传和孔疏是正确的。今本 "拔" 作 "偃" 当系涉上文 "禾尽偃，大木斯拔" 而误。

关于简本周公祝告文句逻辑不连贯的问题，陈剑先生认为今本可能脱胎于简本，应系后人已经不明白周公之祷系试图直接移武王之病于己身，故添加了关于占卜的内容，对有关文句加以颠倒改写，却又未能照顾到此处之不通的问题。后文讲到成王启匮得周公之说后的反应，简本和今本都只是肯定周公想方设法为其祛疾的 "苦劳"，也都没有提及周公曾有过致武王病愈之 "功劳"。今本多出 "王翼日乃瘳" 正反映出简本的面貌更为原始。"王翼日乃瘳" 应系后人出于神化周公的目的而添加。今本祝祷占卜诸事之后有 "王翼日乃瘳"，《史记·鲁周公世家》有 "明日，武王有瘳"，简本则一字未及此。《史记·周本纪》说："武王已克殷，后二年……武王病。天下未集，群公惧，穆卜。周公乃祓斋，自为质，欲代武王。武王有瘳，后而崩。"《史记·封禅书》："武王克殷二年，天下未宁而崩。" 武王之死应该就是由《金縢》篇首所说之疾所致，很难说是已 "瘳"。[①]

3. 简本今本各有优劣说

从文本流传的角度，杜勇先生认为《金縢》成篇时的写本可视为初始

---

①　陈剑：《清华简〈金縢〉研读三题》，2011。

本，今本和简本都是初始本的变异本。二者皆具重要的史料价值，各有优长。整体上可以说，竹书本除删去有关占卜文字外，大体上更接近初始本。①其一，简本"既克殷三年"和"周公宅东三年"，似为楚地经师改其初始本所致。今本均为"二年"应出自初始本。汉语"二年"或"三年"往往具有不确定性，如某一事件历时两周年，其起讫年代却占了三个年头，称谓二年可，称谓三年亦。这种改动只反映后人对《金縢》有关史事年代的表述方式存在理解上的差异，而对其内涵的把握并无实质不同。其二，简本"王亦未逆公"应源于初始本，今本"王亦未敢诮公"有可能为秦汉时期整编所改。后文"王执书以泣"（简文作"王捕书以泣"）说明成王对周公遗诗之后"亦未逆公"多有悔恨之意，并非不敢责备周公。其三，简本"周公乃遗王诗曰《周（鸱）鸮》"当为初始本之文，所以孔、孟言及《鸱鸮》不知其作者。今本在整编时将"遗诗"与"为诗"混为一谈，致使周公成为该诗的作者。其四，简本"就后武王陟""是岁也，大熟，未获""是夕，天反风"诸句当出自初始本，在整编时可能认为事件发生的时间为人所熟知，故删除"就后""是岁也""是夕"等时间副词，造成后世理解上的严重分歧。其五，简本"王乃出逆公，至郊"当为初始本之文。今本求其简洁，省作"王出郊"，则不能清楚表达成王出郊意欲何为，乃至后来生出成王复以王礼改葬周公使得郊祭，或成王出郊迎接周公待罪归来等不同说法，使周公东征的史实不彰。其六，简本无"王翼日乃瘳"可能同于初始本。今本此句与简文"就后武王陟"（今本作"武王既丧"）相矛盾，可能是整编时依据传闻异词所作增益。

---

① 杜勇：《清华简〈金縢〉有关历史问题考论》，《古籍整理研究学刊》2012 年第 2 期。

（四）从简本《金縢》看《尚书》成书

主持整理工作的李学勤先生最早根据简本未见今本和《史记·鲁周公世家》都有的周公占卜相关文句，推测简本和今传本分属不同的传流系统。[①]李锐先生仔细对比简本和今传本，反思前人所举的晚出证据，也认为简本和今本虽属不同的传流系统，二者在流传过程中皆有改动，但却有共同的源头，而且其源头有可能在西周中晚期产生。[②]

陈梦家在《尚书通论》中曾根据先秦古书引述《尚书》的情况考察当时《书》篇的形态以及《尚书》的形成过程。其基本结论是：

> 《尚书》的名称，代有变异，其初泛称《书》，其次有篇名，其次分夏、商、周书，其次称《夏书》为《尚书》，其次总称夏、商、周书为《尚书》。又《仲虺之诰》，《左传》《荀子》《吕览》称之为"志"为"言"，皆不以为《书》，惟《墨子》称之为"诰"，以为"先王之书"。《孟子》《国语》《左传》常引"志"。

据此，杨振红先生也认为简本与今本同源异流，最初都来源于一个相同的祖本，后来在流传的过程中逐渐产生差异。结合清华简或许可以对《尚书》的形成过程做出推测：春秋战国时期保存了很多前代遗留下来的典策，或称"书"，或称"志"，或称"言"，或称"诰"。清华简《周武王有疾周公所自以代王之志》即是当时流行的一种志。这些书、志、言、诰是后代编纂《尚书》的素材来源。孔子所处的春秋时代末期，"书""志"等仅仅作为前代的历史典籍而存在，尚未取得《诗》《礼》《乐》那样的经典地位。

---

① 李学勤：《清华简九篇综述》，《文物》2010 年第 5 期。
② 李锐：《〈金縢〉初探》，《史学史研究》2011 年第 2 期。

孔子没有删订过《尚书》，也没有作《书序》。孔子之后，或者为了方便，或者出于一种理想和目的，这些"书""志"等开始按照时代和国别被分类，冠以夏、商、周、晋、鲁等书名，并给每篇冠以篇名。从《周武王有疾周公所自以代王之志》到《金縢》篇名的变化，正是这一过程的个案反映。在孟子（前372—前289）生活的时代，"书"尚未形成今本《尚书》的样子，其地位仍不高。至荀子（约前313—前238）时代，"书"的地位已经与《诗》《礼》《乐》等齐，表明其当时可能已经完成了经典化的过程，《尚书》和《书序》可能已经成书。①

① 杨振红：《从清华简〈金縢〉看〈尚书〉的传流及周公历史记载的演变》，《中国史研究》2012年第3期。

附录：简本《金縢》简释①

简本：武王既克殷三年[一]，王不瘵又㞧[二]。二公告周公曰[三]："我亓为王穆卜[四]。"周公曰："未可以戚[五]吾先王。"周公乃为三坦同䢅，为一坦于南方[六]，周公立焉，秉璧𡗞珪[七]。

今本：既克商二年，王有疾，弗豫。二公曰："我其为王穆卜。"周公曰："未可以戚我先王"，公乃自以为功。为三坛同墠。为坛于南方，北面，周公立焉。植璧秉珪，乃告太王、王季、文王。

[一] **既克殷三年：**今本作"既克商二年"，《史记·鲁周公世家》作"克殷二年"。实际上，古代"计数法"有包含所数自身和自下一次开始计算两种算法。可能是"计数法"的差异造成今本"二年"与简本"三年"的差异。

[二] **王不瘵又㞧：**瘵，通"豫"，有不悦不安之义。又，而且。根据《说文·辵部》"迟，徐行也。从辵犀声。《诗》曰：'行道迟迟。'遅，迟或从㞧。"㞧，通"迟"。葛陵简常见"少迟瘥""疾迟瘥""迟已"等语，是说平夜君成发病以后迟迟未见好转。其中"迟"字形或作"遅"，与

① 注释综合诸家考释意见，恕不一一引用。

《说文》正合。简本《金縢》的"尸"就是葛陵简的"迟"。"有迟"之"迟"有"停留、留止"义，作"有"的宾语。大意是"（疾病）有停留、留止的情况""（疾病）留止不去"。

[三] **二公告周公曰**：二公，根据《史记·鲁周公世家》和孔传，这里指太公望、召公奭。简本的"二公告周公曰"比今本的"二公曰"三字更明确地提示是三人对话的场面。后文"史乃册祝，告先王曰"也有相同的作用。

[四] **我亓为王穆卜**：亓，同"其"，时间副词，用在谓语之前，相当于"将"。《词诠》曰：其，"时间副词，将也"。穆卜，孔《传》解释为"敬卜"。一说根据西周的昭穆制度，"穆卜"即"卜穆"，卜武王的继承者，即武王之穆。一说"穆"字可通"瘳"。《说文》："瘳，疾瘉也。"《周礼·春官·大卜》："以邦事作龟之命，一曰征，二曰象，三曰兴，四曰谋，五曰果，六曰至，七曰雨，八月瘳。"郑玄注："国之大事待蓍龟而决者有八。定作其辞，于将卜以命龟也。"瘳卜，犹卜瘳，卜问疾愈之事。在传世和出土文献中，都有关于瘳卜比较详细的记载。《左传》昭公元年："晋侯有疾，郑伯使公孙侨如晋聘，且问疾。叔向问焉，曰：'寡君之疾病，卜人曰实沈、台骀为祟，史莫之知。敢问此何神也？'"包山楚简245—246号："大司马悼滑以将楚邦之师徒以救郙之岁荆夷之月己卯之日，五生以丞德以为左尹佗贞：既腹心疾，以上气，不甘食，尚速瘥，毋有奈。占之：恒贞吉，疾弁变，病窆。以其故说之。举祷荆王，自熊丽以就武王，五牛、五豕。思攻解于水上与溺人。五生占之曰：吉。"

[五] **未可以戚吾先王**：戚，忧也。今本作"戚"，其他说法或训为"动"，或训为"就"，或训为"迫"。分歧在于如何理解周公对"为王穆卜"的态度，或认为周公已认同"穆卜"，但"穆卜"不足以"动""就"先王；或认为周公不赞同"穆卜"，"穆卜"反而会"忧怖""迫近"先王。从后文

周公为武王向先王“以身代祷”的情形看，这里周公所言“未可以戚我先王”当指周公不太认同“穆卜”之行为，认为不足以达到效果，因而才有下文的“以身代祷”。

［六］**周公乃为三坦同䡅，为一坦于南方：**坦，通“坛”，筑土为坛。同，同一个。䡅，从土，亶声，可通“墠”，除地为墠。一说今本“为坛于南方”的“坛”可以有两种解释：一种是与“三坛”不同的另一个“祭坛”，一种是前句“三坛”的代称。简本“为一坦于南方”语意明确，“一”确实是与“三坛”不同，除了“三坛”以外，周公还在南面筑起另一座祭坛。

［七］**周公立焉，秉璧旹珪：**旹，从首，之声，可通“戴”。周公“戴璧”就是将玉璧顶戴在头上，模仿祭祀所用牺牲的样子。

简本：史乃册祝，告先王曰[一]：“尔元孙发也[二]，**務邁盧**疾[三]，尔毋乃[四]有备子之责在上[五]，惟尔元孙发也，不若旦也，是年若丂能[六]，多才多艺，能事鬼神。命于帝廷，溥有四方，以奠尔子孙于下地[七]。尔之许我，我则晉璧与珪。尔不我许，我乃以璧与珪归。[八]”周公乃纳其所为𥘵自以代王之敓[九]，于金紎之匱[十]，乃命执事人曰勿敢言[十一]。

今本：史乃册祝曰：“惟尔元孙某，遘厉虐疾。若尔三王，是有丕子之责于天，以旦代某之身。予仁若考能，多材多艺，能事鬼神。乃元孙不若旦多材多艺，不能事鬼神。乃命于帝庭，敷佑四方，用能定尔子孙于下地。四方之民罔不祗畏。呜呼！无坠天之降宝命，我先王亦永有依归。今我即命于元龟，尔之许我，我其以璧与珪归俟尔命；尔不许我，我乃屏璧与珪。”乃卜三龟，一习吉。启籥见书，乃并是吉。公曰：“体！王其罔害。予小子新命于三王，惟永终是图兹攸俟，能念予一人。”公归，乃纳册于金縢之匮中。王翼日乃瘳。

［一］**史乃册祝，告先王曰**：册，简文中作状语修饰动词"祝"。整句意思是史官册祝，以写有祝辞的简册祝告先王。

［二］**尔元孙发也**：今本作"元孙某"。伪孔传："元孙，武王。某，名。臣讳君，故曰某。"郑玄注："讳之者，由成王读之也。"元孙，长孙。发，武王名。一说认为包括天子祷文在内的古代祝祷之辞，书面成文不必避讳，但口头读文必须避讳。出土秦骃玉版就是秦惠文王自祷之辞，书面祷辞没有避讳。部分文辞是"有秦曾孙小子骃曰：孟冬十月，厥气戋涸，余身遭病，为我戚忧。……小子骃敢以玠圭、吉璧、吉瑶以告于华大山。大山有赐囗，已吾腹心以下至于足髀之病，能自复如故"，可为证。今本《金縢》在祝文中讳称武王名而言"某"，原因是祝文由周公所作，史佚所读，所以不能直诵王名。一说认为史代读祝词并不等于是史本人称呼王，而是代周公言，且祝词是向三王祈求，无论周公自称还是称呼武王，在祖先神灵面前皆无避讳名字之必要。如西周青铜器中周厉王所作**㝬**钟、五祀**㝬**钟与**㝬**簋，器铭所见赞颂先王以祈求福佑的文句中，周厉王皆自称己名"**㝬**"。因此，简文记史代周公祝告先王时所称武王为"尔元孙发"，是合乎当时制度的。

［三］**劳遺盧疾**：今本作"遘厉虐疾"。孔传："厉，危。虐，暴。"**劳**，可通"遘"，遭遇。**遺**，从禼即辥（辝）得声，可通"厉"。"遘厉"连读，是当时的习惯性成语。尹湾汉简《神乌赋》"何命不寿，狗丽此咎"，"狗丽"即"遘厉"，遭遇的意思。**盧**，从虘。《说文》"虐"为"虐"之古文。"虐疾"连读，即疟疾病。

［四］**尔毋乃**：表示反问。简文前后文作"尔毋乃有备子之责在上"，今本作"若尔三王，是有丕子之责于天"。"毋乃"与"若"的区别很大。"毋乃"引领反问句，而"若"引领假设句。反问句比假设句有更强的语气，春秋以后多见这种句式，如上博简《鲁邦大旱》1 号简"邦大旱，毋乃失诸刑与德乎"。

[五] **有备子之责在上**：备，今本作"丕"。孔传、马融解释"丕"为"大"，谓天命尔三王有大子爱尔子孙之责。郑玄则认为可通假为"不"，谓若武王死，则尔三王有不子爱之责在上。《史记》作"负子"，意思是背弃子民。备，求备，责求，简文中表示使动用法，意思是"使齐备""使备具"。周人的观念中，人死后魂至于天上祖先居住之场所。武王病重，周公认为原因在于天上的先王还要责取子孙，使在其侧的子孙更多、更齐备。从后文周公将自己与武王对比，愿意替代武王，这正是在承接前文"尔毋乃有备子之责在上"对先王的疑问，也说明"备子之责"的大意应该指先王想要子孙来服侍。一说，出土文献中"备"常通假为"服"，简文中表示"服用"的意思，即祖先在天上要用地上的子孙，希望上天去服务祖先。

[六] **是年若丂能**：今本作"予仁若考能"。是，上古汉语中可做代词，在句中承担主语的功能，还可以复指上文提到的对象，① 简文中"是"即指前句所述的旦（周公）。年，可通"佞"，形容人的高才。若，相当于并列连词"而"。一说"年"可通假为今本的"仁"。"仁"的起源应在殷末周初，最早指贵族之表现，兼含内外。清华简《殷高宗问于三寿》"衣服美而好信，巧才而哀矜，恤远而谋亲，憙神而柔人，是名曰仁"，是"仁"较早的含义。西周至孔子以前，"仁"的对象扩大到广大的贵族，大体指身为一个贵族应有的特质与表现。孔子以后，"仁"渐渐成为最高德行的标准。《金滕》篇周公自称"予仁若考能"，符合"仁"原初的含义。

[七] **命于帝廷，溥有四方，以奠尔子孙于下地**：今本在此句前有"乃元孙不若旦多材多艺，不能事鬼神"一句。溥有四方，今本作"敷佑四方"。伪孔《传》："布其德教以佑助四方。"一说"溥"通"甫"，刚刚，起始。指周武王刚刚获得天下不久。"命于帝廷""溥有四方"这类话语往

---

① 中国社会科学院语言研究所古代汉语研究室主编《古代汉语虚词词典》，商务印书馆，1999，第516页。

往出现在西周金文和《诗经》中，一般是针对君王而言的。简文的行文逻辑上，"命于帝廷，溥有四方"之前缺少主语，不像今本至少还有连词"乃"起首。这可能是简文编撰者的疏失。

[八] **尔之许我，我则晋璧与珪。尔不我许，我乃以璧与珪归**：此句之后，今本还有"乃卜三龟，一习吉。启籥见书，乃并是吉。公曰：'体！王其罔害。予小子新命于三王，惟永终是图兹攸俟，能念予一人。'"一段，《史记·鲁周公世家》略同，简本没有。晋，从石，晋声，相同字形也见于清华简《系年》和《子仪》篇。整理者认为可通"晋"或"进"。一说包山简和新蔡简也有"晋"字，应该是"晋"之简写，如包山简第 207～208 号简"晋于野地主一羖，宫地主一羖；赛于行一白犬、酒食"，而第 219 号简"厌一羖于地主；赛祷行一白犬，归冠带于二天子"，"晋"用法和"厌"相同，《礼记·曾子问》"摄主不厌祭"，注："厌，饫神也。"厌祭大概指以食物以食供神。一说，简本《金縢》的"晋"可通"瘗"，"晋（瘗）璧与珪"就是祷毕瘗埋珪璧之意。瘗埋牲玉虽多为施用于对地只之祭祀，但特殊情况下也可以用于祭祀先王等途径。周公之祷是在野外设坛、召唤先王，而不是宗庙正常的祭祀，所以以瘗埋璧玉的方式向先王献上祭品。一说，因为包山简"晋"字一类字形与"屏"的字形较为接近，今本的"屏"字有可能就是后人误释"晋"类写法而来。因"晋／晋"字误为"屏"致使原文语意不太通畅，后人便把"屏璧与珪"句改为接在"尔不我许"之下，使之合乎情理；"以璧与珪归"句则改为接在"尔之许我"之下后。

[九] **周公乃纳其所为扛自以代王之敓**：扛，今本作"功"，《史记·鲁周公世家》作"质"。相同用法的"扛"也见于简本《金縢》的简 10"王得周公之所自以为扛，以代武王之说"。简文中，"扛"通"贡"，《说文》"贡，献功也"。简文是说周公愿意代替武王，以自己为贡品（人牲），献给先王。一说指的是《周礼·春官·宗伯》中"大祝"所掌六祈之一。《周

礼》原文是"大祝：掌六祝之辞，以事鬼神示，祈福祥，求永贞。……掌六祈，以同鬼神示，一曰类，二曰造，三曰禬，四曰禜，五曰攻，六曰说"。根据郑玄的注，"攻"是用言辞去责难鬼神，也要用上币帛之类祭品。简本《金縢》的"祗"可能与六祈之一的"攻"祭相同。敓，常常出现于出土战国楚地卜筮祭祷简中，一般通假为"祟"，表示鬼神造成的灾祸、祸患。简本"武王之敓"和今本后文"周公所自以为功代武王之说"中的"说"有可能通"祟"，指武王因先王而患有重病之事。

[十]　**于金縢之匮**：縢，欠声，通"縢"。《汉书·高帝纪下》："又与功臣刻符作誓，丹书铁契，金匮石室，藏之宗庙。"如淳注："金匮犹金縢也。"颜师古注："金为匮，以石为室，重缄封之，保慎之义。"

[十一]　**乃命执事人曰勿敢言**：敢，虚词，相当于"得"。《国语·晋语二》："公子重耳出见使者曰：'子惠顾亡人，重耳父生不得供备洒埽之臣，死又不敢菹丧以重其罪。'"前后句中"敢"与"得"对举同义。简文这里的句意是：周公命执事之人不得言语（传播此事）。

　　简本：臺后武王力[一]，成王犹幼在位[二]，管叔及其群兄弟[三]乃流言于邦曰：公将不利于孺子[四]。周公乃告二公曰："我之□□□□亡以复见于先王。"[五]周公石东三年，祸人乃斯得[六]，于后周公乃遗王诗曰《周鸮》[七]。王亦未逆公。[八]

　　今本：武王既丧，管叔及其群弟乃流言于国，曰："公将不利于孺子。"周公乃告二公曰："我之弗辟，我无以告我先王。"周公居东二年，则罪人斯得。于后，公乃为诗以贻王，名之曰《鸱鸮》。王亦未敢诮公。

[一]　**臺后武王力**：臺，可通"就"，出土文献中"就"一般表示"至""到"的意思，如葛陵简"册告自文王以就声桓[王]"。简文也。"就后"

与上博简《邦人不称》简3"就复邦之后"等说法类似，两处"就"是同一个词，表示"至"的意思。传世古书未见类似用法的"就"，这可能是楚地方言特有用法。传世古书中与楚方言"就"用法相当的词应该是"及"，如《史记·鲁周公世家》"及后闻伯禽报政迟"。力，可通"陟"。《尚书·康王之诰》有"惟新陟王"。韩愈《黄陵庙碑》引《竹书纪年》："帝王之没皆曰陟。"

［二］**成王犹幼在位**：今本未见此句。《史记·鲁周公世家》言"成王少，在强葆之中"。《礼记·曲礼上》："人生十年曰幼，学；二十曰弱，冠。"清代学者梁玉绳指出："《金縢》曰周公以诗贻王，而'王亦未敢诮公'，则成王非不识不知之孩稚矣；曰'王与大夫尽弁'，则成王已冠矣。"简文虽然说成王"犹幼"，考虑到后文成王"信谗"，周公送《鸱鸮》诗给成王，"王亦未逆公"，当成王启金縢后明白真相，出郊迎回周公，这些事实说明成王即位时心智已相当成熟，实际年龄不会太小。

［三］**管叔及其群兄弟**：群兄弟，今本作"群弟"。《史记·管蔡世家》云："武王同母兄弟十人……其长子曰伯邑考，次曰武王发，次曰管叔鲜，次曰周公旦，次曰蔡叔度……"一说，简文"群兄弟"不仅指武王、周公之同母兄弟，也可能还包括庶出之兄弟，甚至包括有相当势力的从父兄弟。一说，先秦文献中，除了"亲族血缘关系"的"兄弟"以外，还有"兄弟之国""兄弟之邦"意义的"兄弟"，如《尚书·梓材》有"兄弟方"。简文"管叔及其群兄弟"可理解为"管叔以及其他相投合的国家"。三监叛乱时，武庚及东夷方国也参与了叛乱，简文的"群兄弟"不排除包括这些方国势力。

［四］**公将不利于孺子**：孺子，孔传云："孺，稚也。稚子，成王。""孺子"一词多见于《尚书》，常是长辈对晚辈的称呼。根据上文对"幼"的讨论，孺子不一定完全指年幼之人。

〔五〕**周公乃告二公曰："我之□□□□亡以复见于先王。"**简文缺失四字，今本则作"弗辟，我"三字。孔传、许慎皆训"辟"为"法"，意思是"我不以法治管叔，则我无以复见我先王"，所以才有东征的举动。马融和郑玄则读"辟"为"避"，意思是避居东都。根据简本后文来看，读"辟"为"避"，这里指避居东都，更符合历史事实。

〔六〕**周公石东三年，祸人乃斯得：**石东三年，今本作"居东二年"。石，楚文字常见的"迉"的简写，"迉"可通假为"蹠"，表示"适、往"的意思。简文直接写作"石"，但从用字习惯上看也应读为"蹠"，训为"适"。

〔七〕**《周鸮》：**今本作《鸱鸮》，《鸱鸮》诗见于《诗经·豳风》。"鸱枭"是一种似鹰且贪恶的枭类之鸟。周公赋《鸱鸮》可能是借此诗谴责当时破坏周王室基业的势力，并以鸟类护巢的故事暗喻自己对周王的忠诚。一说"周"的上古音拟音是 tiw，"鸱"是 thi，两字的主元音相同。"鸱鸮 thi graw"的前一音节大概受后一音节的同化作用而变为 thiw，因而楚简用"周"字通假为"鸱"。

〔八〕**王亦未逆公：**今本作"王亦未敢诮公"。伪孔传："王犹未悟，故欲让公而未敢。"《史记·鲁周公世家》作"王亦未敢训周公"。《集解》引徐广曰："训，一作诮。"《索隐》："《尚书》作诮。诮，让也。此作训字，误耳。义无所通。徐氏合定其本，何须云一作诮也？"王亦未逆公，即成王也没有主动迎回周公。简文表述胜于今本，今本"诮"疑为误字。一说"逆"字在三体石经及《汗简》中作⿰⿱朔辶和⿰⿱朔辶，此类形体从上下结构的朔旁得声，实为"遡"字，"遡""逆"二字基本声符相同，音近相通假，古文中借"遡"为"逆"。因"逆"字写成⿰⿱朔辶形，右上部"朔"旁与"肖"旁写法极为相近，容易误为"逍"字。而"逍"字本身无法疏通文意，又改成音近之"诮"。

简本：是岁也[一]，秋大熟，未敊[二]。天疾风以雷[三]，禾斯偃[四]，大木斯拔。邦人□□□□喜[五]，大夫𦈢[六]，以启金絘之匮。王得周公之所自以为𥎸以代武王之敊[七]。王问执事人，曰："訏[八]。殹，公命我勿敢言。"王捕书[九]以泣，曰："昔公勤劳王家，惟余𨟻[十]人亦弗及知，今皇天动威，以彰公德，惟余𨟻人其亲逆公[十一]，我邦家礼亦宜之。王乃出逆公至郊。是夕，天反风，禾斯起[十二]。凡大木之所拔，二公命邦人尽复筑之。岁大有年，秋则大敊。[十三]

今本：秋，大熟，未获。天大雷电以风，禾尽偃，大木斯拔，邦人大恐。王与大夫尽弁，以启金縢之书，乃得周公所自以为功代武王之说。二公及王乃问诸史与百执事。对曰："信。噫！公命我勿敢言。"王执书以泣，曰："其勿穆卜！昔公勤劳王家，惟予冲人弗及知。今天动威，以彰周公之德，惟朕小子其新逆，我国家礼亦宜之。"王出郊，天乃雨，反风，禾则尽起。二公命邦人凡大木所偃，尽起而筑之。岁则大熟。

[一] **是岁也**：今本只有"秋"一字点明时间。类似于"是岁也"这种表达习见于传世春秋战国文献和战国楚简中，如《左传·僖公二十一年》"是岁也，饿而不害"，上博简《鲍叔牙与隰朋之谏》8 号简"是岁也，晋人伐齐"。

[二] **未敊**：整理者指出敊左旁又见上博简《采风曲目》3 号简"𡕥也遗夫"，以及《鲍叔牙与隰朋之谏》4 号简"𣴎民猎乐"。一说，敊字左旁即"叙"，整字可分析为从"叙"从"刀"，"叙"旁则是见于《说文》的"贅""叡"的声旁"叡"的省写。《金縢》此字似是为刈获之"获"所造从"刀""叙（壑）"声的形声字。

[三] **天疾风以雷**：今本作"天大雷电以风"，简本下文又有"天反风"。《史记·鲁周公世家》作"暴风雷雨"，今本下文则是"天乃雨，反

风"。相较而言，简本的表达更为顺畅。

〔四〕**禾斯偃**：斯，今本作"尽"。一说"斯"可通假为"澌"。《广雅》"澌，尽也"，王念孙《广雅疏证》所举例证就有"《金縢》'大木斯拔'，《史记·鲁周公世家》作'尽拔'"。

〔五〕**邦人□□□□嚣**：简文缺四字，整理者据今本补"大恐，王□"。嚣，整理者认为可通"弁"。《左传·成公五年》记载当国有灾异，"君为之不举，降服，乘缦，彻乐，出次，祝币，史辞以礼焉"。降服一般用爵弁。

〔六〕**大夫縹**：今本作"王与大夫尽弁"，《史记·鲁周公世家》作"成王与大夫朝服"。縹，一说可通假为"端冕""玄端""端委""端章甫"等之"端"，指礼服。一说，《汉书·王莽传下》有一段话可对读："有列风雷雨发屋折木之变，予甚弁焉，予甚栗焉，予甚恐焉。"师古曰："弁，疾也。一曰弁，抚手也，言惊惧也。"今本"邦人大恐。王与大夫尽弁"就描述了邦人、王和大臣的恐惧。简本"縹"可通假为"慅"，表示忧愁之义。

〔七〕**王得周公之所自以为虹以代武王之敚**：参考本书第198页注释〔九〕。

〔八〕**訫。殹，公命我勿敢言**：訫，通"信"，相当于"确实"，表肯定判断。殹，通"繄"或"抑"，相当于"然""而"。《左传·隐公元年》："公曰：'尔有母遗，繄我独无！'""繄"表转折语气。

〔九〕**王捕书**：整理者认为"捕"可通假为"布"，《小尔雅·广言》"展也"。一说可通假为"搏"或"把"，"执取"的意思。

〔十〕**酋**：通"冲"，《尚书》多见"冲人"，王国维曾怀疑当是"童人"。但"冲人"也可以是成人的谦称。

〔十一〕**惟余酋人其亲逆公**：酋人，冲人。逆公，迎公。今本作"惟朕小子其新逆"。新，通"亲"。

〔十二〕**是夕，天反风，禾斯起**：今本没有"是夕"，前后文为"王出郊，天乃雨，反风，禾则尽起"，简本作"王乃出逆公至郊。是夕，天反风，禾斯起"。今本与简本叙事效果不同，根据今本，王出迎至郊，便起风雨；根据简本，成王出迎周公，走到郊外，当晚才有风雨。

［十三］**岁大有年，秋则大**敊："大有年"，大丰年的意思。敊，通"获"，参见本书第 202 页注释［二］。今本作"岁则大熟"。今本前文已经交代了"大熟"，但"未获"。经历了"天大雷电以风"等的暗示之后，成王与众人才明白周公遭受冤屈，所以天公示警，而且人民"未获"。成王悔悟，亲迎周公，相应地有了"天反风，禾斯起"的转变。因而，今本最后的"岁则大熟"很可能是"岁则大获"的误写。

参考文献：

［1］陈剑：《清华简〈金縢〉研读三题》，载复旦大学出土文献与古文字研究中心编《出土文献与古文字研究》（第四辑），上海古籍出版社，2011。

［2］陈剑：《"备子之责"与"唐取妇好"》，载李宗焜主编《出土材料与新视野》，"中央"研究院，2013。

［3］季旭昇校订：《清华大学藏战国竹简（壹）读本——〈金縢〉》，艺文印书馆，2013。

［4］邬可晶：《说金文"贅"及相关之字》，载复旦大学出土文献与古文字研究中心编《出土文献与古文字研究》（第五辑），上海古籍出版社，2013。

［5］蔡伟：《误字、衍文与用字习惯——出土简帛古书与传世古史校勘的几个专题研究》，复旦大学博士学位论文，2015。

［6］张富海：《谐声假借的原则及复杂性》，载徐刚主编《岭南学报　复刊第十辑　出土文献：语言、古史与思想》，上海古籍出版社，2018。

第三编 《周书》诰命与周人的政治智慧

八、天命不易——语文学视角下的周人天命观探微

《尚书》中多见古人习用的成语，这些成语往往是先秦思想的重要概念。现代学者中王国维先生《与友人论诗书中成语书》最早展开研究，该文曾举例"不淑""陟降""登假"等词予以详细训释。[①] 后续研究中，姜昆武先生《诗书成词考释》一书明确区分了"成语"与"成词"。"成语"形式上以四字为主，一般指承担"语句"作用的词组。相对而言，"成词"一般指不承担"语句"作用的双音节词。[②] 成词"天命"与"不易"在《诗》《书》中多次出现，成语"天命不易"即是以"天命"与"不易"两词组合而成的。但"天命不易"在结构定型上尚不稳定，具体用词和语法结构有所差异，除"天命不易"外，尚有"骏命不易"与"命之不易"等不同表达，具体思想意涵也有差异。

《诗》《书》中成语难读，王国维曾解释道："其成语之意义与其中单语分别之意义又不同。"[③] 本书试着在前后文语境中对该成语进行研究，考察两

---

① 王国维：《与友人论诗书中成语书》《与友人论诗书中成语书（二）》，载王国维《观堂集林》，第 75 – 84 页。

② 姜昆武：《诗书成词考释》，齐鲁书社，1989，第 10 – 25 页。

③ 王国维：《与友人论诗书中成语书》，载王国维《观堂集林》，第 75 页。

词在不同语境中的不同词义，以及"天命不易"的整体义，最终发现不同语境中"天命"义指有所不同，"易"也有两种不同的常用义。

（一）天命不可变易

"天命"一词在《诗》《书》中出现多次，本义当指"天之命令"。在实际使用中，有用其本义者，更多的是用其引申义。姜昆武曾梳理《尚书》中"天命"一词的引申义：

> 古初社会，人类还处于蒙昧状态，对于自然、社会之种种灾异现象，尽归因于天之所命，其主观行事，亦务求合于天意，故《尚书》中凡言国祚、帝位、政事、征战、灾异、祸福、寿天、刑赏等等人所不能预测者，皆称天之所命。[①]

下文讨论中涉及"天命"一词时，即参考并立足于这一论述。《尚书·大诰》有言：

> 王曰：呜呼。肆哉，尔庶邦君越尔御事，爽邦由哲，亦惟十人，迪知上帝命越天棐忱。尔时罔敢易法，矧今天降戾于周邦？惟大艰人，诞邻胥伐于厥室；尔亦不知天命不易。

其中"惟大艰人，诞邻胥伐于厥室；尔亦不知天命不易"，伪孔《传》言：

> 惟大为难之人，谓三叔也。大近相伐于其室家，谓叛逆也。若不早诛汝，天下亦不知道天命不易也。

---

① 姜昆武：《诗书成词考释》，第50页。

孔颖达《尚书正义》疏言：

> 惟大为难之人，谓三叔等，大近相伐于其室家，自欲拔本塞源，反害周室，是其为易天法也。彼变易天法，若不早诛之，汝天下亦不知天命之不可变易也。

可以看出，伪孔《传》未明确解释"天命不易"。《尚书正义》解释为"天命之不可变易"，"易"训作"变易"。"越天棐忱。尔时罔敢易法，矧今天降戾于周邦？"《汉书·翟方进传》所载王莽仿《大诰》作《莽诰》此句为：

> 粤天辅诚，尔不得易定，况今天降定于汉国？

其中"降戾"作"降定"，孙星衍《尚书今古文注疏》有过解释：

> 戾，定，《释诂》皆训为止。《诗传》云"戾，定也"，言天方辅我之忱，汝是无敢易法，况我周邦有定命呼？①

下文言"天命不易"，即是承接上文"降戾于周邦"而言。初民社会，对政治之变迁多喜欢以宿命论来解释，"降戾于周邦"提示我们此处"天命"当采用其本义"天之命令"，这里的"天命不易"是在向反叛的"大艰人"宣示周人在当时得天命已成定数，这种历史事实不可改变。因此，"不易"之"易"当作"变易""改变"来理解。这里"天命不易"即言"天之命令不可改易"或"不可改易天之命令"。

从西周思想史上来看，周人灭商之初，仍然受到传统宗教观的影响，认为上帝是最高主宰，天命乃上帝意志，不可违抗。② 有学者总结周公早期的

---

① 孙星衍：《尚书今古文注疏》（全二册），中华书局，1986，第352页。
② 陈来：《古代宗教与伦理：儒家思想的根源》，第171页。

天命观时，就曾解释上面引用的《大诰》这段话说："这里的天命不是指上天授付君王的权命，而是指上天的命令。"① 正因为有这种思想，进而才会认为"天之命令不可改易"，主张"天命不易"。

（二）天命不可慢易

《尚书·君奭》有言：

> 我后嗣子孙，大弗克恭上下，遏佚前人光，在家不知，天命不易，天难谌，乃其坠命，弗克经历。

"天命不易，天难谌，乃其坠命，弗克经历"，伪孔《传》言：

> 天命不易，天难信无德者，乃坠失王命，不能经久历远，不可不慎。

孔颖达《尚书正义》疏言：

> 天命不易，言甚难也。天难信，恶则去之，不常在一家，是难信也。天子若不称天意，乃坠失其王命，不能经久历远，其事可不慎乎？

蔡沈《书经集传》言：

> 天命不易，犹《诗》曰：命不易哉。命不易保。②

伪孔《传》虽未作直接解释，但"天命不易，天难信无德者"已暗示这里的"易"为难易之意。"乃坠失王命，不能经久历远"则暗示这里的

_____

① 陈来：《古代宗教与伦理：儒家思想的根源》，第172页。
② 蔡沈：《书经集传》，第107－108页。

"天命"当指国祚命运。《尚书正义》训"不易"为"难也",天命难也,文意难以说通。国祚命运本身无所谓难易,真正难的是周人对国祚的态度,难在如何去维持长久的国祚。《书经集传》已经意识到这一问题,解释说"命不易保",然而"命不易保"之"保"有增字解经之嫌,因此,这里"天命不易"之"易"难以视作"难易"之"易",有必要重新从训诂上考虑对这里"天命不易"的训释。

前引《尚书·君奭》这段话,清代学者朱骏声在《尚书古注便读》中解释道:

> 易,敓也,犹轻慢也。谌,信也。经,径也,犹行也,历过也。经历犹言更历知道也。言命不可慢易,天意难信服,乃或出于不祥而坠命者,以弗能更事弗恭上下以继文明之明德也。①

朱氏的说法文从字顺,当是确诂,只是未能对"天命"详加解释。首先,参考伪孔《传》的提示,这里的"天命"已经超出"天之命令"的本义,准确地讲当指周王朝之国祚。其次,《说文·支部》:"敓,侮也。"徐锴《说文解字系传》:"敓,轻易之也。""敓"字应当是"轻易""慢易"之"易"的后起专用字,表示轻慢之意。若训"易"为慢易,"天命不易"是在讲"对天命不可轻慢"。言外之意是说,因为难以使上天信服,唯有在政事等主观行事中合乎天意,才可使周人的国祚长久下去。如此解释,就避免了前人增字解经的问题,文意得以畅通。

应该指出,表示"不可慢易天命"的"天命不易",与表示"天命不可改易"的"天命不易"句法结构相同,都是动宾结构,而且宾语前置。只是"易"的词义不同,古人大概因此才将它们混淆。

---

① 朱骏声:《尚书古注便读》(卷4中—卷4下),华西协和大学出版社,1936。

《诗·大雅·文王》有"宜鉴于殷，骏命不易"。郑笺：

> 宜以殷王贤愚为镜。天之大命，不可改易。

同诗又有"命之不易，无遏尔躬。宣昭义问，有虞殷自天"。郑笺：

> 宣，遍。有，又也。天之大命，已不可改易矣，当使子孙长行之，无终女身则止。遍明以礼仪，问老成人，又度殷所以顺天之事而施行之。

郑笺两处皆言"不可改易"。清代学者胡承珙对此有所辨析：

> 郑于《诗》言"不易"者，多作"不可改易"。如《大明》"不易维王"、《韩奕》"朕命不易"皆是。然《韩奕》言"不可改易"可也。此诗及《大明》皆当作"难易"之"易"。若此诗"骏命不易"，以为"不可改易"，则于上文"天命靡常"、下文"无遏尔躬"皆不相融贯矣。[①]

近现代学者林义光《诗经通解》解"宜鉴于殷，骏命不易"云：

> 易犹慢也。不易犹言不可慢。《大明》"不易维王"，《敬之》"命不易哉"，《盘庚》"今予告女不易"，毛公鼎"敬念王威不易"，皆此义。[②]

若依传统的"不可改易"之说，我们可以解读为，这是在告诫子孙：因为天命不可改变，我们只有勉为其难地去保持天命。这与全诗表达的那种天命靡常，子孙应当谦卑恭敬以侍奉上天的训诫完全相反。联系周人"天命靡

---

① 胡承珙：《毛诗后笺（下）》，郭全芝校点，黄山书社，1999，第1225页。
② 林义光：《诗经通解》，中西书局，2012，第302页。

常"等思想，胡氏已经意识到郑笺"不可改易"的问题所在。只是他没能识别倒装的语序，倾向于训"易"为"难"。但如上文所言，天命难也，于义难通。唯独林义光的说法切合本义，"不易"之"易"都当训为"慢易"，"骏命不易"和"命之不易"都是说对天命不轻慢。两句语法结构稍有不同，二者皆宾语前置，只是"命之不易"在宾语和谓语之间加了代词"之"，这类结构在古书中常见，如《国语·鲁语》有"令之不行，政之不立"。

除此之外，清华简《周公之琴舞》篇也出现了与"天命不易"类似的说法。该篇主体乃周公或成王所作儆毖之言，训诫思想十分明显。《周公之琴舞》成王所作诗下"元启"开头的一篇诗与今本《诗经·周颂》的《敬之》篇可相对照，对比如下：

简本： 敬之敬之，天惟显帀，文非易帀。毋曰高高在上，陟降其事，卑监才在兹。乱曰：讫我凤夜，不逸儆之，日就月将，学其光明。弼持其有肩，视告余显德之行。①

今本： 敬之敬之，天维显思，命不易哉。无曰高高在上，陟降厥士，日监在兹。维予小子，不聪敬止。日就月将，学有缉熙于光明。佛时仔肩，示我显德行。

"文非易帀"，整理者的解释是：

文，文德。《周颂·武》"允文文王"，孔颖达疏释为"信有文德者之文王"。《国语·周语下》"夫敬，文之恭也"，韦昭注："文者，德之总名也。"今本《敬之》作"命不易哉"。②

---

① 李学勤主编《清华大学藏战国竹简（三）》，中西书局，2012年，第133页。本文采用宽式释文。

② 李学勤主编《清华大学藏战国竹简（三）》，第135页。

今本《敬之》"命不易哉"从前后文意上来把握,其义当近于成语"天命不易"。"命"指天命、国祚。"易"当视为"慢易"之"易"。"命不易哉"即言不要易慢天命。

《周公之琴舞》除"文非易币"说法外,下文还有"文非懈币",亦或"德非惰币",这正是整理者训"文"为文德的原因。"敬之敬之,天惟显币,文非易币",李守奎先生训"易"为变易,句译为"警惕再警惕!上天光明,洞悉一切,文德不可损改",① 这一解说勉强可通。但比较而言,前文已言"天惟显思",后文言"命不易哉",大意是说上天在上洞悉一切,周人在下当敬畏天命,前后文意承接明显。实际上,前言天命在上,后言周人在下应当恭敬维护国祚,这类思想在《诗》《书》中多见,如前文所举《诗经·大雅·大明》"明明在下,赫赫在上。天难忱斯,不易维王"。《敬之》"敬之敬之,天维显思,命不易哉"表达的也是这类意思。

如果作"文非易币",意为"文德不可损改"大体可通,但文意的承接就不够明显。所以这里以作"命不易哉"更为恰当。简本作者可能一方面不理解"命不易哉"之"易",一方面为了和下文的"德非惰币"等句式相协,才改作"文非易哉"。简本在这里经过改造,文意表达上不如今本通畅,今本此句胜于简本。

下文成王作诗"六启"部分也有相关文辞:

> 六启曰:其余冲人,服在清庙,惟克小心,命不尼箐,戁天之不易。乱曰:弻敢荒才位,恭畏在上,敬显在下。呜呼!式克其有辟,用容辑余,用小心,持惟文人之若。②

---

① 李守奎:《〈周公之琴舞〉补释》,载中国文化遗产研究院编《出土文献研究》(第十一辑),中西书局,2013,第12页。

② 李学勤主编《清华大学藏战国竹简》(三),第133页。

"命不㠯簀"，整理者注：

> 命，指天命。㠯，读为"夷"。《大雅·瞻卬》"靡有夷届""靡有夷瘳"等句中的"夷"，杨树达释为句中助词。簀，疑读为"歇"，《左传》宣公十二年杜注训"尽"。①

后来，李守奎先生在《〈周公之琴舞〉补释》一文中，训"夷"为灭绝，读"簀"为"割"，训为灭绝，"不易"训为不改易，② 可备一说。

整理报告所谓的"㠯"字位于该篇简10，原字形隶定似有误，③ 有学者改释为"彝"，训作"常"④，可从。⑤ "簀"字，语法上可能是句末语气词，无义。总之，这里的"命不彝簀"文意类似于"天命靡常"。

"蹇天之不易"整理者注：

> 蹇，读为"对"。胡簋"允在位，作蹇在下"，秦公簋"允蹇在天"等，均读为"对"。《大雅·皇矣》"帝作邦作对"，毛传："对，配也。"天之不易，《书·大诰》："尔亦不知天命不易。"《尚书·君奭》："不知天命不易。"⑥

李学勤先生曾专门撰文讨论此句，认为所谓"天命不易"可对照《书·大诰》"尔亦不知天命不易"和《书·君奭》"不知天命不易"，所"蹇"的对象即是"天命"，此句与《皇矣》的思想一致。⑦ 按照上文的讨

---

①⑥ 李学勤主编《清华大学藏战国竹简》（三），第140页。

② 李守奎：《〈周公之琴舞〉补释》，第12页。

③ 黄杰：《再读清华简（三）〈周公之琴舞〉笔记》，简帛网，2013年1月14日。

④ 无语：《释〈周公之琴舞〉中的"彝"字》，简帛网，2013年1月16日。

⑤ 陈剑：《清华简与〈尚书〉字词合证零札》，载清华大学出土文献研究与保护中心编《出土文献与中国古代文明——李学勤先生八十寿诞纪念论文集》，中西书局，2016。

⑦ 李学勤：《论清华简〈周公之琴舞〉"蹇天之不易"》，载中国文化遗产研究院编《出土文献研究》（第十一辑），中西书局，2013，第2页。

论,《大诰》"尔亦不知天命不易"之"不易"意谓"不改易",《君奭》"不知天命不易"之"不易"意谓"不慢易"。此处"畏天之不易"只可与《君奭》"不知天命不易"相对照。简文前言"命不彝諐",即说"天命不会长久不变",后言"畏天之不易",即说"对天命不可慢易",前后文意相对。

周人灭商立国之后,小邦战胜大邦的政治焦虑感自然萌发,意识到"上天的意志与命令是会改变的,上天不会把人世间的权命无条件地永远赋予一姓王朝"①。其天命观也在发生变化,开始将天命与人的德行联系起来,强调"修德配命"。② 上述几条"不易"的相关说法,体现的正是这一思想,体现周初思想的清华简《周公之琴舞》也佐证了这一点。③

(三)总结

最后,以《广韵》为线索来梳理"天命不易"之"易"的两种词义。《广韵》中"易"有两读:一个在去声寘韵内,"易,难易也,简易也,以豉切",同音的有"傷,相轻慢也",又有"敡,轻简为敡";④ 一个在入声昔韵内,"易"小韵"羊益切",下有"易,变易"。⑤ 结合前引《说文·支部》:"敡,侮也。"徐锴《系传》:"敡,轻易之也。""易""敡"与"傷"三字皆表示"慢易"之"易"。"慢易"之"易"由"难易"之"易"引申

---

① 陈来:《古代宗教与伦理:儒家思想的根源》,第173页。
② 周人天命观的转变,参见陈来:《古代宗教与伦理:儒家思想的根源》,第169-182页;褚斌杰、章必功:《〈诗经〉中的周代天命观及其发展变化》,载《北京大学学报(哲学社会科学版)》1983年第6期,第50-69页。
③ 《周公之琴舞》篇主体内容当作于周初,参见李守奎:《先秦文献中的琴瑟与〈周公之琴舞〉的成文时代》,载《吉林大学社会科学学报》2014年第1期。
④ 蔡梦麟:《广韵校释》,岳麓书社,2007,第768-769页。
⑤ 同上书,第1218页。

而来，二者同音"以豉切"，词义区别在于"难易"之"易"是指事物本身的性质，"慢易"之"易"是指人对待事物的态度。"变易"之"易"读为"羊益切"，"慢易"之"易"为"以豉切"，二者音义不同，严格而论当属不同的词。"天命不易"之"易"在不同语境中，既有读"易豉切"，又有读"羊益切"。今天读音虽已混同，但古音自有差异，差异背后隐含了词义的不同。在《诗》《书》等古书中遇见这类成语时，我们应当区分词义之不同。

西周初年，周人天命观经历了从绝对服从到"修德配命"的变化，"天命不易"两种词义正是此变化在语言上的表现。我们在研读《诗》《书》这类经典，或者进行思想史与哲学史的研究时，应当注意汉语字词关系的复杂性，留心相同文辞背后的思想内涵差异。

附录:《大诰》选释

王曰:"尔惟旧人,尔丕克远省,尔知宁王若勤哉。[一]天閟毖我成功所,予不敢不极卒宁王图事。[二]肆予大化诱我友邦君,天棐忱辞,其考我民[三],予曷其不于前宁人图功攸终?[四]天亦惟用勤毖我民,若有疾,予曷敢不于前宁人攸受休毕?"[五]

[一] **王曰:"尔惟旧人,尔丕克远省,尔知宁王若勤哉"**:王曰,成王如此说。据《书序》"武王崩,三监及淮夷叛,周公相成王将黜殷,作大诰",这可能是周公代王言。旧人,曾辅佐过先王的老臣。丕,大。克,能够。远省,省视,回忆。宁王,当为"文王"。古文字中"文"或作 ,"宁(宁)"作 ,二者字形相近,汉人误识"文"为"宁(宁)"。若,如此。勤,勤劳。

[二] **天閟毖我成功所,予不敢不极卒宁王图事**:閟,通"秘",慎也。一说"閟"本是"毖"旁边的注文,后人误置入正文。毖,训诰,告诫。极,通"亟",速也。卒,完成。图,图谋,大业。整句话,《莽诰》仿写为:"天毖劳我成功所,予不敢不极卒安皇帝之所图事。"

[三] **肆予大化诱我友邦君,天棐忱辞,其考我民**:肆,故而。化诱,教导。棐,通"匪",不也。忱,诚也。辞,语助词,无实义。"天棐忱辞"

意思是天不可信，言外之意是天命无常。"其考我民"，意思是上天劳我以民。考，一说通"劳"。整句话，《莽诰》仿作："肆予告我诸侯王公、列侯、卿大夫、元士、御事，天辅诚辞，天其累我以民。"

[四] **予曷其不于前宁人图功攸终**：曷其，为何。前宁人，即"前文人"，西周金文中也常见"前文人""文人""文神"等泛指先祖的祭祀对象。攸，以。攸终，完成。《莽诰》仿作为"予害敢不于祖宗安人图功所终"。

[五] **若有疾，予曷敢不于前宁人攸受休毕**：有，相当于"为"，这里指治疗。若有疾，好比治疗疾病。攸受，所受的禄命。休，福善。毕，通"祓"，祓除。《说文》："祓，除恶祭也。"这里指祓除病痛。

"天亦……攸受休毕"整句话，《莽诰》仿作："天亦惟劳我民，若有疾，予害敢不于祖宗所受休辅。"

王曰："若昔朕其逝[一]，朕言艰日思。若考作室[二]，既厎法[三]，厥子乃弗肯堂[四]，矧肯构[五]？厥父菑[六]，厥子乃弗肯播，矧肯获？厥考翼，其肯曰[七]：'予有后，弗弃基？[八]'肆予曷敢不越卬敉宁王大命[九]？若兄考[十]，乃有友伐厥子[十一]，民养其劝弗救？[十二]"

[一] **若昔朕其逝**：昔日我（随武王）讨伐商纣王。逝，往。一说当从"若昔"断句，前句意思是如昔日伐纣，后句"朕其逝"指周公前往讨伐武庚等叛乱。

[二] **若考作室**：好比父亲（先辈）造屋。

[三] **既厎法**：已经做好规划。厎，定。

[四] **厥子乃弗肯堂**：其子不愿打地基。厥，代词，相当于"其"。

[五] **矧肯构**：何况架起屋架。矧，何况。

[六] **厥父菑**：其父开垦土地。

[七] **厥考翼其肯曰**：其父难道肯说。

［八］**予有后，弗弃基**：郑玄注为"我有后，子孙不废我基业"。

［九］**曷敢不越卬敉宁王大命**：怎么能不趁我掌权之时，去继续完成文王的大业。越卬，于我，及身。敉，通"纂"，继续。

"若昔朕其逝……宁王大命"整句话，《莽诰》仿作："予闻孝子善继人之意，忠臣善成人之事。予思若考作室，厥子堂而构之；厥父菑，厥子播而获之。予害敢不于身抚祖宗之所受大命。"

［十］**兄考**：皇考，指武王。兄，于省吾等指出《无逸》两"皇"字，熹平石经皆作"兄"，兄考即皇考。

［十一］**乃有友伐厥子**：乃有群弟攻伐他的儿子。厥子，指成王。一说"友"本作"爻"，汉人才在《莽诰》读作与"爻"音近的"效"。

［十二］**民养其劝弗救**：民养，民长，指《大诰》上文曾出现的"友邦君"等人。劝，劝止。一说是"观"字之讹。

"若兄考……民养其劝弗救"整句话，《莽诰》仿作："若祖宗，酒有效汤武伐厥子，民长其劝弗救。"

> 王曰："呜呼。肆哉[一]，尔庶邦君越尔御事，爽邦由哲，亦惟十人[二]，迪知上帝命越天棐忱。尔时罔敢易法[三]，矧今天降戾于周邦[四]？惟大艰人[五]，诞邻胥伐于厥室[六]；尔亦不知天命不易[七]。予永念曰：天惟丧殷，若穑夫[八]，予曷敢不终朕亩[九]？天亦惟休于前宁人[十]，予曷其极卜[十一]？敢弗于从？率宁人有指疆土[十二]，矧今卜并吉？肆朕诞以尔东征[十三]；天命不僭，卜陈惟若兹[十四]。"

［一］**肆哉**：尽力啊。

［二］**爽邦由哲，亦惟十人**：由哲，《无逸》篇有"兹四人迪哲"。爽邦由哲，明邦迪哲，泛指明哲之人。十人，《大诰》前文曾出现"民献有十夫"。

"呜呼……惟十人"整句话，《莽诰》仿作："乌虖肆哉，诸侯王公列侯卿大夫元士御事，其勉助国道明，亦惟宗室之俊，民之表仪，迪知上帝命。"

〔三〕**尔时罔敢易法**：你们不得改易定命。时，通"是"，表示加强肯定语气。

〔四〕**矧今天降戾于周邦**：何况现在上帝已经降下定命于周邦。戾，定也。

"尔时……于周邦"整句话，《莽诰》仿作："粤天辅诚，尔不得易定，况今天降定于汉国？"

〔五〕**大艰人**：这里指发动叛乱的管叔、蔡叔和武庚之人。

〔六〕**诞邻胥伐于厥室**：相邻的商人和管蔡等人讨伐王室。诞，无义虚词，一说通"延"，延纳，勾结。邻，邻居，指周初分封的殷商旧势力武庚等人。胥，相，这里指王室内的管蔡等人。

〔七〕**天命不易**：天命不会改变。

"惟大艰人……于厥室"整句话，《莽诰》仿作："惟大艱人翟义、刘信，大逆欲相伐于厥室，岂亦知命之不易乎？"

〔八〕**若稼夫**：好比农人。

〔九〕**终朕亩**：种好田地，最终有所收成。整句话，《莽诰》仿作："予永念曰：天惟丧翟义、刘信，若啬夫，予害敢不终予畮？"

〔十〕**休于前宁人**：降福于前文人。

〔十一〕**予曷其极卜**：我为什么还要去多次占卜呢？极，通"亟"，屡次，多次。《大诰》前文曾有"我有大事，休，朕卜并吉"。

"天惟丧殷……予曷其极卜"整句话，《莽诰》仿作："天亦惟休于祖宗，予害其极卜？害敢不卜从？"

〔十二〕**率宁人有指疆土**：遵循先王（的遗愿）保有这大好河山。率，遵循。指，通"旨"，美也。

［十三］**肆朕诞以尔东征**：我将率领你们东征。肆，因而。诞，将，其。以，本义指携带，这里指率领。

"率宁人……以尔东征。"整句话，《莽诰》仿作："率宁人有旨疆土，况今卜并吉，故予大以尔东征。"

［十四］**天命不僭，卜陈惟若兹**：僭，差错。本句大意是：天命没有差错，卜兆如此呈现。整句话，《莽诰》仿作："命不僭差，卜陈惟若此。"

附录：《君奭》选释

周公若曰[一]："君奭[二]。弗吊[三]天降丧于殷，殷既坠厥命，我有周既受。我不敢知曰，厥基永孚于休[四]。若天棐忱[五]，我亦不敢知曰，其终出于不祥[六]。

[一] **周公若曰**：周公如此说。《君奭》篇的成文背景是成王即位，周公摄政，召公不悦，周公作此篇。

[二] **君奭**：即召公奭。古书一般认为召公是文王子，但司马迁在《史记》中却说"召公奭与周同姓"。

[三] **弗吊**：不善。这里指商纣王不淑，不行善事。

[四] **厥基永孚于休**：（我们的）基业永远合于美善。孚，通"符"，合也。《盘庚》"不浮于天"，杨筠如认为即"丕符于天"，大合于天的意思。休，美善。

[五] **若天棐忱**：参见《大诰》"天棐忱辞"条。

[六] **其终出于不祥**：终出，最终走向。不祥，不吉。

呜呼。君已曰时我[一]，我亦不敢宁于上帝命[二]，弗永远念天威越我民[三]，罔尤违惟人在[四]。我后嗣子孙，大弗克恭上下，遏佚前人光在家^[五]，不知天命不易^[六]，天难谌，乃其坠命，弗克经历嗣前人恭明德^[七]。在今予小子旦，非克有正^[八]，迪惟^[九]前人光，施于"我冲子"^[十]。又曰："天不可信，我道惟宁王德延^[十一]，天不庸释于文王受命^[十二]。"

［一］**君已曰时我**：君奭你曾说我（足以担当起治国的重任）。时，通"是"，表示强调。

［二］**宁于上帝命**：安然地享有上帝降下的天命。

［三］**弗永远念天威越我民**：不敢不永远顾念天威和人民。越，与。

［四］**罔尤违惟人在**：无差过于人。罔，不。尤，过也。在，通"载"，句末语气词。

［五］**遏佚前人光在家**：遏佚，绝失。前人，文王武王等先王。在家，在周王朝。

［六］**天命不易**：天命不可轻慢。

［七］**弗克经历嗣前人恭明德**：不能经久地承续前人，恭敬地明德。经历，经久历远。

"我后嗣子孙……嗣前人恭明德。"整句话在《王莽传》中引作："我嗣事子孙，大不克共上下，遏失前人光，在家不知命不易，天应棐谌，乃亡队命。"

［八］**非克有正**：不一定能有所匡正。

［九］**迪惟**："迪"训"用"。惟，无义虚词。

［十］**冲子**：这里指成王。《尚书》中多次出现"冲子"，一般是对包括成王在内下辈之人的称法，不一定仅是年幼之人。

［十一］**我道惟宁王德延**：我把文王之德延续下去。道惟：即"迪惟"，用。

［十二］**天不庸释于文王受命**：天不释去文王所受之命。庸释，舍去。

《多方》篇有"非天庸释有夏""非天庸释有殷"。释，通"斁"，败也，厌也。

公曰："君奭。我闻在昔，成汤[一]既受命，时则有若伊尹[二]，格于皇天[三]。在太甲，时则有若保衡。[四]在太戊，时则有若伊陟、臣扈[五]，格于上帝；巫咸乂王家[六]。在祖乙，时则有若巫贤。[七]在武丁，时则有若甘盘。[八]率惟兹有陈，保乂有殷[九]，故殷礼陟配天[十]，多历年所。天惟纯佑命[十一]，则商实百姓、王人[十二]，罔不秉德明恤；小臣屏侯甸，矧咸奔走[十三]。惟兹惟德称，用乂厥辟。[十四]故一人有事于四方，若卜筮，罔不是孚[十五]。"

[一] **成汤**：即商汤，商朝的建立者。

[二] **伊尹**：名挚，或称阿衡。先后辅佐过商汤等多位商王，至太甲时，太甲暴虐，放逐太甲三年，太甲醒悟后，复立太甲。一说"阿衡"是官名。《商颂·长发》"实维阿衡，实左右商王"。郑玄笺注："伊尹名挚，汤以为阿衡，以尹天下，故曰伊尹。至太甲改曰保衡。……此皆三公之官，当时为之号也。"

[三] **格于皇天**：升配于天。因为伊尹辅佐商汤建国有大功，得以祭祀时配享于天。

[四] **在太甲，时则有若保衡**：太甲，商汤之孙。保衡，官名，一说即伊尹。

[五] **在太戊，时则有若伊陟、臣扈**：太戊，太庚之子，太甲之孙。伊陟、臣扈，太戊的两辅臣。《史记·殷本纪》："帝太戊立，伊陟为相，亳有祥桑谷共生于朝，一暮大拱。帝大戊惧，问伊陟，伊陟曰：'臣闻妖不胜德，帝之政其有阙与？帝其修德。'太戊从之，而祥桑枯死而去。伊陟赞言于巫咸，巫咸治王家有成，作《咸艾》、作《太戊》。帝太戊赞伊陟于庙，言弗

臣，伊陟让，作《原命》。"

[六] **巫咸乂王家**：巫咸治理朝政。巫咸，一说即巫戊，当时惯用日名天干取名。《白虎通·姓名》："曰于民臣亦得以甲乙生日名子何？不使亦不止也。以《尚书》道殷臣有巫咸、有祖己也。"王引之《经义述闻》推论："巫咸今文盖作巫戊……后人但知古文之作咸，而不知今文之作戊故改戊为咸耳。不然则咸非十日之名，何《白虎通》引以为生日名子之证乎？"乂，治理。

[七] **在祖乙，时则有若巫贤**：祖乙，商朝第十四代王。巫贤，孔《传》以为即巫咸之子。

[八] **在武丁，时则有若甘盘**：武丁，殷高宗。甘盘，武丁的重要辅臣。孔《传》："高宗即位，甘盘佐之，后有傅说。"《汉书·古今人表》中甘盘与傅说并举。

[九] **率惟兹有陈，保乂有殷**：有陈，有位列，在官位。率惟兹有陈，遵循、任用了上述这些贤臣。保乂，治理、保有。

[十] **礼陟配天**：俞樾指出"殷人之礼，死则配天而称帝"。陟，升。

[十一] **纯佑**：西周金文多见"屯右"。纯，大，纯厚。右，助佑。

[十二] **则商实百姓、王人**：实，通"是"，一说可与"之"通用。百姓，江声以为是"异姓之臣"。王人，同姓之臣。

[十三] **小臣屏侯甸，矧咸奔走**：小臣，朝中近臣。屏侯甸，屏封之侯服和甸服大臣。矧，与，并。《酒诰》："汝劼毖殷献臣，侯、甸、男、卫；矧太史友、内史友，越献臣百宗工；矧惟尔事，服休、服采……"其中"矧"的用法与《君奭》相同。奔走，勉力，效劳。矧咸奔走，都一起勤勉效力。

[十四] **惟兹惟德称，用乂厥辟**：兹，指上述百姓王人和小臣侯甸。德称：称德，举德。用，无义虚词。乂，通"艾"，辅佐，辅相。辟，君王。

用乂厥辟，辅助君王。

[十五] **故一人有事于四方，若卜筮，罔不是孚**：一人，指君王。传世与出土文献中君王常自称"余一人"。若卜筮，罔不是孚：好比卜筮一样，没有不相信他的。

公曰："君奭。天寿[一]，平格[二]，保乂有殷。有殷嗣，天灭威。[三]今汝永念，则有固命，厥乱明我新造邦。[四]"

[一] **天寿**：上天使（伊尹等贤臣）仇匹先王。寿，通"仇"，仇匹。

[二] **平格**：使（伊尹等贤臣）升配于天。平，通"抨"，使得。格，用法同"格于皇天"之"格"。

[三] **有殷嗣，天灭威**：孔《传》解释说"有殷嗣子纣，不能平至，天灭亡加之以威"。

[四] **今汝永念，则有固命，厥乱明我新造邦**：永念，铭记，长思。固命，长久不坠之命。乱，治理。新造邦，新建之邦。

参考文献：

[1]［汉］孔安国传、［唐］孔颖达疏：《尚书正义》，上海古籍出版社，2007。

[2]［清］孙星衍：《尚书今古文注疏》（全二册），中华书局，1986。

[3] 顾颉刚、刘起釪：《尚书校释译论》，中华书局，2005。

[4] 杨筠如：《尚书覈诂》，陕西人民出版社，1985。

九、殷鉴不远——《酒诰》与周人的政治哲学

（一）商人好酒

商人好酒，成语"酒池肉林"就源自司马迁在《史记·殷本纪》中对商朝末代君王商纣王的如下记载：

> 大聚乐戏于沙丘，以酒为池，县（悬）肉为林，使男女裸相逐其间，为长夜之饮。

纣王好酒，穷奢极欲，可见一斑。加之残酷的暴政，纣王最终被周武王率领的义兵所推翻。不少现代学者认为，将纣王描绘为穷奢极欲之徒，是周人灭商后的一种政治宣传，不一定符合史实。然而，若回到商纣王所处的商代晚期历史情境中去，至少应该说，酒在社会生活中的方方面面起着举足轻重的作用。张光直曾指出，酒在当时的社会，一方面供祖先神祇享用，一方面也可能供巫师饮用，以便让巫师达到通神的精神状态。①

---

① 张光直：《商代的巫与巫术》，载张光直《中国青铜时代》（二集），生活·读书·新知三联书店，1990，第63页。

殷墟出土甲骨卜辞中，就有大量用酒祭祀的记载。而且，据某些学者研究，就卜辞和其他考古发现来看，商代的酒至少已经有了用粟酿造的白酒、用谷物酿造的醴、用黍酿造的鬯，以及果酒和药酒等多个品种。①

（1）丙午卜，其入自西祭，若，于妣己酉（酒）。用。（《花东》355）

（2）戊午，贞酉（酒）求禾于岳，燎三豕，卯……（《屯南》2626）

（3）乙酉卜，贞来乙未酒酘于祖乙。十二月。（《合集》1594）

（4）丁酉卜，贞王宾文武丁，伐十人，卯六牢，鬯六卣，亡尤。（《合集》35355）

从上述（1）至（3）卜辞可以看出，用酒来祭祀的范围很广，可以是祖先，如（3）中祭祀的对象是祖乙，（1）中祭祀的对象是女性祖先妣己；也可以是神灵，甚至是自然神，如（2）中祭祀的对象是山岳。而且，祭祀用量也不算少，如（4）中明确记载了"鬯六卣"。

甚至，甲骨卜辞中也出现过大臣饮酒致病而卜问的情况：

戊子卜，宾贞，畢酒才（在）疒，不从王古。

贞，其从王古。（《合集》9560）

于省吾专门研究过这一条卜辞，指出畢是商王武丁时期著名的贵族臣僚，时常跟随商王祭祀或对外征伐。之所以有这条卜问，原因在于畢处于饮酒导致的疾病之中。②"王古"的具体意思虽然不明，但是可以确定卜问的

---

① 宋镇豪：《商代社会生活与礼俗》，中国社会科学出版社，2010，第141－146页。下引卜辞转引自该书，释文有修改，参见谢明文：《畢及相关诸字补释》，第七届中国文字发展论坛论文集，安阳，2019。

② 于省吾：《甲骨文字释林》，商务印书馆，2010，第318页。

是要不要让病重的羣跟随商王去从事这件事。

概括而言，商人好酒是长期存在的社会习惯和风俗，这种风俗到了商代晚期尤为明显，最终导致败事亡国的下场。

（二）周人殷鉴

有鉴于商人亡国的历史教训，周代早期的统治者特别注重禁酒。一般认为大盂鼎是西周早期的标准器，时代处在康王时期。铭文中康王先简单追述了"文王受命""武王作邦"的历史，随后即训诫朝臣千万不可沉湎于酒。

> 畯正厥民，在于御事，亹酒无敢酖，有祡烝祀无敢扰，故天翼临子，法保先王，溥有四方，我闻殷坠命，唯殷边侯、甸，与殷正百辟率肆于酒，故丧师。[①]

从康王的话来看，商朝败亡的原因，除了商王沉湎于酒，"百辟"这样的中央官员和"侯""甸"这样的地方方国诸侯也同样沉湎于酒。因此，在分封盂的时候，格外注意训诫与商朝"侯""甸"地位相当的盂，不可沉湎于酒。

传世文献中，最重要而且最有名的周王禁酒诰辞当属《酒诰》。《酒诰》篇核心就是成王对康叔等人的一系列禁酒诰辞。例如，"弗惟德馨香祀登闻于天，诞惟民怨，庶群自酒，腥闻在上。故天降丧于殷，罔爱于殷，惟逸。天非虐，惟民自速辜"，大意是说商人在正常的祭祀以外，仍然大肆饮酒，酒肉的腥气远播天庭，上天动怒，有意使商朝覆亡。从前后文脉络看，成王训诫的对象也遍布内服与外服多种身份的人。

周人禁酒，既体现在物质文化层面，也体现于精神文化层面。在物质文

[①] 此处用宽式释文，全文注释详见本章附录。

化层面上，最典型的明证要数传世礼书中记载过一种承载酒器的器物"禁"。如《仪礼·士冠礼》："尊于房户之间，两甒，有禁。"郑玄注说："禁，承尊之器也，名之为禁者，因为酒戒也。"20世纪以来，先后有过三次出土青铜器禁的记载。① 这几件青铜禁的形制和纹饰都比较接近，时代也都属于周初，共同反映出周初为了吸取"纣王酗酒失天下"的历史教训，不惜于细处着眼，就连承载礼器的底座也命名为"禁"。

在精神文化层面上，前引《酒诰》"弗惟德馨香祀登闻于天"可兹为证。伪孔《传》对这句话的解释是"纣不念发闻其德，使祀见享升闻于天"，这只是字面意思。从深层次而论，周人的祭祀观与商人有不同之处，商人"尚声"，周人"尚臭"②，前者看重听觉，后者看重嗅觉。《礼记·郊特牲》有过详细说明：

> 殷人尚声，臭味未成，涤荡其声。乐三阕，然后出迎牲。声音之号，所以诏告于天地之间也。周人尚臭，灌用鬯臭，郁合鬯，臭阴达于渊泉。灌以圭璋，用玉气也。既灌然后迎牲，致阴气也。萧合黍稷，臭阳达于墙屋，故既奠，然后焫萧合膻芗。

《国语·周语上》下面一段话也有助于理解：

> 国之将兴，其君齐明、衷正、精洁、惠和，其德足以昭其馨香，其惠足以同其民人。神飨而民听，民神无怨，故明神降之，观其政德而均布福焉。国之将亡，其君贪冒、辟邪、淫佚、荒怠、粗秽、暴虐；其政腥臊，馨香不登；其刑矫诬，百姓携贰。明神不蠲而民有远志，民神怨痛，无所依怀，故神亦往焉，观其苛慝而降之祸。

---

① 发现情况的综述，参见陈昭容主编《宝鸡戴家湾与石鼓山出土商周青铜器》，"中央研究院"历史语言研究所，2015。

② "尚臭"之"臭"早期的词义仅指气味，而不专指与"香"相对的"臭"。

周人的政治哲学中引入"德"的观念，这种"德"在周初尚且没有后世那种伦理道德范畴上的意义，主要指的是周人尊崇的行为规范或治国准则。[①]"德足以昭其馨香"，意思是说祭品的馨香足不足以飨神，还要看祭祀者自身的行为是否有德。"其政腥臊"，言外之意是为政的举措完全背离周人所提倡的"德"，所以祭品的馨香难以登闻于天。"弗惟德馨香祀登闻于天"的修辞手法相似，意思则是说商人政治暴虐，祭品的馨香无法升闻于天。成文时代晚一些的《吕刑》篇中说"上帝监民，罔有馨香德，刑发闻惟腥"，表达的也是同类意思。

需要补充的是，周人并非完全禁酒，在祭祀等必要的场合下，饮酒还是允许的，这也正是大盂鼎"酒无敢酖"和《酒诰》"惟祀，德将无醉"所要表达的意思。或者说，周人在自己的礼乐文化系统中重新给予酒相应的位置，[②]周文化中的酒礼最终成为中华文化的重要组成部分。

（三）《酒诰》与《康诰》《梓材》

古今学界对《酒诰》文本争论的主要问题在于《酒诰》与《康诰》和《梓材》三篇的关系。一方面，《书序》和《史记》在述及卫康叔受封之事的时候，都是并举《康诰》《酒诰》和《梓材》。《史记·卫康叔世家》如此交代三篇的写作背景：

> 周公旦代成王治，当国。管叔、蔡叔疑周公，乃与武庚禄父作乱，欲攻成周。周公旦以成王命兴师伐殷，杀武庚禄父、管叔，放蔡叔，以

---

① 王健文：《奉天承运：古代中国的"国家"概念及其正当性基础》，第75页；罗新慧：《周代天命观念的发展与嬗变》，《历史研究》2012年第5期，第7—9页。

② 早期酒礼的研究，参见顾史考：《〈酒诰〉〈宾之初筵〉与中国酒礼之滥觞》，载赵生群、方向东主编《古文献研究集刊》（第四辑），凤凰出版社，2012。

武庚殷余民封康叔为卫君，居河、淇间故商墟。

周公旦惧康叔齿少，乃申告康叔曰："必求殷之贤人君子长者，问其先殷所以兴，所以亡，而务爱民。"告以纣所以亡者以淫于酒，酒之失，妇人是用，故纣之乱自此始。为梓材，示君子可法则。故谓之《康诰》《酒诰》《梓材》以命之。康叔之国，既以此命，能和集其民，民大说。

《书序》所述较为类似：

成王既伐管叔、蔡叔，以殷余民封康叔，作《康诰》《酒诰》《梓材》。

另一方面，《韩非子·说林上》在引述见于《酒诰》"无彝酒"一句时，明言该句归属《康诰》篇：

绍绩昧醉寐而亡其裘，宋君曰："醉足以亡裘乎？"对曰："桀以醉亡天下，而。《康诰》曰：'毋彝酒。'者，彝酒、常酒也，常酒者，天子失天下，匹夫失其身。"

对于上述矛盾，东汉郑玄认为："案《盘庚》《康诰》《说命》《泰誓》之属三篇，《序》皆云'某作若干篇'。今多者不过三千言。"[1] 清代段玉裁的看法与之接近，主张："此《酒诰》而系之《康诰》者，盖周时通以《酒诰》《梓材》为《康诰》也。"[2] 皮锡瑞引述并且赞成段玉裁的说法："据此则三篇实同一篇，韩非在焚书之前，其说可据。"[3] 现代学者刘起釪则认为根

① 引自贾公彦：《序周礼废兴》，载郑玄注、贾公彦疏：《周礼注疏》，北京大学出版社，2000年，第9页。
② 段玉裁：《古文尚书撰异》（卷17），经韵楼丛书本。
③ 皮锡瑞：《今文尚书考证》，中华书局，1989，第305页。

据《尚书》诸篇在先秦古书中被征引情形来看，《康诰》被引次数较多，而《酒诰》《梓材》一次也没有。刘先生进一步提出两种可能，或者是因为三篇都是对康叔的诰辞，所以都可以称为《康诰》；或者与《盘庚》等篇一样本来分为三篇，但没有另外两个篇题。至西汉时，今文家明确分为《康诰》《酒诰》《梓材》三篇。①

今有学者延续这种看法，进一步指出："分《康诰》为三而另加《酒诰》《梓材》两个篇名或始于伏生，本是今文传授系统的家法。"② 古书单篇或几篇组合一起流传，也有学者认为韩非子看到的卷册可能是《康诰》《酒诰》《梓材》合编的版本，该卷仅有一个篇题《康诰》，因而《说林》引"无彝酒"一句，明言出自《康诰》。③

仔细研读三篇文本的内容，与简本《说命》一样，各篇存在自身较为明确的主题。《康诰》除了篇首四十八字可能是错简而羼入，其他部分总结历史经验，而后强调"明德慎罚"。《酒诰》旨在告诫康叔历史教训，强调禁酒。《梓材》重在告诫如何治理人民，主张"罔厉杀人"，也强调了"明德"的观念。本书倾向于认为三篇本来已经独自成篇，但因都属于对康叔的诰辞，最初的编者将其编排为一个文本组。如若按照前文的分析，伴随着西周中晚期的"礼制改革"，西周王廷的史官有了以史为鉴的历史意识，开始有意识地整理流传下来的一些重大政治事件和重要政治仪式上的讲话文稿档案。西周中晚期的史官将三篇组合在一起，而后在相当长一段时间内，三篇常常被作为一个整体一起流传，而且只有"康诰"这个共同的名称。早至东周时期，晚至西汉初年，又有人根据内容和主题，分别命名了另外两个篇名。韩非子看到的，可能正处于中间状态，所以《酒诰》的语句被注明出自《酒诰》。

---

① 顾颉刚、刘起釪：《尚书校释译论》，第 1371–1372 页。

② 马楠：《周秦两汉书经考》，清华大学博士学位论文，2012，第 331 页。

③ 程浩：《古书成书研究再反思——以清华简"书"类文献为中心》，《历史研究》2016 年第 4 期，第 140 页。

附录：《酒诰》简释

王若曰[一]："明大命于妹邦[二]。乃穆考文王[三]，肇国[四]在西土。厥诰毖[五]庶邦庶士，越少正、御事[六]，朝夕曰[七]：'祀兹酒。'[八]惟天降命，肇我民，惟元祀[九]。天降威，我民用大乱丧德[十]，亦罔非酒惟行[十一]；越小大邦用丧，亦罔非酒惟辜[十二]。

[一] **王若曰**：汉代今文三家（大小夏侯及欧阳氏），以及卫宏、贾逵、马融、郑玄和王肃诸家的本子写的都是"成王若曰"，今本可能是后人所删的结果。

[二] **明大命于妹邦**：明，宣示，宣明。妹，通"沬"，地名，在今天的河南淇县，周代的卫地，是商人后裔的封地。大命，天命。这里指周人取代商人，拥有了天命。

[三] **乃穆考文王**：穆考，周初可能还没有昭穆之制，这里的"穆考"只是一种美称。

[四] **肇国**：创立国家。肇，起始，开创。

[五] **厥诰毖**：厥，代词，这里指文王。诰毖，诰诫。

[六] **庶邦庶士，越少正、御事**：庶邦庶士，内服。庶士，通"庶事"，指有职事之人。少正、御事，外服。参见下文"越在外服，侯、甸、男、

卫、邦伯；越在内服，百僚、庶尹、惟亚、惟服、宗工"。

[七] **朝夕曰**：王允《论衡·语增》言："案《酒诰》之篇'朝夕曰祀兹酒'，此言文王戒慎酒也。"曾运乾认为："'厥诰毖庶邦庶士越少正御事朝夕'文例，犹云'厥朝夕诰毖'也。"

[八] **祀兹酒**：兹，可通"斯"，相当于承接连词"则"。指祭祀斯用酒，意思是只有祭祀的时候才可用酒。

[九] **惟天降命，肇我民，惟元祀**：王国维认为"指文王受命改元事，非指祀事"。"惟天降命肇我民，惟元祀"可能是"乃穆考文王，肇国在西土。厥诰毖庶邦庶士，越少正御事，朝夕曰：'祀兹酒。'"一句的状语，表发生的时间。

[十] **我民用大乱丧德**：用，因也。丧，失去。德，西周的"德"尚未完全伦理化，主要指族群内部因应其生产方式、社会形态和意识形态等整体形成的一种族群规范和传统。

[十一] **亦罔非酒惟行**：罔，无。非，不。惟，相当于"为"。《皋陶谟》："万邦黎献，共惟帝臣。"孔《传》："万国众贤，共为帝臣。"伪孔《传》："亦无非以酒为行。"

[十二] **亦罔非酒惟辜**：辜，罪。伪孔《传》："亦无不以酒为罪。"

文王诰教小子，有正、有事[一]，无彝酒。越庶国饮，惟祀，德将无醉。[二]惟曰：'我民迪，小子惟土物爱；[三]厥心臧，聪听祖考之彝训，越小大德，小子惟一[四]。'

[一] **有正、有事**：相对上文"少正、御事"，内服的职官。

[二] **越庶国饮，惟祀，德将无醉**："庶国"相对上文"庶邦庶士"，指外服。德，疑似仍然指周人的族群规范和传统，可能包括饮酒不可过纵的训条。德将无醉，保持周人的德，就不会醉。

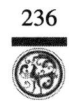

[三]**我民迪，小子惟土物爱**：迪，用也。民迪，民用。孙星衍认为"惟土物爱"一句指酒以糜谷，当爱惜。全句大意是：小子应当爱惜土物，这是我民之所用的由来。

[四]**厥心臧，聪听祖考之彝训，越小大德，小子惟一**：臧，善也。彝，常也。小大德，周人族群规范中大大小小不同的规范守则。《论语·子张》有"大德不逾闲，小德出入可也"。一，齐一，同心同德。"聪听祖考之彝训，越小大德，小子惟一"，意思是：祖考彝训，以及周人共同应遵守的大小诸德，小子都应当聪听之，而且要遵守之。

> 妹土嗣尔股肱[一]，纯其艺黍稷[二]，奔走事厥考厥长[三]。肇牵车牛远服贾[四]，用孝养厥父母；厥父母庆，自洗腆，致用酒[五]。

[一]**妹土嗣尔股肱**：妹土，沫土，即上文的"妹邦"。嗣，今后。股肱，辅佐的力量。

[二]**纯其艺黍稷**：纯，专一。其，指沫地。艺，种植。黍稷，泛指庄稼农作。

[三]**奔走事厥考厥长**：奔走，忙碌。事，侍奉，服侍。

[四]**肇牵车牛远服贾**：肇，敏，迅疾。服，从事。贾，商贾，泛指商业事务。

[五]**厥父母庆，自洗腆，致用酒**：庆，喜乐。自，亲自，这里指父母亲自。洗腆，丰盛。

> 庶士、有正，越庶伯、君子[一]，其尔典听朕教[二]。尔大克羞耇惟君[三]，尔乃饮食醉饱。丕惟曰：尔克永观省，作稽中德。[四]尔尚克羞馈祀[五]，尔乃自介用逸[六]。兹乃允惟王正事之臣[七]；兹亦惟天若元德[八]，永不忘在王家。"

[一] **庶士、有正，越庶伯、君子**：庶士、有正，相对上文"少正、御事"，指内服。庶伯、君子，相对上文"庶邦庶士"，指外服。

[二] **其尔典听朕教**：其，表示祈使语气。典，经常。

[三] **尔大克羞耇惟君**：克，能。羞，通"馐"，进献。耇，耆寿之人。惟，相当于连词"与"。

[四] **丕惟曰：尔克永观省，作稽中德**：丕惟，语气词连用，讲话中间的停顿。作，行动。稽，留止。中，合乎。

[五] **尔尚克羞馈祀**：馈祀，用熟食所作之祭。

[六] **尔乃自介用逸**：介，通"匄"，求也。这种用法常见于《诗经》，如《豳风·七月》"以介眉寿"和《小雅·楚茨》"以介景福"。

[七] **正事之臣**：即上文的"有正""有事"，内服之官。

[八] **兹亦惟天若元德**：天若元德，天所顺之善德。类似表述也见于《康诰》"弘于天若德"，《召诰》"面稽天若"。

王曰："封！我西土棐徂邦君、御事、小子，尚克用文王教，不腆于酒。故我至于今，克受殷之命。[一]"

王曰："封。我闻惟曰，在昔殷先哲王迪畏天显小民，经德秉哲[二]自成汤咸至于帝乙，成王畏相[三]。惟御事厥棐有恭[四]，不敢自暇自逸[五]，矧曰[六]其敢崇饮？越在外服，侯、甸、男、卫、邦伯[七]；越在内服，百僚、庶尹、惟亚、惟服、宗工，越百姓里居[八]，罔敢湎于酒；不惟不敢，亦不暇。惟助成王德显，越尹人祗辟[九]。

[一] **封！我西土棐徂邦君、御事、小子，尚克用文王教，不腆于酒。故我至于今，克受殷之命**：棐，通"彼"。徂，即"虘"，无义语气词。腆，多。不腆于酒，即不沉湎于酒。全句意思是：我西土彼邦君、御事、小子能常用文王之教，不沉湎于酒，因此我们才能替代殷商，获得天命。

〔二〕**封。我闻惟曰，在昔殷先哲王迪畏天显小民，经德秉哲**：迪，语助词。天显，伪孔《传》指出是"天之明道"。也见于《康诰》"于弟弗念天显"和《多方》"罔顾于天显民祇"等处。小民，与"天显"相对。经，行也。经德，周人的习语，齐陈曼簠有"肇勤经德"，《孟子》有"经德不回"。秉，执。哲，敬也。

〔三〕**自成汤咸至于帝乙，成王畏相**：成汤，商代的开国君王。咸，成汤的名字。帝乙，商纣王之父，商代倒数第二个王。成王，成就王业。相，省视。畏相，畏敬省查。

〔四〕**惟御事厥棐有恭**：棐，辅助。《说文》"棐，辅也"，《洛诰》有"朕教汝于棐民彝"。

〔五〕**不敢自暇自逸**：暇，闲。

〔六〕**矧曰**：矧，况且。矧曰，况且说。

〔七〕**越在外服，侯、甸、男、卫、邦伯**：外服，根据距离的远近，在王畿之外，将之分为侯、甸、男、卫和邦伯等。侯、甸、男、卫、邦伯，方国的诸侯，有等级之分。

〔八〕**越在内服，百僚、庶尹、惟亚、惟服、宗工，越百姓里居**：亚，正官之副。服，任事者。里居，"里君"的讹写。西周史颂鼎有"里君百姓"，作册令方彝有"舍三事令，眔卿事寮、眔者尹、眔里君、眔百工"。

〔九〕**惟助成王德显，越尹人祇辟**：越，与。尹人，在官之人。祇，敬。辟，君主。尹人祇辟，在职官员恭敬其君主。

我闻亦惟曰：在今后嗣王酣身[一]，厥命罔显于民祇，保越怨不易[二]。诞惟厥纵淫泆于非彝[三]，用燕、丧威仪[四]，民罔不盡[五]伤心。惟荒腆于酒，不惟自息，乃逸。厥心疾很，不克畏死；辜在商邑，越殷国灭无罹。[六]弗惟德馨香祀登闻于天[七]，诞惟民怨，庶群自酒，腥闻在上[八]。故天降丧于殷，罔爱于殷，惟逸[九]。天非虐，惟民自速辜[十]。"

〔一〕**嗣王酣身**：嗣王，继位的王，指商纣王。酣，沉湎于酒。

［二］**厥命罔显于民祗，保越怨不易**：不能显天命于民祗。《多士》有"罔顾于天显民祗"，意思相似，大意都是说不重视民祗，不能护持天命、使天命显耀。保，安。越，相当于"于"。不易，不变。

［三］**非彝**：不法，不规。《康诰》有"勿用非谋非彝"。

［四］**用燕、丧威仪**：燕，安乐，这里指饮酒。丧，有失。威仪，庄重的容仪举止。《顾命》有"思夫人自乱于威仪"。周代有许多具体的举止规范，即是"威仪"。

［五］**蠱**：《说文》"蠱，伤痛也"。

［六］**惟荒腆于酒，不惟自息，乃逸。厥心疾很，不克畏死；辜在商邑，越殷国灭无罹**：荒，大。腆，厚，多。惟，思索。息，止。不惟自息，即不考虑自我约束。很，乖戾。罹，通"丽"，表示附丽的意思。整句意思是：纣王沉湎于酒，不能自止于淫佚，其心恶狠，不畏死；罪在殷商，及至国灭，没人愿意归附（追随）。

［七］**弗惟德馨香祀登闻于天**：商人无德，其馨香不足以闻于天。

［八］**诞惟民怨，庶群自酒，腥闻在上**：庶群，一说相当于大盂鼎中的"殷边侯甸"与"殷正百辟"。腥闻在上，相对于"德馨香祀登闻于天"，指庶群喝酒的恶臭气登闻于天。

［九］**惟逸**：惟，只。逸，纵逸。

［十］**惟民自速辜**：民，指商纣王及纵乐的大臣。速，招致。辜，罪。

王曰："封！予不惟若兹多诰[一]。古人有言曰：'人无于水监，当于民监。'今惟殷坠厥命，我其可不大监抚于时[二]？

［一］**予不惟若兹多诰**：惟，思考。若兹，如此。

［二］**时**：通"是"，指示代词，指代前文所言殷商灭亡的教训，即"殷坠厥命"。

予惟曰：汝劼毖殷献臣[一]，侯、甸、男、卫；矧太史友、内史友，越献臣百宗工[二]；矧惟尔事，服休、服采[三]；矧惟若畴：圻父薄违，

农父若保，宏父定辟[四]；矧汝刚制[五]于酒。

[一] **汝劼毖殷献臣**：劼毖，慎毖。《说文》："劼，慎也。……《周书》曰：'汝劼毖殷献臣。'"献臣，归附于周的商遗民。

[二] **矧太史友、内史友，越献臣百宗工**：矧，相当于"与"。太史、内史，史官。友，友僚。太史友、内史友，泛指多位太史和内史之官。百宗工，泛指与商人一同归附，以世族大家为主的百工。

[三] **服休、服采**：郑玄注："服休，燕息之近臣；服采，朝祭之近臣。"

[四] **矧惟若畴：圻父薄违，农父若保，宏父定辟**：若，你。畴，通"雠"。王国维以为"若畴"即"尔辈"之类的意思。这里指下文的三个人物：圻父、农父、宏父。圻，司马，军事官员。薄，强迫。违，邪行。薄违，镇压反叛的行为。农父，司徒，农业官员。若，顺。保，若保，使（农人）顺服，安于生产。宏父，司寇，司法官员。辟，法。

[五] **矧汝刚制于酒**：刚制，强力节制。

厥或诰曰：'群饮。'汝勿佚，尽执拘以归于周，予其杀。又惟殷之迪诸臣惟工[一]，乃湎于酒，勿庸杀之[二]，姑惟教之有斯明享[三]。乃不用我教辞，惟我一人弗恤，弗蠲乃事，时同于杀[四]。"

王曰："封！汝典听朕毖，勿辩乃司民湎于酒[五]。"

[一] **殷之迪诸臣惟工**：迪，句中语助词。惟，与。诸臣惟工，泛指归附的殷商百官。

[二] **勿庸**：勿用，不必。

[三] **姑惟教之有斯明享**：享，通"向"。孙诒让认为"向"有赏劝之意。如《洪范》"向用五福"。这里"姑惟教之有斯明享"是因为相比于前文所说的发现群饮之不教而杀者，显得宽恕，所以说"有斯明享"。

[四] **惟我一人弗恤，弗蠲乃事，时同于杀**：我一人，即"余一人"。蠲，赦免。时，相当于"是"，指示代词。

[五] **勿辩乃司民湎于酒**：辩，通"俾"，使也。

附录：大盂鼎铭文简释

　　隹九月，王才宗周，令盂。^[一]王若曰^[二]：盂！不显玟王，受天有大令^[三]。在珷王嗣玟乍邦^[四]，闢厥匿^[五]，匍有三方^[六]，畯正厥民^[七]，在雩卸事^[八]，戲酉无敢酖^[九]，有髭粪祀无敢醻^[十]，古天異临子，法保先王^[十一]，匍有三方，我闻殷述令^[十二]，隹殷边侯田雩殷正百辟率肄于酉，古丧白^[十三]。已！女妹辰又大服^[十四]，余隹即朕小学^[十五]，女勿鮀余乃辟一人^[十六]，今我隹即井禀于玟王正德^[十七]，若玟王令二三正^[十八]，今余隹令女盂羆燬^[十九]，芍敽德坙^[二十]，敏朝夕入谏，亯奔走，畏天畏^[二十一]，王曰：戲！令女盂井乃嗣且南公^[二十二]。王曰：盂！延羆夹死嗣戎^[二十三]，敏谏罚讼，夙夕羆我一人粪三方^[二十四]，雩我其遹省先王受民受彊土^[二十五]。易女鬯一卣，门、衣、市、舄、车、马。^[二十六]易乃且南公旂，用遯。^[二十七]易女邦嗣三白，人鬲自馭至于庶人六百又五十又九夫^[二十八]。易尸嗣王臣十又三白，人鬲千又五十夫^[二十九]，遁寰瞏自厥土^[三十]，王曰：盂！若芍乃正，勿法朕令^[三十一]。盂用对王休，用乍且南公宝鼎^[三十二]，隹王廿又三祀^[三十三]。

　　[一] 隹九月，王才宗周，令盂：隹，通"唯"，句首发语词。王，周康王。才，通"在"。宗周，西周的都城镐京，在今西安市沣水东岸。令，

通"命"，册命。盂，人名，康王册命的对象。

　　〔二〕**王若曰**：王这样说，如此说。若，代词，如此。《尚书》和西周金文中多次出现"王若曰"作为周王训诰的开头。

　　〔三〕**不显玟王，受天有大令**：不，通"丕"，大也。显，明也。玟，周文王之"文"的专用字。有，通"佑"。意思是文王承受了上帝佑助的天命。

　　〔四〕**在珷王嗣玟乍邦**：在，句首语气助词。珷，周武王之"武"的专用字。嗣，继承。乍，通"作"，建立。

　　〔五〕**闢乎匿**：闢，《说文解字·门部》"辟"字的或体，可通"辟"，治罪，惩罚。乎，后世典籍一般写作"厥"，代词。匿，通"慝"，恶也。这里指纣王及其恶臣。

　　〔六〕**匍有三方**：匍，通"溥"，广大。三，"四"的早期写法。"溥有四方"即广有四方，普遍地保有天下。

　　〔七〕**眈正乎民**：眈，通"畯"，长久。正，治理。

　　〔八〕**在雩钶事**：雩，通"于"，"在雩"是两个介词连用。钶，"御"字的异体。御事，管理政事的执政大臣。

　　〔九〕**叡酉无敢酻**：叡，句首语气词。酉，通"酒"。酻，一说可通"酖"，沉溺。这句的意思是在治理政事时不能沉湎于酒。

　　〔十〕**有髭羮祀无敢醻**：髭，通"柴"。《说文·示部》："烧柴焚燎以祭天神。……《虞书》曰：'至于岱宗，柴。'"羮，通"烝"。《礼记·祭统》："凡祭有四时：春祭曰礿，夏祭曰禘，秋祭曰尝，冬祭曰烝。""柴"和"烝"在这里都是祭祀的名称，铭文中泛指祭祀。醻，通"扰"，扰乱。

　　〔十一〕**古天異临子，法保先王**：古，通"故"，连词，因而。異，通"翼"，连词，相当于"乃"。临子，临而子之。法，可通"废"。《尔雅·释诂》："废，大也。"意思是上帝大力护佑先王，广有四方。

[十二] **我闻殷述令**：述，通"坠"，丧失。令，通"命"，这里指天命。

[十三] **殷边侯田雩殷正百辟率肄于酉，古丧𠂤**：边，边缘。田，通"甸"。侯与甸都是外服的诸侯。雩，通"与"，连词。正，官长。百辟，百官。"正"与"百辟"都是内服的官员。率，副词，相当于"皆"。肄，沉湎。丧，失去。𠂤，通"师"。

[十四] **巳！女妹辰又大服**：巳，句首语气叹词。《尚书·大诰》有"巳！惟余小子。"伪孔注："巳，发端叹词。"女，通"汝"，第二人称代词。妹，通"昧"。辰，通"晨"。昧晨，即"昧爽""昧旦"，次日天刚亮之时。古时册命官员一般选在昧爽之时。大服，重要的职位。

[十五] **余佳即朕小学**：佳，语气词。这句话不好理解，疑似"佳"字后面有缺文。朕，第一人称代词。小学，周代贵族的初级学校，与"大学"相对。《大戴礼记·保傅》："及太子少长，知妃色，则入于小学。"郭沫若曾推测盂的父亲早逝，大盂幼年继承父职，康王曾命令大盂入小学进行深造。

[十六] **女勿𩂣余乃辟一人**：女，通"汝"。𩂣，金文中未识别的字，据前后文应当表示负面义的动词。辟，君主。这里的"余""乃辟"和"一人"三个词是同位语，都是周康王的自称。

[十七] **今我佳即井啚于玟王正德**：佳，通"唯"，句中语气助词。井，通"型"，效法，以之为模范。啚，通"秉"，秉承。

[十八] **若玟王令二三正**：若，如同，犹如。二三正，二三个执政大臣。意思是：（我如今）像文王册命二三个执政大臣那样。

[十九] **令女盂𩁹焚**：𩁹，从"召"得声，通"诏"。《尔雅·释诂》："诏、亮、左、右、相，导也。"焚，像两支火炬交叉的形状，会"明亮"的意思，与前面的"𩁹"义近。一说是人名，也见于小盂鼎和井侯簋等器。

[二十] **丂𣪘德㢁**：庄敬地守持德经。丂，"敬"字的原始写法，恭敬

骰，通"拥"，守持。德，为政的规范与原则。巠，通"经"，纲纪。

〔二十一〕**敏朝夕入谰，宣奔走，畏天畏**：敏，勤勉。谰，通"谏"，上谏言。宣奔走，本义是疾走，当时人惯用为奔忙、服事之类意思。《酒诰》篇有"奔走事厥考厥长"。畏天畏，意思是敬畏天威。《周颂·我将》："我其夙夜，畏天之威，于时保之。"

〔二十二〕**馘！令女盂井乃嗣且南公**：馘，原字形为𢧜，林沄认为表示古代战争取胜后割取敌人头皮的习俗，是"馘"的象形写法，这里通"或"，相当于连词"又"（裘锡圭说法）。且，通"祖"。嗣祖，嫡系承嗣之祖，这里指南公是盂的承嗣之祖。

〔二十三〕**廼𣄼夹死嗣戎**：廼，"乃"的异体字，连词。𣄼，通"诏"，助也。夹，辅佐，辅助。金文中多次出现"召夹"连用的表述，如禹鼎"夹召先王"。死，通"尸"，主持，主管。《召南·采苹》"谁其尸之，有齐季女"。毛传："尸，主也。"嗣，通"司"，掌管。"死"与"嗣"同义词连用。戎，军队。

〔二十四〕**敏諫罚讼，殂夕𣄼我一人粪三方**：敏，勤勉。諫，及时。罚讼，狱讼案件。殂，"夙"的异体字，夙夕，早晚。𣄼，通"诏"，助也。粪，通"烝"，君临，治理。《尔雅·释诂》："烝，君也。"

〔二十五〕**雩我其遹省先王受民受疆土**：雩，通"粤"，句首语助词。其，副词，表示将要的意思。遹，巡视。省，省视。疆，通"疆"。"先王受民受疆土"，指先王从上天那里接受的人民与疆土。

〔二十六〕**易女鬯一卣，冂、衣、市、舃、车、马**：易，通"赐"。鬯，祭祀用的香酒。卣，盛酒器，这里用作量词。冂，通"冕"，头巾。冂与衣或被看作一物，指头巾；或被看作二物，指头巾与上衣。市，礼服上的蔽膝，用以蔽护膝盖的大衣。舃，用木做底的鞋。

〔二十七〕**易乃且南公旂，用遦**：易，通"赐"。旂，旗帜。遦，通

"战",战斗。意思是：将嫡祖南公原来的旗帜赏赐于你，作战时可用。

[二十八]**易女邦嗣三白，人鬲自驭至于庶人六百又五十又九夫**：邦嗣，邦国的有司，这里可能指周王朝的官员。与下文的"夷司"相对。白，通"伯"，这里是邦司的单位名称量词。鬲，通"鬲"，俘虏。驭，驭马人。庶人，徒兵，徒役。驭和庶人是人鬲原来的身份。夫，人鬲的单位名称量词。

[二十九]**易尸嗣王臣十又三白，人鬲千又五十夫**：尸嗣，通"夷司"，指夷邦的官员。

[三十]**逮寢噽自乎土**：逮，通"亟"，亟待。寢，字义不明，疑似是地名。噽，通"迁"。意思是亟待将人鬲从原先的驻地迁到大盂的封地去。

[三十一]**若艿乃正，勿法朕令**：若、乃，第二人称代词，"若"作主语，"乃"含领格。艿，同"敬"。正，通"政"，政事。法，通"废"。令，通"命"。意思是：对待政事要庄敬，不要背弃我的命令。

[三十二]**盂用对王休，用乍且南公宝鼎**：休，美，这里指康王的赏赐。句意是：大盂答谢王的赏赐，（因而）制作了用来祭祀嫡祖南公的宝鼎。

[三十三]**隹王廿又三祀**：隹，通"唯"，句首发语词。祀，年。意思是：作鼎的时间是周康王二十三年。

参考文献：

[1] 李学勤：《大盂鼎新论》，《郑州大学学报（哲学社会科学版）》1985 年第 3 期。

[2] 裘锡圭：《卜辞"异"字和诗、书里的"式"字》，载《中国语言学报》编委会编《中国语言学报》（第一期），商务印书馆，1983。

[3] 裘锡圭：《说"仆庸"》，载裘锡圭《古代文史研究新探》，江苏古籍出版社，1992。

十、分邦建侯——《文侯之命》与周王的册命

王国维曾有篇史学名作《殷周制度论》，开篇即说"中国政治与文化之变革，莫剧于殷周之际"。文中从五个方面详细分析了商周制度的差异，分析了周代开创的五种新制度，以及这些制度对中国历史的深远影响。其中一个方面，就是周人开创的分封制。正如王国维所说：

（一）何谓 "分封制"

自殷以前，天子、诸侯君臣之分未定也。故当夏后之世，而殷之王亥、王恒，累叶称王。汤未放桀之时，亦已称王。当商之末，而周之文、武亦称王。盖诸侯之于天子，犹后世诸侯之于盟主，未有君臣之分也。周初亦然，于《牧誓》《大诰》皆称诸侯曰"友邦君"，是君臣之分亦未全定也。逮克殷践奄，灭国数十，而新建之国皆其功臣、昆弟、甥舅，本周之臣子；而鲁、卫、晋、齐四国，又以王室至亲为东方大藩，夏、殷以来古国，方之蔑矣。由是天子之尊，非复诸侯之长而为诸侯之君，其在丧服，则诸侯为天子斩衰三年，与子为父、臣为君同。盖天子、诸侯君臣之分始定于此。此周初大一统之规模，实与其大居正之

制度相待而成者也。①

"诸侯之于天子，犹后世诸侯之于盟主"，大意是说，在商代，商王朝与地方诸多方国之间的关系，充其量是松散的方国联盟关系②，好比后世的盟主与诸侯之间的关系。而到了周代，推行"分邦建侯"制度才确立了中央王朝的君主和地方诸侯之间的带有明确等级制度的君臣关系。

大体而言，周初所封诸侯可分为三类：第一类是宗室亲属；第二类是异姓的功臣和姻亲；第三类是前代遗族。

第一类，《左传·僖公二十四年》有描述：

> 昔周公吊二叔之不咸，故封建亲戚，以蕃屏周，管、蔡、郕、霍、鲁、卫、毛、聃、郜、雍、曹、滕、毕、原、酆、郇，文之昭也。邘、晋、应、韩，武之穆也。凡、蒋、邢、茅、胙、祭，周公之胤也。

所谓"文之昭"指的是管、蔡、郕、霍、鲁、卫、毛、聃、郜、雍、曹、滕、毕、原、酆和郇的封君都是周文王的儿子。所谓"武之穆"指的是邘、晋、应、韩四国的初始封君都是武王的儿子。所谓"周公之胤"则是说凡、蒋、邢、茅、胙、祭六国的初始封君都是周公的儿子。这些同姓亲属的封地分散于王畿以外的多个地方，共同起着"以蕃屏周"的作用。此外，在王畿以内，武王对于周公和召公这样功勋卓著、而且身居要职的同姓亲属，也有相应的封地。郑玄《周南召南谱》中说："文王受命，作邑于丰，乃分歧邦周召之地为周公旦、召公奭采地。"可能在武王克商之前，周文王已经有过分赐采邑的事。③

---

① 王国维：《观堂集林》，第 466－467 页。
② 商代的国家形式，最新研究可参见林沄：《商史三题》，"中央研究院"历史语言研究所，2018。
③ 相关研究参见葛志毅：《周代分封制度研究》（修订本），黑龙江人民出版社，2005。

第二类，最具代表性的当属齐国。姜尚，也就是民间习称的姜子牙，曾在周武王灭商大业中起着举足轻重的作用，因功勋而被分封到营丘，这就是齐国的由来。

第三类，古书中也有不少记载，如《礼记·乐记》中说：

> 武王克殷反商，未及下车而封黄帝之后于蓟，封帝尧之后于祝，封帝舜之后于陈；下车而封夏后氏之后于杞，投殷之后于宋。

《左传·定公四年》在叙述当初鲁国、卫国和晋国被封情形的时候，曾对周初的"封邦建侯"有过详细描述：

> 昔武王克商，成王定之，选建明德，以蕃屏周。故周公相王室，以尹天下，于周为睦。分鲁公以大路、大旂、夏后氏之璜、封父之繁弱、殷民六族：条氏、徐氏、萧氏、索氏、长勺氏、尾勺氏，使帅其宗氏，辑其分族，将其丑类，以法则周公，用即命于周。是使之职事于鲁，以昭周公之明德。分之土田陪敦、祝、宗、卜、史、备物、典策、官司、彝器，因商奄之民，命以《伯禽》而封于少皞之虚。分康叔以大路、少帛、綪茷、旃旌、大吕、殷民七族：陶氏、施氏、繁氏、锜氏、樊氏、饥氏、终葵氏，封畛土略，自武父以南及圃田之北竟，取于有阎之土以共王职，取于相土之东都，以会王之东蒐。聃季授土，陶叔授民，命以《康诰》而封之于殷虚。皆启以商政，疆以周索。分唐叔以大路、密须之鼓、阙巩、沽洗、怀姓九宗、职官五正，命以《唐诰》而封于夏虚，启以夏政，疆以戎索。

武王灭商，成王平定叛乱势力之后，周王朝才逐步开始推行"分邦建侯"的举措，以期达到"以蕃屏周"的目的。结合《左传》这段话来看，周王对诸侯的分封，往往会赏赐若干礼器、属民，特别是指定疆域的土地。

如上文所说，赏赐给周公长子伯禽"大路"这样的饰金之车、"大旂"这样的旗帜、"夏后氏之璜"这样的玉器、"封父之繁弱"这样的良弓，这些赏赐物往往是权力授予的标志。也有封国相应的属民，其中有商遗民，如"殷民六族"，有封国的属官，如"祝宗卜史"和"职官五正"，也有当地原有的土著居民，如分给鲁国的"商奄之民"。最为关键的是分封指定疆界的土地，如指定给鲁国的是"少皞之虚"，给晋国唐叔虞的是"夏虚（墟）"，给卫国则是明确划分疆界为"武父以南及圃田之北竟（境）"。

（二）册命的类型以及册命文书的形态

册命本是分封过程中最重要的仪节，前引《左传·定公四年》所言的《伯禽》《康诰》和《唐诰》，就是对册命仪式的具体记载，可惜仅有《康诰》传世。随着"分邦建侯"体制的基本确立，到了西周中后期，王朝最主要的政治事务不再是分封。贵族的承袭爵位、官员的授职，甚至对已封国家的徙封，成为新的政治要务，册命也是其中不可或缺的重要环节。无论是传世文献，还是出土文献，都为我们呈现了多种样态的册命文书。

先来看传世文献所记载的一些册命仪式，《诗经·鲁颂·闷宫》：

> 王曰：叔父，建尔元子，俾侯于鲁，大启尔宇，为周室辅。乃命鲁公，俾侯于东，锡之山川，土田附庸。

郑玄的笺指明了此篇的诗旨："既告周公以封伯禽之意，乃策命伯禽使为君于东。"篇中交代了西周早期周成王册命伯禽的缘由，以及赐予山川和土田附庸的事宜。

《诗经·大雅·韩奕》：

> 奕奕梁山，维禹甸之，有倬其道。韩侯受命，王亲命之：缵戎祖

考。无废朕命，夙夜匪解。虔共尔位，朕命不易。榦不庭方，以佐戎辟。四牡奕奕，孔修且张。韩侯入觐，以其介圭，入觐于王。王锡韩侯：淑旂绥章，簟茀错衡，玄衮赤舄，钩膺镂锡，鞹鞃浅幭，鞗革金厄。……溥彼韩城，燕师所完。以先祖受命，因时百蛮，王锡韩侯，其追其貊。奄受北国，因以其伯。实墉实壑，实亩实籍。献其貔皮，赤豹黄罴。

《韩奕》的“韩”最初是周成王分封给他的弟弟所建的小国，在今河北省的固安县。[①] 篇中记述了宣王时代，韩侯新即位，入朝觐见，周宣王对其所作册命。与《闷宫》相比，篇末明显多了许多赏赐的物品。此外，《大雅·烝民》《大雅·崧高》《大雅·江汉》和《大雅·常武》也记载有类似的册命仪式，发生的年代都在西周晚期。

《诗经》有其特定的文体格式，上述两首整体上以四言体诗的形式呈现周王的册命。实际上，真实的册命用语却不一定是四言体的形式，反而更接近散文的形式。《尚书·顾命》记录了周成王对太子钊的册命：

> 王麻冕黼裳，由宾阶隮。卿士邦君麻冕蚁裳，入，即位。太保、太史、太宗皆麻冕彤裳。太保承介圭，上宗奉同瑁，由阼阶隮。太史秉书，由宾阶隮，御王册命曰：“皇后凭玉几，道扬末命，命汝嗣训，临君周邦，率循大卞，燮和天下，用答扬文、武之光训。”王再拜，兴，答曰：“眇眇予末小子，其能而乱四方以敬忌天威。”

《左传》和《礼记》中，也曾记录过东周时期诸侯国内部的一些册命。《左传·昭公三年》：

---

① 陈槃：《春秋大事表列国爵姓及存灭表撰异》，上海古籍出版社，2009，第 646－647 页。

夏四月，郑伯如晋，公孙段相。甚敬而卑，礼无违者。晋侯嘉焉，授之以策。曰："子丰有劳于晋国，余闻而弗忘。"赐女州田，以胙乃旧勳，伯石再拜稽首，受策以出。

《礼记·祭统》：

故卫孔悝之鼎铭曰："六月丁亥，公假（格）于大庙。公曰：'叔舅！乃祖庄叔，左右成公，成公乃命庄叔随难于汉阳，即宫于宗周，奔走无射。启右献公，献公乃命成叔纂乃祖服。乃考文叔，兴旧耆欲，作率庆士，躬恤卫国。其勤公家，夙夜不解，民咸曰，休哉！'公曰：'叔舅！予女铭，若纂乃考服！'悝拜稽首，曰：'对扬以辟之，勤大命，施于烝彝鼎。'"此卫孔悝之鼎铭也。

比较而言，传世文献所留存的册命材料极为稀少。出土西周金文倒是为今人呈现出不同时代、不同类型、内容极为丰富的册命材料。陈梦家在精研西周金文的基础上，曾提出完整的册命的主要内容有三："一、赏赐；二、任命；三、告诫。而一般的册命亦以赏赐为多，其次任命。"[1] 西周早期，记录册命典礼的铭文相对较少，今天所能见的大盂鼎和宜侯夨簋是其代表。大盂鼎铭文首先记录的是大段的训诫之言，特别强调不可沉湎于酒，而后是对盂的册命，最后是对盂的赏赐。宜侯夨簋铭文相对短小，重点在于对宜侯的徙封的册命，主要是对赏赐品和分封的属民的交代。看得出，这一时期尚没有形成完备的册命礼制。

西周中期开始，将册命典礼记录于铜器铭文之中，逐渐制度化。在陈梦家的研究基础上，陈汉平进一步指出，一篇完整的册命铭文大体包括以下五个方面：时间地点、册命礼仪、册命内容、受命礼仪和作器铭识。具体而

---

① 陈梦家：《西周铜器断代》，中华书局，2011，第408页。

言，"册命礼仪"环节记录举行册命时册命者与受命者所处方位及册命仪式。"册命内容"部分往往由周王或史官先直呼受命者之名，叙述册命原由及告诫语，再叙册命之官职，最后记册命所赏赐之物品及勉语。① 四十三年逨鼎可以为例，展示这类内容完备的册命铭文基本面貌：

> 唯四十又三年六月既生霸丁亥，王在周康宫穆宫，旦，王格周庙，即位，司马寿右吴逨入门立中廷，北向。史减受王令书。王乎尹氏册令逨。王若曰："逨，丕显文武膺受大命，匍有四方。则繇唯乃先圣祖考，夹绍先王，爵勤大令，奠周邦。肆余弗忘圣人孙子，昔余既令汝疋荣兑总司四方虞、林，用宫御。今余唯经乃先祖考，有勋于周邦，申就乃命，令汝官司历人，毋敢荒宁，虔夙夕惠雍我邦小大猷。粤乃专政事，毋敢不妻不型，粤乃讯庶人有粦，毋敢不中不型，毋龏橐龏橐，唯有宥纵，乃敄鳏寡，用作余我一人咎，不雀死。"王曰："逨，锡汝秬鬯一卣、玄衮衣、赤舄、驹车、贲较、朱虢靳新、虎冟熏里、画轉画輴，金甬、马四匹、鋚勒，敬夙夕弗废朕命。"逨拜稽首，受册，佩以出，反纳瑾圭。逨敢对天子丕显鲁休扬，用作朕皇考恭叔龏彝。皇考其严在上，翼在下，穆穆秉明德，丰丰龏龏，降余康龏纯佑通禄永命，眉寿绰绾，畯臣天子，逨万年无疆，子子孙孙永宝用享。②

铭文首先交代了册命的时间地点。而后是册命礼仪，记述了受命者的位置和正对的方向。由史减授王令书，尹氏册令逨。册命内容记录了册命原由、册命的官职，以及册命所赏赐之物品，并嘱受命者敬夙夕用事，"弗废朕命"。随后，受命者行受命礼。最后交代作器缘由和目的。实际上，完全

---

① 陈汉平：《西周册命制度研究》，学林出版社，1986，第 27 - 28 页。
② 铭文参见陕西省文物局、中华世纪坛艺术馆编《盛世吉金——陕西宝鸡眉县青铜器窖藏》，北京出版社，2003，第 32 页。铭文参考了多家释文，恕不一一注明。

满足这五则要素的册命铭文并不多见，一般的册命铭文往往仅包含时间、地点和册命内容这些核心要素。有些册命铭文甚至不会出现官职册封的记录，可能只是对原有官职的一种重申（再次任命），或者是赋予某项特定的任务。①

我们来看西周中期偏晚时段周懿王时期的师询簋铭文：

> 王若曰：师询，丕显文武，膺受天命，亦则于女汝。乃圣祖考克股肱先王，作厥爪牙，用夹绍厥辟，奠大命，盩和于政，肆皇帝亡斁，临保我有周，雫四方民亡不康靖。王曰：师询，哀哉，今日天疾威降丧，首德不克规，故无承于先王，向汝彶纯恤周邦，绥立余小子，载乃事，唯王身厚□，今余唯申就乃命，命汝助雍我邦小大猷，邦有谳辥，敬明乃心，率以乃友捍御王身，欲汝弗以乃辟陷于艰，锡汝秬鬯一卣、圭瓒、夷讯三百人，询稽首，敢对扬天子休，用作朕烈祖乙伯凡益姬宝簋，询其万斯年，子子孙孙永宝。用乍州宫宝，唯元年二月既望庚寅，王格于太室，荣入佑询。（《集成》04342）

周懿王时期，国力衰微，北方的猃狁和西方的犬戎等势力不断入侵。在师询簋铭文中，周王对师询提出殷切期望，希望他继续捍卫周王的安全，同时给予了新的赏赐。铭文中没有明确记述新官职的授予行为，有的只是"申就乃命"。"申就乃命"表面上没有授予新的官职，只是重申原有的册命。但根据其他多篇出现过"申就乃命"一词的铭文来看，周王赋予新的册命还是比旧命有所增益，可能是职位的晋升、职权的增加或者命服的增益。② 以前引的四十三年逨鼎为例，周王虽然"申就乃命"，但是逨在之前的执掌范

---

① 周王赋予任务型铭文的梳理，参见何树环：《西周锡命铭文新研》，文津出版社，2007，第219–220页。

② 李学勤：《师兑簋与初吉》，载吉林大学古文字研究室编《中国古文字研究》（第一辑），吉林大学出版社，1999，第47页；何树环：《西周锡命铭文新研》，第250–294页。

围"总司四方虞、林，用宫御"之外，又增加了"官司历人"的新权责。

再看士山盘的铭文：

> 唯王十又六年九月即（既）生霸甲申，王在周新宫，王格大室，即
> 位。士山入门，立中廷，北向。王呼作册尹册命山曰：于入莽侯。徆征
> 都刑（荆）方服、聚兄（？）虘服、履服、六孳（子）服。莽侯、都方
> 宾贝、金。山拜稽首，敢对扬天子丕显休，用作文考釐仲宝尊盘、盉，
> 山其万年永用。

学界对铭文的考释尚且有一定争议，或认为这是周恭王命山这名官员前
去以法律手段处理莽侯的君位一事，[①] 或认为这是周恭王命令山前去征收方
国所应负担的职责。[②] 无论记述的事件究竟为何事，赫然在列的"册命"两
字提醒我们，这仍然是册命铭文，只不过铭文中周王没有任命官职，也没有
赏赐，有的仅仅是赋予特定任务给受册者。

（三）《文侯之命》的文本性质

对于《文侯之命》的成文年代和写作目的，《书序》最早有过说法：

> 平王锡晋文侯秬鬯圭瓒，作《文侯之命》。

意思是这篇原是周平王对晋文侯赐命的记述。然而司马迁在《史记·晋
世家》中却将《文侯之命》的成文时代放置于晋文公的时代：

---

① 李学勤：《论士山盘——西周王朝干预诸侯政事一例》，载李学勤《文物中的古文明》，商务
印书馆，2008。

② 董珊：《谈士山盘铭文的"服"字义》，《故宫博物院院刊》2004 年第 1 期。本书暂从董珊
的释文。

晋文公五年五月丁未，献楚俘于周，驷介百乘，徒兵千。天子使王子虎命晋侯为伯，赐大辂，彤弓矢百，旅弓矢千，秬鬯一卣，珪瓒，虎贲三百人。晋侯三辞，然后稽首受之。周作《晋文侯命》。

司马贞《史记索隐》对这一段有所反驳：

《尚书·文侯之命》是平王命晋文侯仇之语，今此文乃襄王命文公重耳之事，代数悬隔，勋策全乖。太史公虽复弥缝左氏，而系（世）家颇亦时有疏谬。……

其说已经意识到了司马迁所犯错误的根由，可惜只有"勋策全乖"这样的简单论证。据《史记·晋世家》，晋文侯仇与晋文公重耳之间相隔十一代十三侯，《书序》和《史记》必然有一种说法是错误的。

现代学者屈万里曾经分三点论证了《文侯之命》确系周平王赐命晋文侯之书。① 分别简述如下：

第一，义和是晋文侯，而不是晋文公。《尚书正义》曾经引郑玄的注："义，读为'仪'。'仪'，'仇'，皆匹也。故名仇，字仪。"晋文侯出生之时，恰逢"条之役"这场战争，因而用了"仇敌"之"仇"作为名。但是"仇敌"之"仇"毕竟不是嘉名，因此后来取字的时候转而用"仇匹"之"仇"，取字"义"，同时根据"仇敌"之"仇"的相反义，后缀一个"和"字。

第二，《文侯之命》所表现的情势和晋文侯合，而与晋文公不合。晋国与楚国之间的城濮之战与周王室并没有关系，如果《文侯之命》的成文背景是这场战争，篇中周王"闵予小子，造天丕愆……"等话语就属于无病呻

---

① 屈万里：《〈尚书·文侯之命〉著成的时代》，载《书佣论学集》，台湾开明书店，1980，第89–103页。

吟，完全没了着落。

第三，《文侯之命》所记载的锡赐之物和周襄王赐给晋文公的不合。《晋世家》对周襄王赐命晋文公的记述本自《左传·僖公二十八年》的如下记载：

> 五月，……丁未，献楚俘于王，驷介百乘，徒兵千，郑伯傅王，用平礼也，己酉，王享醴，命晋侯宥，王命尹氏，及王子虎，内史叔兴父策命晋侯为侯伯，赐之大辂之服，戎辂之服，彤弓一，彤矢百，玈弓矢千，秬鬯一卣，虎贲三百人，曰，王谓叔父，敬服王命，以绥四国，纠逖王慝，晋侯三辞，从命，曰，重耳敢再拜稽首，奉扬天子之丕显休命，受策以出，出入三觐。

比较起来，周襄王对晋文公的赏赐比周平王对晋文侯的赏赐，多了大辂之服、戎辂之服和虎贲三百人，弓矢也多了九倍，少的只有马四匹。相隔几百年的两次赏赐，差异还是比较大的。

或有人认为《文侯之命》的成文背景是春秋时期的王子带之乱，晋文公平定了王子带之乱，因而周襄王赐命晋文公。但参考《左传》和《国语》对此次事件的记录，周襄王在事变之后，只是赐予晋文公阳樊等地，并没有上述弓矢、香酒和马匹等赏赐物的明确记载。

有鉴于上述三条详细的论述，屈万里完全肯定了《文侯之命》确属周平王赐命晋文侯之书。除了屈万里文中所提的证据，我们还可以从另外两个方面证实此篇是周平王对晋文侯册命的文书。

首先，语言往往具有时代性，把握各个时代的语言特征可以帮助我们判断文本的成文时代。如杨伯峻所说，"生在某一个时代的人……谁也不能摆脱他所处时代的语言的影响……在摇笔成文的时候，无论如何仍然不可能完全阻止当日的语言的向笔底侵袭"①。《文侯之命》篇中的一些重要用词完全符合西周中晚期的语言特征。

从传世文献的角度论，"闵予小子""造天丕愆"等词句多见于《诗经·大雅》的一些西周晚期诗中，是当时那个时代的习惯性用语。从出土文献角度论，也可举出多个例证。"明德"，不仅见于《君奭》等多处传世文献，最初多见于西周中晚期的一些铜器铭文，如瘋钟"帅祖考秉明德"，是这一时期兴起的观念和习惯用语。"集厥命"的说法，也见于西周晚期的毛公鼎铭文。"会召"一词糅合了"辅相"和"述匹"两个词义，②同样见于西周晚期的逨鼎铭文。而且在铭文出现两次，前后文作"雩朕皇高祖新室仲……会绍康王"和"雩朕皇高祖惠仲盠父……用会昭王、穆王"，用法与《文侯之命》的"会召"完全相同。又如"柔远能迩"，西周晚期的大克鼎铭文中也有"惠于万民，柔远能迩"的说法。此外，"克召乃显祖"这种习语，在西周晚期的四十二年逨鼎铭文与之有近似的"夹召先王"等说法。

值得一提的是，"惟时上帝集厥命于文王，亦惟先正，克左右昭事厥辟"这句话完全可与毛公鼎铭文"唯天将集厥命，亦唯先正襄（？）辟厥辟"一句相对读，其叙述逻辑和内在思想几乎完全一致。

诚然，虽然我们可以说《文侯之命》文本的主体内容成文于西周末期或东周早期，但其中一些用词和用字也确实有时代偏后的痕迹。如"赍尔秬鬯一卣"的"赍"表示赏赐的意思。实际上，"赍"这个词在西周金文常常用"易（赐）"，"赍"不排除是后人改动的结果。

其次，《文侯之命》符合西周中晚期册命文书的格式。前文详细介绍了册命的类型以及册命文书的形态，借助这些分析，可以发现《文侯之命》整

---

① 杨伯峻：《从汉语史的角度来鉴定中国古籍写作年代的一个实例——〈列子〉著述年代考》，载《杨伯峻学术论文集》，岳麓书社，1984，第143页。

② 董珊：《略论西周单氏家族窖藏青铜器铭文》，《中国历史文物》2013年第4期。

体上符合册命文书的基本结构。《文侯之命》开篇即回顾了先王受命，文侯的先祖辅佐了先王的历史过往，这与一般册命铭文中周王的开篇话语的叙述逻辑完全一致。而后交代了周平王所处的艰难局势，希望晋文侯像他的先祖一样，继佐佑周平王。最后则是周平王对晋文侯的赏赐。参照陈梦家主张的册命铭文"训诫""任命"和"赏赐"三要素，《文侯之命》缺少的只是任命。但依据前文列举的师询簋和士山盘铭文，周王的册命可能只是对原有册命的重申，或者是赋予某项特定任务。《文侯之命》中虽然没有出现"申就乃命"这样的话语，但是"捍我于艰"这样的殷切期望与嘱托又何尝不是周王赋予的特殊而且重大的使命。

附录:《文侯之命》简释

　　王[一]若曰:"父义和[二]! 丕显文、武[三],克慎明德[四],昭升于上[五],敷闻在下[六]。惟时上帝,集厥命[七]于文王。亦惟先正[八],克左右昭事厥辟[九]。越小大谋猷[十],罔不率从[十一]。肆先祖怀在位[十二]。

　　[一] **王**:历来有周平王(前770—前720)和周襄王(前651—前619)两说。《书序》:"平王锡晋文侯秬鬯圭瓒,作文侯之命。"而司马迁在《史记·晋世家》却主张这是周襄王给晋文公重耳的命书。鉴于篇名明定的是"文侯"之命书,而不是"文公"之命书,且晋文公名重耳,而不是义和,《文侯之命》应当是周平王赐晋文侯的命书。

　　[二] **父义和**:父,周天子对同姓诸侯中尊长的称呼。义和,一般认为是晋文侯的字。

　　[三] **丕显文武**:周文王和周武王的光辉显耀。丕,大。显,显扬。"丕显+某先王"是西周金文经常出现的句子,往往居于册命文书的开头。

　　[四] **克慎明德**:克,助动词,能也。慎,谨慎,谨守。明德,多见于金文和《尚书》,如癫钟"帅祖考秉明德"、《梓材》"先生既勤用明德"和《召诰》"保受王威命明德"。西周的"德"尚未完全伦理化,主要指族群内部因应其生产方式、社会形态和意识形态等整体形成的一种族群传统。克慎

明德，大概是指文王和武王恪守周人的族群传统和行为规范。

[五] **昭升于上**：昭，明也。升于上，登于天。周人观念中，祖先死后，升于天，服侍在鬼神左右。

[六] **敷闻在下**：敷，溥也，广布也。闻，声望。在下，在人间。

[七] **惟时上帝，集厥命于文王**：惟时，于是。集，成也，就也。毛公鼎有"唯天将集厥命"的类似说法，意思是上帝降下天命于周，成就周人的王业。

[八] **亦惟先正**：先正，先王的诸臣。

[九] **克左右昭事厥辟**：左右，佐佑，辅佐。昭，通"绍"，辅助。相同的表达还有《君奭》"乃惟时昭文王"和"惟兹四人召武王"等。厥，相当于"其"。辟，君王，这里指先正们辅佐过的周王。

[十] **小大谋猷**：猷，谋也。小大谋猷，指的是先王的大小谋略。

[十一] **罔不率从**：罔不，无不，没有不。率从，遵从。

[十二] **肆先祖怀在位**：肆，故也，因而。怀，安也。

　　呜呼！闵予小子嗣[一]，造天丕愆[二]，殄资泽[三]于下民。侵戎我国家纯[四]。即我御事[五]，罔或耆寿俊在厥服[六]，予则罔克[七]，曰"惟祖惟父其伊恤朕躬[八]。"呜呼！有绩予一人[九]，永绥在位[十]。

[一] **闵予小子嗣**：闵，哀怜，怜悯。小子，《尚书》中常见的一种谦称，这里是周平王对自我的谦称。嗣，继嗣。

[二] **造天丕愆**：造，遭遇。丕愆，大祸。指周平王遭遇了西周灭亡，被迫动迁。

[三] **殄资泽**：殄，绝。资，财货。泽，禄也。

[四] **侵戎我国家纯**：侵戎，指入侵的犬戎。纯，通"屯（zhūn）"，艰难，危难。此句大意是：兵寇侵犯我国家，造成灾难。

［五］**即我御事**：即，今也。御事，大臣，官吏。

［六］**罔或耈寿俊在厥服**：罔或，没有。耈寿，年老的贤者。俊，相当于金文常见的"畯"，可通假为"骏"。《尔雅·释诂》："骏，长也。"如金文"畯命在位"，指希望君王长久在位。服，职事，职务。此句大意是没有贤能之士长期在职（辅佐我）。

［七］**罔克**：不胜任。

［八］**其伊恤朕躬**：其，表祈使的副词。伊，句中的语气助词。恤，忧虑。朕躬，周平王自称。

［九］**有绩予一人**：绩，成也，句中表示"使之成"。于省吾认为"绩"可通假为《秦誓》"惟受责俾如流"之"责"，意思是责予一人永安在位。

［十］**永绥在位**：永安在位。绥，安也。

> 父义和！汝克绍乃显祖[一]。汝肇刑文武[二]，用会绍乃辟[三]，追孝于前文人[四]。汝多修，捍我于艰[五]。若汝，予嘉[六]。"

［一］**绍乃显祖**：绍，继也。乃，第二人称代词，相当于"汝"。显祖，一般认为指晋国始封的君王唐叔虞。

［二］**肇刑文武**：肇，始也。刑，通"型"。刑文武，即仪型文武，以周文王、周武王为模范。

［三］**用会绍乃辟**：用，相当于连词"以"。会，匹助，辅助。绍，接续，继承。逑盘铭文中有"雩朕皇高祖新室仲……会绍康王"和"雩朕皇高祖惠仲盠父……用会昭王、穆王"等说法，与本篇"会绍乃辟"的意思相似。

［四］**追孝于前文人**：承继前人之志业。追孝，追养继孝。前文人，已故的祖先。金文有"追孝先祖"和"用享孝于前文人"的说法。

［五］**汝多修，捍我于艰**：修，于省吾认为可通假为"休"，美善的意

思。不其簋有"女休，弗以我车陷于艰，女多禽，折首执讯"，与本篇的"汝多修，捍我于艰"，前后文意完全相同。

［六］**若汝，予嘉**：若，唯独。嘉，吉安。大意是：唯独有你，我才平安。

> 王曰："父义和！其归视尔师[一]，宁尔邦。用赉尔秬鬯一卣[二]；彤弓[三]一，彤矢百；卢弓[四]一，卢矢百；马四匹。父往哉！柔远能迩[五]，惠康[六]小民，无荒宁[七]，简恤尔都[八]，用成尔显德[九]。"

［一］**归视尔师**：视，检视。师，这里可能指民众。

［二］**赉尔秬鬯一卣**：赉，赏赐。秬鬯，黑黍酒。卣，盛放祭祀用酒的青铜器。《尚书大传》指出："诸侯赐弓矢者得专征，赐圭瓒者得为鬯以祭。"

［三］**彤弓**：赤色的弓。

［四］**卢弓**：黑色的弓。

［五］**柔远能迩**：安抚笼络远近之人而使其归附。《诗经·大雅·民劳》："柔远能迩，以定我王。"郑玄笺："安远方之国，顺伽其近者，当以此定我国家为王之功。"西周晚期的大克鼎铭文中也有"惠于万民，柔远能迩"的说法。

［六］**惠康**：惠，爱也。康，安也。

［七］**无荒宁**：不荒废懈怠。毛公鼎铭文有"汝毋敢妄宁"的说法。

［八］**简恤尔都**：简，检核，查检。恤，忧也。都，都邑。

［九］**成尔显德**：成就你光明之德业。

附录：宜侯矢簋①铭文简释

隹三月，辰才丁未[一]，王省斌王、成王伐商图[二]，征省东或图[三]。王立于宜，□土，南卿[四]，王令虞侯矢曰：鄹侯于宜[五]，易鬯卣一卤，商瓒一□、彤弓一、彤矢百、旅弓十、旅矢千[六]；易土：氒川三百□[七]，氒□百又廿，氒宅邑卅又五[八]，氒□百又卌，易才宜王人十又七生[九]，易莫七白[十]，氒卢□又五十夫[十一]。易宜庶人六百又□六夫[十二]，宜侯矢扬王休，乍虞公父丁尊彝[十三]。

[一] **辰才丁未**：辰，日辰。才，通"在"。丁未，干支记日法下丁未这一天。

[二] **王省斌王、成王伐商图**：省，察看。伐商图，征伐商的地图。

[三] **征省东或图**：征，郭沫若和杨树达认为相当于连词"遂"。或，"国"的表意初文。

[四] **王立于宜，□土，南卿**：王，一般认为是周康王。立，字形残泐不清，一说当释为"卜"字，卜问的意思。土，通"社"，宗社。"土"前面一字残泐不清，阙疑。卿，通"向"。封土建侯的册命仪式，一般周王都

---

① 宜侯矢簋1954年出土于江苏丹徒县烟墩山，学者一般断为西周初期成康时器。

是立北朝南。全句意思是周王立于宜的宗社，面向南方。如果"立"字当释为"卜"，大意是周王在作邑经营之前，会先占卜。《诗经·大雅·文王有声》："考卜维王，宅是镐京，维龟正之，武王成王。"这是《诗经》中对周武王在建立镐京之前进行过占卜的描述。

［五］**王令虞侯夨曰：𩁹侯于宜**：虞，可通"吴"，一说就是吴太伯立国的吴国。𩁹，通"迁"。句意是王命令虞侯迁往宜地位侯。可能虞侯之前已经被封，现代被迁徙到了宜地。

［六］**易鬯𣪏一卣，商瓒一□、彤弓一、彤矢百、旅弓十、旅矢千**：易，通"赐"。𣪏，未识别字。鬯，郁金草和黍酿成的香酒。卣，盛酒的器物，这里用作量词。商瓒，璋瓒，裸玉的一种。彤弓、彤矢，即彤弓、彤矢，红色的弓和矢。旅，通"𪩽"，黑色。

［七］**易土：氒川三百□**：氒，通"厥"，代词，相当于"其"。川，山川之川。一说可通"甽"，山间肥沃之地。

［八］**氒宅邑卅又五**：宅邑，聚居的居邑。卅又五，三十五。

［九］**易才宜王人十又七生**：王人，性质较有争议，一说是指周人，或者是王室地位较低的官员。一说是指灭商后投降的殷商贵族。周王朝在分封的同时，往往会分赐王室官员或者投降的殷商贵族。生，通"姓"，这里是用作宗族单位。

［十］**易奠七白**：奠，通"甸"，甸人，即掌管郊野的官员。白，通"伯"，官长，这里是描述宜郊外甸人的量词。

［十一］**氒卢□又五十夫**：卢，众人。相对于前面的官长"甸"而言，是甸的从属人员。

［十二］**易宜庶人六百又□六夫**：庶人，可能是土著的平民。

［十三］**宜侯夨扬王休，乍虞公父丁尊彝**：扬，称颂。休，美德，恩惠。乍，通"作"。虞公父丁，虞侯的父亲虞公父，丁是用天干来标示的虞公父的庙号。

参考文献：

［1］陈梦家：《宜侯夨簋和它的意义》，《文物参考资料》1955 年第 5 期。

［2］郭沫若：《夨簋铭考释》，《考古学报》1956 年第 1 期。

［3］唐兰：《宜侯夨簋考释》，《考古学报》1956 年第 2 期。

［4］黄盛璋：《铜器铭文宜、虞、夨的地望及其与吴国的关系》，《考古学报》1983
年第 3 期。

［5］李学勤：《宜侯夨簋与吴国》，《文物》1985 年第 7 期。